# HAY VIDA DESPUÉS DE LA CRISIS

JOSÉ CARLOS DÍEZ

# Hay vida después de la crisis

PLAZA & JANÉS

El papel utilizado para la impresión de este libro ha sido fabricado a partir de madera procedente de bosques y plantaciones gestionados con los más altos estándares ambientales, garantizando una explotación de los recursos sostenible con el medio ambiente y beneficiosa para las personas.

Por este motivo, Greenpeace acredita que este libro cumple los requisitos ambientales y sociales necesarios para ser considerado un libro «amigo de los bosques». El proyecto Libros Amigos de los Bosques promueve la conservación y el uso sostenible de los bosques, en especial de los bosques primarios, los últimos bosques vírgenes del planeta.

Papel certificado por el Forest Stewardship Council®

FSC www.fsc.org
MIXTO
Papel procedente de fuentes responsables
FSC® C109440

Primera edición: mayo, 2013



Printed in Spain – Impreso en España

ISBN: 978-84-01-34674-3
Depósito legal: B-3.316-2013

Compuesto en Fotocomposición 2000, S. A.

Impreso en Liberdúplex
Sant Llorenç d'Hortons (Barcelona)

L 3 4 6 7 4 3

*A mis hijos Jimena y Hugo y a toda su generación.*
*Ellos no son culpables de esta maldita crisis y merecen vivir*
*en un país mejor que el que tuvimos sus padres.*

# Índice

# 1

# ¿Qué nos ha pasado?

> Los hombres prácticos, que se creen libres de toda influencia intelectual, son generalmente esclavos de algún economista difunto.
>
> J. M. Keynes

Irving Fisher (1867-1947) es uno de los grandes economistas de la historia. En los años veinte del siglo pasado, siendo catedrático de la Universidad de Yale, el gobierno de Estados Unidos le encomendó una importante misión. Se habían producido revueltas de trabajadores que se quejaban de sus condiciones laborales y solicitaron a Fisher que preparase un indicador de referencia para las negociaciones salariales entre las empresas y los trabajadores. Fisher estudió la teoría estadística de los números índices y elaboró lo que en la actualidad seguimos calculando y llamando índice de precios al consumo (IPC).

El Instituto Nacional de Estadística (INE) realiza todos los años una encuesta a unas 1.000 familias españolas. Les pide que una semana de cada trimestre anoten cuánto dinero se gastan y en qué tipo de bienes y servicios. Con esta información se crea una cesta de la compra promedio. A continuación, se elige una serie de tiendas y establecimientos donde se hará la recogida de precios, catas y muestras varias veces al mes. El IPC diseñado por Fisher nos permite saber la variación mensual y anual de esa cesta de la compra. Lo normal es que suba y eso es lo que llamamos inflación.

Seguramente el IPC es la estadística que más críticas recibe, ya que la mayoría de nosotros pensamos que no representa la economía de nuestros hogares. Pensamos bien. En España hay 46 millones de personas y el INE calcula una única cesta, de manera que la probabilidad de que esa cesta sea la de uno de nosotros es igual a la de que nos toque la lotería. Pero la realidad es que las familias, a diferencia de las empresas, no acostumbramos a llevar al detalle la contabilidad de nuestros gastos e ingresos y por tanto el IPC al menos nos permite conocer la media de la evolución de los precios.

Fisher fue más lejos y, a partir del indicador de inflación, se embarcó en la revisión de la teoría monetaria clásica y definió matemáticamente lo que conocemos como tipo de interés real. El tipo de interés, descontada la inflación, es el precio relativo más importante de una economía, ya que determina la inversión de las empresas y buena parte de las decisiones de consumo de las familias.

Además de su actividad académica, Fisher tenía una empresa de asesoramiento de inversiones financieras desde la que emitía informes periódicos, algo similar a lo que hace este economista observador en Intermoney. Unos días antes del lunes negro de 1929, Fisher afirmó en uno de sus informes que la bolsa de Nueva York no estaba sobrevalorada. Un año más tarde la bolsa había caído un 30%. Siendo coherente con sus análisis y con sus principios, entendió que en 1930 el precio de las acciones estaba bajísimo e invirtió su patrimonio personal y el de su familia política en bolsa. En 1932 la bolsa acumulaba una caída del 80% desde 1929, así que Fisher había dilapidado su patrimonio y la fortuna de sus suegros.

## Aprender de los errores

Un año después Fisher reconoció su error y lo analizó en un artículo titulado «La deflación de activos y la teoría de las grandes depresiones», publicado en la prestigiosa revista *Econometrica*. Su análisis sigue siendo un referente para los economistas y una guía perfecta para entender la crisis actual que padecemos, y, lo que es más importante, para diseñar la política económica que nos saque de ella.

Al estudiar los ciclos económicos en Estados Unidos, Fisher identificó otras dos depresiones anteriores en ese país, ambas en el siglo XIX; una en los años veinte y otra en los años setenta. Ningún ciclo ni ninguna crisis es igual a la anterior, pero Fisher observó ciertas constantes en esas tres graves crisis: en todas ellas se dio una primera fase de sobreendeudamiento que fue seguida de algún acontecimiento que provocó la deflación de activos, la descapitalización del sistema bancario y el colapso del crédito que arrastró las economías hacia dinámicas depresivas y deflacionistas. Estos tres episodios identificados por Fisher fueron precedidos por un intenso período de sobreendeudamiento y euforia financiera. Tal y como explican otros dos grandes economistas actuales, Carmen Reinhart y Kenneth Rogoff, durante cada uno de esos períodos siempre hubo argumentos para pensar que aquella vez sería diferente y que la burbuja financiera no acabaría en desastre.

El dinero pierde valor con el paso del tiempo debido a la

inflación. Por eso los economistas usamos el PIB para hacer que los datos sean homogéneos y comparables. Gracias a dichos modelos comparativos, podemos concluir que desde mediados de los años noventa del siglo pasado hasta al año 2007, la deuda de las familias estadounidenses se triplicó. Mientras que en 1995 esta deuda suponía dos tercios del PIB americano, en 2007 llegó casi al 100 %, la mayor parte dedicada a invertir en vivienda.

El denominador del ratio, el PIB, creció con fuerza durante el período. Pero el numerador creció aún más y el ratio alcanzó niveles desconocidos en la historia de Estados Unidos. Aunque los salarios perdían peso cada año en la distribución de la renta y apenas conseguían subir por encima de la inflación, las familias se embarcaron en procesos de endeudamiento, ya que pensaban que lo que estaba sucediendo era estable y duraría de por vida. Es un fenómeno conocido como «expectativas autorrealizables» o «exuberancia irracional».

Dado que la vivienda es un bien que no se puede exportar, los ciclos inmobiliarios solían ser un fenómeno local. Sin embargo, en la última década del siglo pasado asistimos al surgimiento de burbujas inmobiliarias en otros países. Además de en España, también en el Reino Unido y Dinamarca, entre otros. Las razones que lo explican son globales y no locales: bajos tipos de interés, boom crediticio internacional, globalización financiera, exceso de ahorro en China, Oriente Próximo, Alemania y Japón, y la fuerte demanda de activos con máxima calidad crediticia, como eran las titulizaciones hipotecarias.

En el caso español, durante el mismo período descrito anteriormente en Estados Unidos, la deuda de las familias pasó del 30 % del PIB en 1995 al 80 % en 2007. La entrada en el euro nos permitió disfrutar de tipos de interés reales muy reducidos y acceder a los mercados de capitales internacionales en medio de la que era la mayor burbuja de crédito global desde los años veinte del pasado siglo. Sin tener en cuenta estos factores es imposible explicar la burbuja inmobiliaria de nuestra economía. No obstante, como sucedió en Estados Unidos y en el resto de los países, sólo con estos factores tampoco podemos explicarla.

El endeudamiento produce los mismos efectos que el alcohol: genera endorfinas positivas al consumirlo, pero al despertar nos provoca resaca, malestar y dolor de cabeza. Los españoles accedimos a un mundo nuevo con mucho crédito, y más barato del que nunca habíamos soñado, unas condiciones extremadamente favorables para que se formara una burbuja. Pero no debemos olvidar que la responsabilidad de emborracharnos fue exclusivamente nuestra. Buscar un enemigo externo sólo nos llevará a fabricar excusas y lamentos. Y aunque el desahogo es a veces necesario, resulta contraproducente para salir de la crisis.

## La crisis que nadie vio venir

Ben Bernanke, presidente de la Reserva Federal de Estados Unidos (FED) y uno de los economistas vivos con mayor prestigio académico, afirmó en uno de sus discursos: «Lo que no puede durar de por vida, alguna vez se acaba». Esta frase resulta de lo más pertinente para definir la crisis actual. Las hipotecas *subprime* fueron la mecha que originó el caos presente, pero podría haber sido cualquier otro hecho. El vaso estaba lleno y cualquier gota habría provocado que se desbordara. Es evidente que se cometieron excesos en la concesión de las hipotecas *subprime* y también con su posterior venta mediante bonos a inversores. Pero la realidad se ha encargado de confirmar que éste no es el único problema que explica la peor crisis financiera y la más profunda recesión mundial desde hace ochenta años.

Recuerdo una noticia aparecida en el *Financial Times* en diciembre de 2006 que entonces me sorprendió. En el mercado ABX de Chicago, los bonos de hipotecas *subprime* AAA habían pasado de cotizar 200 puntos básicos sobre Libor (el equivalente a nuestro Euribor en Estados Unidos) a cotizar a 400 puntos básicos.

En aquella época, los bonos AAA de hipotecas españolas cotizaban a 30 puntos básicos. La calificación AAA suponía que ambos (los españoles y los estadounidenses) eran bonos de máxima calidad crediticia, pero era muy extraño que tuvieran esa diferencia tan enorme de tipos de interés. Así que empecé a investigar el asunto y encontré un informe de la FED, el máximo responsable de supervisión bancaria en Estados Unidos, que minimizaba el asunto. Afirmaba que las *subprime* suponían un porcentaje muy pequeño de las carteras de crédito del sistema bancario y que todo estaba bajo control. Sin embargo, seis meses más tarde ese mercado saltó por los aires, y ya sabemos con qué resultado. Éste fue el comienzo de la crisis financiera y el origen de la Gran Recesión.

Aunque la FED es una institución privada, el Congreso estadounidense obliga a hacer públicas las actas íntegras de las reuniones de su consejo, hecho que nos ha permitido conocer las actas de entonces. En su reunión de diciembre de 2007, el propio presidente de la FED, Bernanke, dijo: «No espero problemas de solvencia entre las grandes entidades financieras».

En Europa, el Banco Central Europeo (BCE) no publica sus actas completas, pero comparece mensualmente ante los medios de comunicación para explicar sus decisiones. Ese mismo diciembre de 2007, el BCE esperaba un crecimiento de la Eurozona para 2008 no inferior al 1,5%. Y aunque en 2009 se mostraba preocupado por la inflación, no veía ninguna amenaza de restricción de crédito y negaba la necesidad de bajar tipos, como ya habían hecho la Reserva Federal y el Banco de Inglaterra.

En nuestro país, el gobernador del Banco de España comparecía a finales de noviembre de 2007 ante la Comisión de Presupuestos del Congreso. En su discurso resaltaba la incertidumbre, y pese a compartir la preocupación del BCE por las presiones inflacionistas, anticipaba que en España se daría un ajuste ordenado de la burbuja inmobiliaria y esperaba un crecimiento en 2008 próximo al 3%. Es decir, que pocos meses antes de que se desatara la peor crisis bancaria de la historia, el máximo responsable de la supervisión de las entidades financieras no habló en ningún momento de los riesgos y la vulnerabilidad de nuestros bancos, a pesar de que éstos eran extremadamente dependientes de la financiación en los mercados internacionales y por tanto de una restricción del crédito que ya se había activado.

Este economista observador dirige el servicio de estudios de Intermoney, que según la escuela de negocios ESADE lidera el ranking de aciertos en previsiones sobre economía española desde 2006. En la etapa de la que hablamos, yo era consciente de los excesos inmobiliarios y de la vulnerabilidad que suponía nuestra elevada dependencia del crédito y de la financiación internacional. Y también lo era de los excesos tanto del sistema bancario internacional como de los inversores. Pero debo reconocer que hasta el verano de 2007 nunca pensé que nos precipitábamos en la peor crisis de los últimos ochenta años.

Antonio Torrero, uno de mis maestros en la universidad, me había enseñado la capacidad destructiva de la inestabilidad financiera, contagiándome su curiosidad y su inquietud por el estudio y conocimiento de las grandes depresiones de la historia. Recuerdo el mes de agosto de 2007 como si fuera hoy. Mi hija mayor había nacido prematura a finales de mayo y, aunque estaba muy sana, por precaución decidimos no irnos de vacaciones.

### La irrupción «inesperada» de la crisis

A principios de ese agosto Bear Stearns decidió cerrar un fondo de inversión. La American Home Mortgage, el décimo banco hipotecario de Estados Unidos, anunciaba el día 4 que despedía a todo su personal y el día 6, que quebraba. El banco alemán IKB, expuesto a inversiones en hipotecas *subprime*, tuvo que ser rescatado por una entidad financiera pública para evitar la bancarrota. Y ese mismo día, el National City Home Equity se declaraba también en quiebra.

El jueves 9 de agosto, mientras yo estaba en la piscina disfrutando de mis vacaciones, recibí una llamada de Claudi Pérez, periodista de *El País*. Me dijo que BNP había limitado la retirada de dinero de uno de sus fondos de inversión, lo que había provocado el pánico en los mercados. Y que el BCE había tenido que inyectar casi 100.000 millones de euros a los bancos europeos en una subasta de urgencia, para así evitar el colapso del mercado interbancario. Le dije que no estaba al corriente y que investigaba y le llamaba.

Asuntos como éste tienen una elevada complejidad técnica que se le escapa al gran público y también a muchos periodistas. Tuve que hacer un esfuerzo enorme para explicar las cosas de la forma más pedagógica y divulgativa posible. Aun así, la información que publicaban los medios sobre el tema era bastante deficiente, y contribuía a aumentar la incertidumbre y el desconcierto de los ciudadanos.

Desde ese día mi trabajo se multiplicó. Tuve que enviar notas diarias a mis clientes explicando la situación, hasta el punto de que a mediados de agosto no me quedó más remedio que interrumpir mis vacaciones y viajar fuera de Madrid a visitar a uno de mis clientes. Dado que la situación era bastante desconcertante, el presidente del banco había pedido una reunión aclaratoria. Los bancos centrales habían reaccionado muy rápido. Pero el mensaje fue muy claro: si la tensión duraba más de uno o dos meses, la crisis sería muy grave.

Los mercados interbancarios son una pieza minúscula del rompecabezas de los mercados financieros, pero son el equivalente al tornillo del cárter de un coche. Si el tornillo se cae, el coche pierde el aceite, el motor se gripa y el coche se para. La crisis duró y fue extendiéndose a otros mercados como si fuera chapapote. Ese mismo octubre los mercados de emisiones de bonos privados colapsaron, y en noviembre las agencias de rating quitaron la máxima calificación AAA a las empresas mundiales que aseguraban las emisiones de bonos. Eso suponía que millones de emisiones de bonos que habían sido asegurados por ellas también aumentaban su riesgo de impago.

A final de año mi preocupación era máxima, especialmente respecto a nuestra querida España. A pesar de que el crecimiento seguía boyante, nuestra economía dependía en exceso de la financiación externa, y el cierre de los mercados de emisiones de bonos fue para nuestros bancos como si el coche se hubiera quedado sin combustible. Intermoney pasó de ser el servicio de estudios con las previsiones más optimistas hasta ese verano, a tener las más pesimistas. Sin embargo, la realidad nos demostró que en ese momento, en que fuimos tildados de agoreros, ni por asomo nos anticipábamos a la que se nos venía encima.

El pasado no se puede cambiar y autoflagelarse no ayuda a resolver las crisis. Pero he creído oportuno hacer esta reflexión para resaltar el escaso conocimiento que los economistas tenemos del fenómeno financiero. Se nos acusa absurdamente de ser una ciencia forense que sólo sabe analizar el pasado, aunque yo no conozco ninguna disciplina científica que anticipe el futuro con plena fiabilidad. Las empresas, las familias y los gobiernos tienen que tomar decisiones que afectan al futuro y demandan previsiones a los economistas. Pero cuando uno intenta predecir el futuro, lo único que sabe con certeza es que se va a equivocar. Lo verdaderamente importante es minimizar el error de previsión. Como me enseñó mi maestro Torrero, lo que sí podemos hacer los economistas es analizar si las tendencias que observamos en la economía son sostenibles o no lo son. Gracias a la importancia de esta labor, nuestra existencia ya estaría justificada.

## Responsabilidad en la toma de decisiones

Tras el estallido de la crisis, los bancos centrales han empezado a asumir nuevas funciones de supervisión macroprudencial. Especialmente en Europa, donde el BCE ha asumido la máxima responsabilidad de la supervisión bancaria argumentando que un organismo independiente será más ejecutivo que los gobiernos nacionales para tomar decisiones y anticiparse a los problemas. Sin embargo, hemos visto que tanto las actas de la FED como los discursos del BCE y del Banco de España muestran que ellos fallaron estrepitosamente y que no fueron capaces de anticipar la crisis. Como ya apunté anteriormente, los economistas privados también fallamos, por eso creo sinceramente que la supervisión macroprudencial es un sofisma y que los economistas estamos prometiendo a la sociedad, casi garantizándole, cosas que no somos capaces de hacer.

En una crisis de deuda como la actual hay pérdidas, y los contribuyentes acaban asumiendo parte de ellas. Este hecho supone que en la práctica no se puede separar la política monetaria y las actuaciones del banco central de la política fiscal y el presupuesto gubernamentales. En democracia, cuando toca resolver problemas de solvencia y hay que poner dinero de los contribuyentes, es a los gobiernos a quien corresponde asumir los riesgos y explicárselos a la ciudadanía. Y para eso son necesarios buenos políticos con visión de Estado, que estén a la altura de las circunstancias.

A menudo los economistas somos como aquellos aficionados a las corridas de toros que critican al torero. Desde el tendido las cosas se ven con más tranquilidad que desde la arena. Pero los que se juegan la vida delante del toro son los toreros, y en economía, quienes se la juegan son los políticos. A lo largo de mi vida profesional me ha tocado tomar decisiones y asumir riesgos, primero en los mercados financieros y más tarde en empresas. Y de ello he aprendido dos cosas: la primera es que hay que respetar a los que asumen los riesgos. La segunda es que si detectas un problema, tienes que proponer también la solución. Por desgracia, los economistas respetamos muy poco a los que cargan con los riesgos y somos especialistas en detectar problemas para los que muchas veces no sabemos la solución. Y encima luego culpamos a los políticos de no haberla encontrado.

## El papel decisivo de las agencias de rating en la crisis

Pero hay otro actor fundamental en los trabajos de supervisión del que no hemos hablado aún. Por méritos propios y evidentes, las agencias de rating han sido protagonistas de esta crisis, y para comprender ésta es imprescindible analizar el papel y las actuaciones de aquéllas.

Las agencias nacieron a principios del siglo XX con la finalidad de vender a los inversores su propio análisis sobre los riesgos de las empresas en las que éstos invertían. Son instituciones privadas en su mayoría, y en el caso de las grandes, todas ellas estadounidenses, están registradas como medios de comunicación, de modo que la libertad de expresión las ampara. Eso explica que hasta 2009 su regulación haya sido prácticamente inexistente, y su supervisión una pura ilusión.

En la actualidad, además de asesorar y vender sus informes a los inversores, cobran a las empresas, los gobiernos y los bancos por «emitir». A un banco suelen cobrarle una cantidad muy elevada por analizar sus balances y sus riesgos, y finalmente asignarles un rating. Y después le cobran una cantidad adicional por asignar un rating a cada bono que emite. Si el bono tiene una duración superior a un año, además cobran anualmente por la revisión de dicho rating. Espero que el lector entienda ahora por qué Warren Buffett, uno de los mayores inversores del mundo, es uno de los principales accionistas de una de las grandes agencias.

Estas organizaciones contratan economistas que se encargan de analizar los riesgos, sujetos a una metodología de trabajo estándar establecida por la agencia. En teoría, cada análisis se cuantifica con modelos matemáticos que les permiten calcular la probabilidad de impago del bono o de la empresa, gobierno o banco que lo ha emitido. Como la banca de inversión paga mejor a sus empleados, la rotación de su personal era muy alta. Recuerdo a una persona con mucha experiencia en la emisión de bonos con respaldo hipotecario que me contaba que la pregunta más habitual de los recién llegados era: «¿Qué es una vivienda de VPO?». Es una pregunta que cualquier lector podría hacerse, pero lo preocupante es que la formulaba el trabajador contratado por la agencia de rating responsable de evaluar el riesgo de impago de ese bono relacionado con este tipo de viviendas.

Pese a la importancia de su labor, los modelos de valoración de las tres grandes agencias siguen siendo un agujero negro. Las agencias califican los rating desde el AAA, que es la máxima nota, hasta la E, que es cuando la empresa ha impagado o cambiado el plazo de vencimiento o el tipo de interés de su deuda. La escala de notas es AAA, AA, A, BBB, BB, B, CCC, CC, C, D y E. Pero a partir de BB, los bonos son calificados como «bonos basura», ya que la probabilidad de impago de la deuda es elevada. Por ejemplo, la probabilidad de impago de un bono AAA de deuda pública está próxima, según las tres grandes agencias, al 0,000005 %, y la de un AA al 0,0005 %. Cualquiera que tenga nociones básicas de estadística sabe que los modelos probabilísticos están sujetos a un margen de error, pero estas agencias pretenden hacernos creer que sus modelos les permiten afinar hasta el sexto decimal. Es absurdo. La realidad es que entre un AAA y un AA no hay diferencias estadísticamente significativas. Y, sin embargo, en la práctica sus decisiones —que son las que a estas agencias les proporcionan su negocio y sus ingresos— influyen en los mercados de manera abrumadora, como sucedió cuando cambiaron la calificación de la deuda pública en Estados Unidos en el verano de 2011.

Según las calificaciones otorgadas por esas agencias, la

mayor parte de los bancos que quebraron en 2008, incluido Lehman Brothers, tenían un rating AA el día de su quiebra, es decir, una probabilidad de impago próxima a cero. La realidad es que muchos inversores y fondos de inversión que compraron bonos de Lehman perdieron hasta el 90 % de su inversión. La pregunta del millón de dólares es ¿cómo es posible que estas agencias sigan haciendo rating y los inversores continúen creyéndolas?

La globalización es una de las causas que ayuda a resolver este enigma. En un sistema financiero mundial tan sofisticado como el actual, donde hay millones de activos emitidos, y millones de empresas, gobiernos y bancos que los emiten, los costes que significaría analizar toda esa información tienden a infinito. Y aquí es donde las agencias de rating entran en juego.

Pensemos por ejemplo en un fondo de pensiones japonés que quiere invertir en España. Ese fondo difícilmente conoce a Cajasur, y por eso confía en su rating para estimar si la rentabilidad de los bonos de esta entidad bancaria le compensa el riesgo que está asumiendo. O pensemos en el gestor de nuestro fondo de inversión o fondo de pensiones a quien le ofrecen comprar un bono emitido por Wells Fargo, un banco estadounidense. En cada fondo de inversión existen decenas de bonos diferentes, y los gestores de fondos no tienen tiempo de analizar toda la información sobre cada empresa. En ese mundo incierto, el rating es como un faro que alumbra en la niebla.

Estamos hablando de empresas privadas que se financian de manera privada; hasta ahí, ningún problema. Sin embargo, dado que sus valoraciones tienen fuerte impacto en los mercados, es necesario que estén reguladas. Pensemos que las tres grandes agencias controlan el 90 % del mercado, lo que las convierte prácticamente en un oligopolio. Esta situación justifica por sí misma la intervención del Estado y su regulación. Por supuesto, que quede claro que estamos hablando de buena regulación, y en ningún caso de expropiación o nacionalización, puesto que si las agencias fueran públicas y tuvieran que evaluar el riesgo soberano perderían toda su credibilidad.

El otro gran problema del rating, además del escaso número de agencias que ofrecen el servicio, es que la propia regulación financiera de los gobiernos las ha convertido en necesarias, hecho que aumenta su poder de fijación de precios y de control del mercado. Si te ofrecen una bolsa de sangre perecedera cuando no la necesitas, tu disposición a pagar por ella se aproxima a cero. Si te ofrecen la misma bolsa de sangre tras un accidente de tráfico y tu vida está en juego, tu disposición a pagar tiende a infinito. Algo similar sucede con las agencias. Por ejemplo, el BCE presta dinero a los bancos europeos semanalmente. Pero para darles dinero les exige la entrega de bonos en garantía. Si el banco quebrase, el BCE se quedaría con el bono de garantía y podría venderlo en el mercado y así recuperar el dinero. Pero ¿cuál es el criterio del BCE para elegir esos bonos? El rating. Si las agencias consideran que las garantías que ofrece ese banco al BCE a cambio de dinero son bonos basura, entonces dejan de ser descontables. Una regulación de este tipo da un poder discrecional enorme a las agencias y es la clave para explicar por qué tienen tanta influencia.

## ¿Es posible reducir el poder de las agencias?

Si dejamos de lado el pasado, que no se puede cambiar, y miramos al futuro, es necesario encontrar una solución a este problema. Es evidente que hay que cambiar la regulación con el fin de restar poder a las agencias y para poder promover la creación de un mayor número de agencias, que aumenten la competencia y reduzcan la tendencia oligopolística. Lo primero es muy sencillo de resolver, basta con que el BCE cambie sus estatutos. Y aunque en 2012 el BCE estableció una excepción por la que aceptará bonos basura siempre que el país esté dentro de un programa de rescate de la Troika, la excepción sólo se refiere a la deuda pública o a la deuda privada avalada por el Estado, lo que sigue dejando al resto de los bonos y de los emisores privados a merced de las agencias. Así que, como reza el clásico: «Hagamos una revolución para que nada cambie».

El Consejo Europeo ya ha aprobado que el BCE sea el supervisor único europeo. Esto significa que el BCE supervisará la mayor parte de las entidades europeas, lo que supondrá que en 2014 dispondrá de mayor información sobre la solvencia de las entidades supervisadas que las agencias de rating y que el resto de los analistas. ¿Seguirá entonces guiándose por los ratings para aceptar bonos bancarios como garantía?

En el BCE han vuelto a la antigua tradición de la filosofía moral, rama de la que surgió la economía. Están todo el día dando consejos y recomendaciones a bancos, empresas, familias y gobiernos, y están obsesionados con las reformas estructurales. Sin embargo, ellos son los más reacios a reconocer sus errores y a enmendarlos. Como ejemplo, pongamos un caso sencillo: el Banco de España forma parte del Consejo del BCE y es a su vez el supervisor de la banca española. El Banco de España dispone de mucha mejor información sobre nuestra banca que las agencias, de modo que ¿tiene sentido que el BCE use un rating externo para aceptar garantías de nuestros bancos? En el caso de que se trate de bonos emitidos por Telefónica o de una empresa semejante, sí que tiene sentido, ya que el Banco de España no las supervisa, pero en el caso de los bonos emitidos por nuestros bancos no tiene razón de ser. Si el BCE no se fía de las evaluaciones de sus propios supervisores bancarios, que forman parte de su consejo, ¿por qué deberían fiarse los inversores y los depositantes?

## LA IMPORTANCIA DE UNA AGENCIA DE RATING LOCAL PARA SALIR DE LA CRISIS

El segundo objetivo para reducir el poder de las agencias de rating, el de disminuir la cuota de mercado tan elevada de las tres grandes agencias, es más complicado. Aunque en la actualidad ya existen otras posibilidades, y hay una agencia de rating japonesa, una china, otra brasileña..., las tres grandes norteamericanas —Standard & Poor's, Moody's y Fitch— mantienen su cuota de mercado.

La Unión Europea ha aprobado recientemente una regulación estricta que favorece la competencia y ha puesto en marcha un proyecto de agencia europea en el que yo mismo participo. La organización Axesor es una empresa que ya suministraba información empresarial, pero que ha solicitado constituirse como agencia, y que de momento ya ha conseguido pasar el examen de los reguladores europeos para serlo. Este economista observador es miembro del consejo asesor independiente que exige la directiva europea para validar la metodología y el trabajo de la agencia.

Empezamos a trabajar en marzo de 2012 y la experiencia me ha servido para entender mejor que buena parte de los problemas que generan las agencias de rating residen en su propio diseño institucional, sin suficiente regulación debido a su origen como empresas de comunicación, amparadas por la jurisprudencia estadounidense. Afortunadamente, en Europa parece que se están dando pasos en la dirección correcta.

En la actualidad, las agencias de rating siguen emitiendo informes que los inversores reciben por suscripción, pero como además cobran a los deudores por emitir bonos, se genera un gran conflicto de intereses. Por ejemplo, ¿cómo es posible que el Reino Unido, con un nivel de deuda pública y unas perspectivas fiscales muy preocupantes, mantenga su calificación AAA? Si uno lee los informes sobre la deuda pública española cuando nos bajaron el rating en 2010, puede ver que los problemas de uno y otro país son similares. El enigma queda resuelto cuando se miran las cuentas de resultados de estas agencias, que generan buena parte de sus ingresos en el Reino Unido, mientras que en España representan un porcentaje ínfimo. Desconozco el criterio de las agencias para asignar ratings, pero es evidente que como empresas privadas la diferencia de ingresos entre sus clientes les supone un conflicto de intereses que hay que regular. Este conflicto ya ha sido reconocido por el BCE y por el Fondo Monetario Internacional (FMI), y parece que algo va a cambiar en el mundo del rating, pero todo va tan lento que los cambios aún no pueden contrastarse.

Por esta razón, y sin impedir la actividad de las tres grandes, es muy importante contar con una agencia de rating local. Por ejemplo, Axesor hace ratings no solicitados de las empresas que cotizan en la bolsa española que no son evaluadas por las tres grandes. Y también está en negociaciones con una empresa alemana, una francesa y otra italiana para la creación de una agencia de rating europea conjunta.

Si consiguen que una empresa española tenga un rating homologado por esa empresa alemana, la empresa española podría acceder a financiarse en el mercado de pagarés germano, donde invierten su dinero las compañías aseguradoras y los fondos de pensiones alemanes. Estamos hablando de pocas empresas, y eso no va a solucionar el grave problema de restricción de crédito que padecemos, pero la posibilidad de abrir nuevos canales a las empresas y facilitar su financiación es un paso necesario para crecer y crear empleo, algo que me convenció para unirme a este proyecto.

## Una cadena de deuda imparable

A mediados de julio de 2007, las principales agencias anunciaron rebajas de ratings en Estados Unidos a cientos de activos relacionados con hipotecas, y especialmente a bonos estructurados. El aumento de la morosidad ya justificaba un mayor riesgo de impago, pero ésa no fue la causa. Lo que motivó las rebajas fue un cambio de la metodología de medición del riesgo, un cambio destinado a corregir parte de los problemas aquí descritos. Lo normal es que las agencias lo hubieran hecho en 2005 o en 2006, cuando la demanda de viviendas comenzó a dar señales de debilidad, pero lo hicieron tarde y de manera fulminante, provocando el colapso de los mercados de titulizaciones. El temor a lo desconocido paralizó a los inversores. Y a pesar de que las agencias no fueron las culpables de la crisis, resulta evidente que no es posible explicar la situación en que nos encontramos sin tener en cuenta su papel determinante.

En febrero de 2007 el asunto estalló, el mercado de *subprime* colapsó y las bolsas mundiales se desplomaron. Fue un primer aviso del tsunami que se nos venía encima, pero no se quiso ver el problema. Sheila Bair, presidenta del Fondo de Garantía de Depósitos de Estados Unidos (FDIC), alertaba del asunto en una carta oficial al presidente Bush, al secretario del Tesoro Paulson y al presidente de la Reserva Federal Alan Greenspan. En ella les advertía de que el problema era mucho mayor de lo que se pensaba, y señalaba que las hipotecas se habían vendido con cláusulas que a los dos años de vida doblaban los tipos de interés que pagaba el deudor, que además iban sin recurso personal y con un valor próximo al 100 % del valor de la vivienda. Por si esto fuera poco, los bancos habían titulizado los préstamos y los habían vendido en los mercados. Y puesto que estos bonos titulizados tenían difícil colocación, se «mezclaron» con otros bonos. Es decir, que para dar una hipoteca a alguien con una alta probabilidad de impago se construía una cadena con muchos eslabones. Esto volvía al sistema altamente vulnerable, ya que cuando la morosidad *subprime* empezó a subir en 2006, los bonos dejaron de pagar intereses, los inversores dejaron de comprarlos y el mercado colapsó a una velocidad de vértigo.

La desregulación financiera que habían iniciado Reagan y Thatcher y continuó hasta 2007 favoreció que el sistema financiero creciera muy por encima de las necesidades de la economía real y que se basara cada vez en más en estas cadenas, que por su propia naturaleza se volvían especialmente vulnerables a los contagios. Del mismo modo que el proceso creció de forma veloz y global, también lo hizo el contagio, como puso de manifiesto la quiebra de Lehman Brothers en septiembre de 2008. Internet y los sistemas de información ayudaron a propagar velozmente esta crisis particular al resto de los mercados financieros de todo el planeta.

A esto hay que añadir que en las dos últimas décadas se produjo un fenómeno de democratización de la inversión, a través de los fondos, que ha complicado aún más si cabe la gestión de la crisis, ya que cualquier decisión que se tome sobre los capitales terminará por afectar a ciudadanos de todas las clases sociales.

Ésta no es la primera crisis de deuda de la historia, ni será la última. Pero en esta ocasión lo novedoso es que por vez primera la deuda está en manos de millones de pequeños inversores, que disponen de información completa las veinticuatro horas del día y de perfecta movilidad de capitales. Y cuando a estos inversores algo no les gusta y temen por sus ahorros, entran en internet y cambian su fondo de inversión o mueven su dinero de un país a otro sin apenas limitaciones, así de simple.

A esta circunstancia podemos sumarle el fuerte crecimiento de las carteras especulativas de los grandes bancos de inversión y la proliferación de fondos de alto riesgo que amplifican el denominado «efecto rebaño». Los humanos hemos desarrollado nuestro cerebro más que el resto de las especies, y por eso hemos llegado a la cúspide de la evolución, pero cuando estamos eufóricos o nos asustamos apenas nos diferenciamos de un rebaño de búfalos en las praderas. En esos momentos, la mayoría de los inversores se dejan llevar por la manada e imitan las decisiones del grupo, lo que ayuda a explicar mejor tanto la gran accesibilidad al crédito previa a la crisis, como la rapidez del contagio y la extrema restricción del crédito posterior.

## LAS LECCIONES DE LA CRISIS

No hay que desaprovechar las lecciones de una crisis como ésta, y es evidente que se debe limitar el tamaño y la actividad del sistema financiero para evitar colapsos de esta magnitud en el futuro. Los cambios en la regulación están en marcha, pero van muy lentos. Los mercados son globales pero las leyes son locales. Y especialmente en el Congreso de Estados Unidos, las leyes están sometidas a grupos de presión, pagados por el sistema financiero, que se dedican cada día a poner palos en las ruedas del desarrollo legislativo.

La realidad es que durante el período de Bretton Woods, que va desde 1945 hasta 1973, la volatilidad en los mercados financieros fue mínima. Fue así porque tras la Gran Depresión de 1929 y los errores cometidos al finalizar la Segunda Guerra Mundial, los estados se dotaron de instituciones para mejorar la gobernanza mundial. Los principales países se reunieron entonces en un complejo hotelero de New Hampshire llamado Bretton Woods, y allí acordaron la creación del FMI y del Banco Mundial, e instauraron un sistema de tipos de cambio fijo para limitar la guerra de divisas del período de entreguerras, estableciendo una estricta regulación y supervisión del sistema bancario en las principales economías, entre otras medidas.

Tras los acuerdos de Bretton Woods las crisis financieras no dejaron de existir, pero eran mucho más esporádicas, más locales y con mucho menor impacto sobre las tasas de desempleo que las actuales. Hasta la Gran Recesión, dichas crisis financieras se producían habitualmente en países emergentes y se achacaban a la falta de instituciones sólidas y a políticas económicas mal gestionadas y proclives a crisis periódicas.

En los años noventa del siglo pasado surgió un tipo de crisis económica novedosa, la crisis japonesa, pero se interpretó como un caso exótico. Sin embargo, esta crisis ha terminado afectando a las principales economías desarrolladas, desde Estados Unidos hasta Alemania, provocando la quiebra de buena parte de su sistema bancario. En el caso de Alemania, Angela Merkel ha tenido que introducir ayudas públicas por valor aproximado de 300.000 millones de euros para salvar su sistema bancario, ayudas que superan el 10 % de su PIB.

En España la inflación de activos fue más tradicional y se tradujo en una burbuja inmobiliaria. En el verano de 2006 la demanda de vivienda dio señales de agotamiento, y un año más tarde los precios de la vivienda usada dejaron de crecer. Si los seres humanos fuéramos racionales, como defienden los principales postulados de los manuales de economía, con los primeros síntomas de que esta demanda se estaba frenando, los promotores inmobiliarios deberían haber parado la construcción. En cambio, en el verano de 2007 se empezaban a construir más de 700.000 viviendas, una cifra que no sólo doblaba el máximo del ciclo anterior, a finales de los años noventa del siglo pasado, sino que también superaba el total de las viviendas en construcción en las principales economías socias de la Eurozona.

Sólo cuando se cortó el crédito porque los bancos españoles perdieron el acceso a los mercados de financiación tras el colapso de los mercados de bonos con respaldo hipotecario globales, los promotores se vieron forzados a parar la construcción de viviendas. Un hecho que no hace más que confirmar que las expectativas de los agentes son adaptativas, y que por esta razón las economías tienen inercia.

Esta diferencia entre las causas de los problemas económicos y sus efectos debería dar un tiempo precioso a los agentes para tomar decisiones y anticiparse. Si los agentes privados no reaccionan, debería entrar en juego el Estado y su política económica, que también tiene tiempo para reaccionar.

Pero como comprobaremos en los próximos capítulos, ni el sector privado ni los estados tuvieron la capacidad de anticiparse al desastre. Teniendo en cuenta que Irving Fisher, uno de los grandes economistas de la historia, que dedicó toda su vida al estudio no fue capaz de anticipar la Gran Depresión, es comprensible y humano que economistas, gobiernos, empresas y familias tampoco pudieran anticipar la magnitud del tsunami financiero que se nos venía encima en 2007.

# 2

# Una crisis bancaria en la sombra

> Los agujeros de capital en un banco sólo se solucionan con capital.
>
> ARISTÓBULO DE JUAN

A pesar de que todos nosotros especulamos en nuestra vida cotidiana, sin ser conscientes de ello y sin que tenga consecuencias negativas, suele hablarse despectivamente de «especulación». Sin embargo, esto tampoco quiere decir que la especulación sea siempre beneficiosa.

Un mercado financiero es como la pradera salvaje del Serengueti. Hay rumiantes como las cebras y los búfalos que se alimentan de hierba, grandes depredadores que se comen a los rumiantes, y hienas y otros carroñeros que viven de lo que cazan los depredadores. En épocas de sequía, los búfalos y las cebras se marchan en busca de agua, de modo que la caza escasea y las hienas acaban luchando entre ellas por conservar el territorio y sobrevivir.

En los mercados financieros, los rumiantes son los inversores finalistas, aquellos que invierten el dinero de sus ahorros y que compran bonos y acciones como una inversión a largo plazo. Entre la familia de rumiantes destacan los fondos de pensiones, los de inversión y, en la última década, los fondos soberanos que gestionan las reservas de los países. Los más significativos entre estos últimos son los de Oriente Próximo y Noruega, pues gestionan las reservas procedentes del petróleo. No menos importante es el fondo soberano de China, que administra las reservas derivadas de la intervención en el mercado de divisas, para así evitar una excesiva apreciación de su moneda, y que en la actualidad suma casi tres veces el PIB de España.

Por poner un ejemplo cercano, hasta 2011 el fondo soberano chino era uno de los mayores inversores en deuda pública española, con aproximadamente el 10 % del total de la deuda pública emitida por España. Por su parte, el fondo soberano noruego, que es el mayor inversor en renta fija en euros del mundo, también fue muy activo en nuestro país, como principal inversor en cédulas hipotecarias y bonos de nuestro sistema bancario, hasta 2008, y más tarde en deuda pública, hasta 2011. Por desgracia, estos dos grandes «búfalos» han reducido significativamente sus compras de bonos españoles desde 2011. Así pues, no es casual que los problemas hayan aparecido de nuevo y que hayamos vuelto a entrar en recesión. El resto de la manada de búfalos también ha dejado España en busca de pastos más seguros.

Siguiendo con el símil, los grandes depredadores son los bancos, sobre todo la banca de inversión. Y los carroñeros son los fondos de alto riesgo, más conocidos por su nombre en inglés, *hedge funds*, que aprovechan las ineficiencias o fallos de los mercados para tomar posiciones.

En condiciones normales, cuando hay muchos rumiantes, los depredadores y las hienas cumplen su misión dentro del ecosistema. Sin embargo, cuando los inversores finalistas se asustan y huyen en estampida, la caza disminuye y el mercado acaba en manos de los carroñeros y los vendedores en corto, que son los que los medios de comunicación identifican normalmente como especuladores.

En esta situación, unos pocos inversores pueden adoptar una posición monopolista y el poder de fijar el precio, circunstancia que justifica la intervención pública y la toma de medidas excepcionales, como la prohibición de ventas en corto o la compra directa de activos por parte del Banco Central, para así estabilizar el mercado y permitir que los inversores finalistas pierdan el miedo y regresen a pastar.

Tras esta digresión conceptual, necesaria para seguir el hilo argumental de este libro, retomemos la enumeración de los problemas que genera la deflación de activos, sobre todo en el sistema bancario, que es el más afectado.

## ¿CUÁL ES EL VALOR «REAL» DE LAS COSAS?

A menudo se habla de ingeniería financiera para explicar la crisis. Sin embargo, algunos de los instrumentos esenciales para entenderla existen desde hace cientos de años. El fraile Luca Pacioli fue el primero en formular por escrito, en el siglo XV, una teoría contable basada en el sistema de partida doble, considerada la piedra angular sobre la que descansa la contabilidad moderna, y entre cuyos principios se establece que el activo debe ser igual al pasivo.

El pasivo se divide en los recursos propios de los accionistas y, de otro lado, en el exigible, es decir, las deudas con terceros, ya sean bancos, proveedores o bonistas, si la empresa tiene el tamaño suficiente para acceder a los mercados de capitales. El activo es igual a los bienes de inversión, que, en el caso de un banco, son principalmente créditos, pero también bonos, deuda pública, acciones o activos inmobiliarios.

Si un inversor quiere comprar acciones de un banco en bolsa, o un jeque árabe quiere comprarse el banco entero, ¿cuál es su precio? La respuesta de Perogrullo es decir que lo que el comprador quiera pagar, pero lo cierto es que en el mundo en que vivimos, los compradores procuran hacer una valoración racional, a pesar de que, como ya hemos explicado anteriormente, en ocasiones la parte emocional del cerebro domine las decisiones y nos comportemos como los búfalos en las praderas.

En un proceso de compra racional, se valora el activo, se restan las deudas o pasivo, y la diferencia es el valor de la empresa o del banco. Si la empresa cotiza en bolsa, se divide el valor total de la compañía por el número de acciones y obtenemos el precio de la acción. Si el inversor considera que la empresa vale más de lo que cotiza en bolsa, comprará acciones, y si piensa que vale menos, las venderá. Éste es el principio básico de la economía capitalista: comprar barato y vender caro.

La caída del precio de los activos disminuye el tamaño del balance del banco. O lo que es lo mismo, y siguiendo a Pacioli, si disminuye el activo tiene que disminuir también el pasivo. Por lo tanto, como las deudas son nominales y fijas, las pérdidas van mermando los recursos propios de la entidad. Y puesto que un banco necesita un colchón mínimo de capital para asumir posibles impagos de los créditos que concede, cuando el capital escasea, entonces los bancos tienen miedo a prestar.

En las recesiones comunes, que Fisher denominó «ciclos estacionales», los precios de los activos caen a la vez que aumenta la morosidad, erosionando el capital de los bancos, con lo que se restringe el crédito de manera natural.

Ésta es una manera de explicar que el crédito es una variable procíclica, que determina el crecimiento económico en el corto plazo. En las depresiones, todos estos efectos se amplifican y las quiebras bancarias son generalizadas.

## Cuando las economías enferman

Mi cuñada es hematóloga y recibe a muchos enfermos de leucemia que se sienten débiles.

A las economías les pasa lo mismo. Si el crédito es la sangre que transporta el oxígeno a las células que activan el crecimiento económico, el sistema bancario es la médula espinal, creadora de los glóbulos rojos.

Y crisis como la que estamos padeciendo actúan del mismo modo que la leucemia, imposibilitando la creación de glóbulos rojos que ayuden a oxigenar la sangre. La deflación de activos es el equivalente a la quimioterapia, pues afecta por igual a las células sanas y a las enfermas, es decir, a los bancos bien y mal capitalizados. Por esta razón, nos referimos a estos procesos como «crisis sistémicas», ya que presentan elementos comunes a todos los bancos.

Con la deflación se resiente la principal misión del sistema bancario, que es transformar el ahorro en crédito: las empresas y las familias invierten, la economía crece y se crea empleo. Éste es un pilar básico sin el cual las economías de mercado no pueden mantener un crecimiento sostenido que permita crear empleo y mejorar el bienestar de la sociedad.

La historia nos enseña que este tipo de crisis siempre tienen solución y que las economías vuelven a recuperar la senda del crecimiento. La clave está en encontrar el tratamiento adecuado y articular la política económica idónea que acorte el proceso y minimice los costes, sobre todo en términos de desempleo y deuda pública. Como solía explicar un gran empresario de América Latina: «Nosotros ya hemos padecido varias crisis de este tipo y sabemos que tienen solución, pero no te mostraré las cicatrices».

Asimismo, la historia nos enseña que cuanto antes se trasplanta la nueva médula, recapitalizando el sistema bancario, antes termina la crisis y menores son los daños que provoca. Los agujeros de capital se tapan con capital, y en las crisis, el capital privado escasea, por lo que la recapitalización debe hacerse con dinero de los contribuyentes. Entonces el problema económico se convierte en un problema social y político, lo que complica sobremanera su solución: se empieza por atacar los efectos en lugar de las causas, y se recomienda al paciente una dieta de austeridad, que no es exactamente el tratamiento que necesita. La realidad es que hasta que no se resuelve la crisis bancaria estabilizando la deuda y salvando la restricción de crédito, el paciente sigue débil y la austeridad le resulta muy perjudicial.

## Y SE PRODUCE UN CONTAGIO FULMINANTE

Antes de la crisis pensábamos que el sistema bancario internacional había reducido su riesgo mediante el instrumento de la titulización de los créditos y lo había transferido a inversores finales. Desafortunadamente, descubrimos que no era así, pero lo hicimos demasiado tarde.

Como contamos en el capítulo anterior, en 2007 se filtró la noticia de que dos fondos de inversión de alto riesgo propiedad de Bear Stearns, un banco de inversión que quebró poco después (en febrero de 2008), habían registrado pérdidas millonarias debido a su exposición a las hipotecas *subprime*. En agosto de ese mismo año 2007, un fondo de inversión propiedad de BNP anunció que no podía atender los reembolsos de los partícipes, ya que había invertido en bienes que no podía vender en el mercado para devolverles su dinero. Todo apuntaba a una versión sofisticada de un corralito bancario, y provocó el pánico.

Cuando los mercados interbancarios colapsaron en agosto de 2007, el gobierno alemán tuvo que intervenir varios bancos germanos que tenían problemas. En la confusión del momento, la falta de información aumentó la incertidumbre y ahuyentó a los inversores reales, que buscaron refugio en la deuda pública de las principales economías, intensificando la deflación de activos.

El rumor más extendido decía que los bancos alemanes con problemas, que eran los que administraban el excesivo ahorro estructural germano fruto del pinchazo de la burbuja tras la unificación en el año 2000, habían concedido líneas de liquidez de emergencia a vehículos del sistema bancario en la sombra. Este apelativo «en la sombra» designaba inversiones que los bancos internacionales desviaban a paraísos fiscales. Era una operación legal que se hacía al margen de la supervisión del Banco Central. El problema es que se llevó a cabo asumiendo unos riesgos que, como luego se demostró, no fueron capaces de controlar. Posteriormente explicaremos con más detalle el sistema bancario en la sombra, sin el cual no es posible entender la crisis.

Al colapsar los mercados interbancarios, estos vehículos no consiguieron financiar sus inversiones y acudieron a las líneas de liquidez de emergencia. Como los bancos germanos, a su vez, tenían el dinero invertido, no pudieron atender las solicitudes. Por lo tanto, nos encontramos ante una crisis de liquidez clásica que provoca un contagio fulminante, poniendo en riesgo la estabilidad del sistema financiero.

## Mismos problemas, distintas soluciones

A principios del siglo XX, Estados Unidos registró tres crisis de liquidez de este tipo. Los principales banqueros del país, liderados por el legendario J. P. Morgan, pensaron en un modo de resolverlas y propusieron al gobierno estadounidense la creación de un prestador de última instancia que tendría el monopolio de la emisión de dinero. Éste es el origen de la Reserva Federal.

La FED es una institución privada cuyos accionistas son bancos y empresas del país, aunque la toma de decisiones ha sido cedida a un comité independiente de expertos economistas que necesitan la aprobación del Congreso. Ésta es una institución exclusiva de Estados Unidos, y su estructura tiene mucho que ver con la creación de su propio estado-nación. Los colonos estadounidenses se rebelaron contra la metrópoli que para ellos significaba el Estado opresor y enemigo, de ahí que fueran los primeros en dotarse de una Constitución liberal, en la que se establecían los derechos del ciudadano por encima del Estado, antes incluso que Francia. El modelo de gestión de la FED se justifica por el miedo a un poder monopolístico público, estatal; por tanto, crean una entidad privada que cede su poder a un comité que acaba teniendo influencia política.

En Europa los gobiernos ya contaban con bancos centrales que tenían el monopolio de la emisión de dinero. Creados por el Antiguo Régimen, bastó con adaptar sus estatutos para que fueran prestadores de última instancia. En la actualidad, el organismo encargado de esta misión es el Eurosistema, formado por el BCE y los bancos centrales nacionales, los que antaño tenían el monopolio de la emisión de las monedas nacionales antes de la llegada del euro. Todo este complejo entramado institucional también ha cedido el control a un comité de expertos, que asimismo está sometido al control parlamentario. Pero hay una diferencia notable: en Europa cada país tiene su cuota en el consejo, mientras que en Estados Unidos nadie pregunta en qué estado de la Unión ha nacido el candidato, lo que hace que el sistema norteamericano se aproxime más a la meritocracia que el europeo.

La FED ha demostrado ser más eficaz que el BCE gestionando los problemas originados por la Gran Recesión. Esto se explica, principalmente, por las enormes diferencias que existen entre los líderes de ambos organismos. Durante la crisis, el hombre al frente de la FED ha sido Ben Bernanke, prestigioso economista, especialista en las grandes depresiones, y eterno candidato al premio Nobel de Economía. Por el contrario, el presidente del BCE durante la crisis fue Jean-Claude Trichet, un ingeniero sin ningún prestigio académico, elegido para el cargo antes de finalizar el turno de su antecesor por simples cuestiones de reparto de poder entre Alemania y Francia, y que demostró en sus discursos y declaraciones tener un escaso conocimiento sobre las grandes depresiones.

La Gran Recesión no fue una excepción a la norma histórica, y los bancos centrales tuvieron que intervenir de emergencia para evitar el colapso del sistema financiero. Hubo que esperar hasta 2010 para que la Reserva Federal emitiese un informe completo describiendo la naturaleza de lo que se ha denominado «sistema bancario en la sombra» y cuantificando su tamaño. En Europa, como siempre por detrás de la realidad y con una capacidad de respuesta mucho menor que Estados Unidos, como ha quedado demostrado en esta crisis, el informe sobre el sistema bancario en la sombra se publicó en 2012 y no lo realizó el BCE, sino la Comisión Europea.

## La inestabilidad financiera y el papel estatal

Hyman Minsky, célebre economista estadounidense fallecido en 1996, formuló la hipótesis de la inestabilidad financiera. Su tesis principal es la siguiente: dado que el negocio bancario tiene escasa capacidad de diferenciación en los créditos y los depósitos que comercializa, cuando una entidad apuesta por el crecimiento orgánico, lo hace reduciendo sus márgenes de beneficios. Esta reducción de márgenes afecta negativamente a sus accionistas, por lo que se buscan negocios de mayor rentabilidad que llevan aparejados riesgos más elevados, que ponen a su vez en peligro la viabilidad futura del banco y del sistema.

Es evidente que esta crisis ha seguido fielmente el paradigma de Minsky: el sistema bancario en la sombra no es otra cosa que una intermediación entre ahorro e inversión desarrollada fuera de los canales bancarios tradicionales, y, por lo tanto, al margen de la regulación y la supervisión de los bancos centrales. Tal y como explica la hipótesis de Minsky, las entidades buscaron estos canales alternativos para evitar la regulación y aumentar sus beneficios, y con ello asumieron riesgos mayores.

Minsky, radical en sus planteamientos, abogaba por nacionalizar la banca para reducir estos riesgos. En mi opinión, la solución no es ésa: el Estado es mal empresario y mucho peor banquero. La misión del Estado es diseñar unas reglas de juego que permitan la libre concurrencia y, sobre todo, supervisar que éstas se cumplan, y penalizar a los que no lo hacen. No obstante, la intervención del Estado en situaciones excepcionales, como las crisis, que generan injustos perjuicios a terceros, es muy necesaria y conveniente por varias razones.

La restricción de crédito que producen estas crisis, sobre todo a las pequeñas y medianas empresas, limita la recuperación de la economía y justifica la creación de bancos públicos. La nacionalización forzosa de los bancos privados facilita este proceso. En todo caso, el objetivo debe ser el saneamiento del sistema y, una vez alcanzado, lo mejor es que el Estado regrese a su papel de árbitro y concentre la acción de la banca pública en la banca de desarrollo, tal y como hacía el Instituto de Crédito Oficial (ICO) antes de la crisis.

La intervención pública también es necesaria cuando los inversores privados no están interesados en inyectar capital en los bancos que tienen problemas. No hay que olvidar que el Estado cobra a las entidades un canon, una especie de impuesto a la banca, por el fondo de garantía de depósitos que históricamente se ha usado para sufragar el coste del saneamiento de sus crisis.

Por último, y aunque es obvio que cuando el Estado interviene en el sistema bancario no tiene como objetivo ganar dinero sino evitar el colapso del sistema financiero, y la consiguiente depresión económica, no debemos olvidar que si la intervención tiene éxito y la entidad es viable, como sucedió con Banesto en 1993, el banco volverá a dar beneficios y pagará el impuesto de sociedades. Sus créditos también ayudarán a generar empleo, directo e indirecto, con lo que aumentará la recaudación para el Estado. Además, y a diferencia de los inversores privados, el Estado posee la capacidad de recuperar su inversión vía impuestos, razón por la cual la intervención pública en las crisis es conveniente.

## Orígenes de la banca en la sombra

A pesar de que el sistema bancario en la sombra incluye actividades tan poco sospechosas como los fondos de inversión, cabe preguntarse cuál fue su influencia en el sobreendeudamiento previo a la crisis y durante la Gran Recesión.

Al no estar protegidos por el fondo de garantía de depósitos, el Banco Central no los supervisa. Sin embargo, estos fondos de inversión eran propiedad de los bancos al cien por cien, y cuando empezaron los problemas, salieron en su auxilio poniendo en riesgo los depósitos de sus clientes y provocando finalmente la intervención estatal, que debería haberse anticipado mejorando su regulación y supervisión, tal y como se hacía ya en España.

Hay que reconocer que uno de los grandes aciertos del Banco de España durante la Edad Dorada del Crédito fue prohibir este tipo de inversiones y obligar a los bancos a contabilizarlas dentro de sus balances, sometidas a control. Por contra, no estuvo tan acertado en la supervisión de los riesgos excesivos de nuestro sistema bancario en la burbuja inmobiliaria.

Los vehículos de inversión estructurada (SIV, por sus siglas en inglés) fueron el principal mecanismo de influencia. Propiedad de los bancos, es importante destacar que son productos absolutamente legales y habituales en las compañías de seguros; el error se cometió en su escasa regulación. Por ejemplo, una compañía de seguros que gestiona un fondo de pensiones conoce la edad de jubilación de los partícipes, de manera que depositan sus cuotas del plan de pensiones en ese vehículo y se invierte en bonos con vencimientos próximos a la fecha de la jubilación para que el cliente pueda recuperar su dinero con una rentabilidad que le permita compensar la inflación y aumentar, o al menos mantener, el poder adquisitivo de sus ahorros. Por lo tanto, el problema no es el instrumento, sino el uso que se hizo de él.

En 1979 aconteció la segunda crisis del petróleo, y la FED decidió poner fin a la dinámica inflacionista que había creado. En los años ochenta, las cajas de ahorro se dedicaban a dar préstamos a largo plazo a tipos fijos y se financiaban con depósitos a corto plazo. La intervención de la FED mató la inflación pero se llevó por delante a las cajas de ahorro y, de paso, a toda América Latina, precipitando la crisis de la deuda que afectó nada menos que a cuarenta y cinco países, que en aquella época eran emergentes.

Los tipos de interés a corto plazo se triplicaron, de modo que las cajas tenían que pagar, por sus nuevos depósitos, tipos superiores a los que cobraban por sus préstamos a largo plazo, lo que las llevó a la quiebra. El gobierno estadounidense tuvo que intervenir las cajas de ahorro y se gastó en sanearlas el 4% del PIB de la época. Para hacerlo, contó con la participación privada, que compraba los créditos y los gestionaba fuera del balance, y también con la supervisión de la FED. Este mecanismo ayudaba a reducir el coste del contribuyente en el saneamiento de la crisis, y por eso se les permitió ciertos beneficios fiscales. Los bonos los compraban vehículos privados similares a los fondos de inversión, que se domiciliaban en paraísos fiscales para reducir el coste impositivo.

La mayoría de los conocidos como «fondos buitres», que en la actualidad se dedican a comprar activos en situaciones de máximo estrés —es decir, en riesgo—, se crearon en los años ochenta, durante aquella grave crisis.

La gestación de esta crisis de las cajas de ahorro en Estados Unidos explica por qué los bancos españoles vendían sus hipotecas referenciadas al Euribor a un año, con el fin de que los tipos de sus préstamos no se alejaran mucho del coste de sus depósitos.

## El paradigma de Minsky entra en juego

En los años noventa se pagaron los créditos, por lo que los vehículos de inversión se quedaron sin negocio. Entonces los inversores decidieron usarlos para otra misión. Una vez más, se cumplió la premisa de Minsky sobre la inestabilidad financiera, y el sistema creó un nuevo tipo de negocio alejado de su misión fundamental, que es canalizar el ahorro hacia la inversión. El nuevo negocio consistía en comprar activos de máxima calidad crediticia, preferiblemente AAA, y conseguir con ellos financiación en los mercados.

Pongamos por caso que estos activos se compraban a un coste de Euribor más 100 puntos básicos. Al estar compuestos con activos de la máxima calidad crediticia, el nuevo producto se marcaba también con esta calificación y podían financiarse en los mercados a un coste de Euribor más 15 puntos básicos. El resultado de una operación de este tipo arroja una rentabilidad de Euribor más 85 puntos básicos, una cifra mucho mayor de la que se conseguiría dando hipotecas en España, por poner un ejemplo.

Como además este beneficio se lograba gracias a un fondo de inversión gestionado por muy pocas personas, los costes resultaban ridículos en comparación con los de la banca tradicional. Otra cuestión determinante es que los inversores podían poner sólo el 5 % del capital y endeudarse por el 95 % restante de la inversión, un factor que multiplicaba por veinte la rentabilidad para los accionistas.

Al principio la banca tradicional vio en los SIV una forma de vender sus créditos mediante titulizaciones y diversificar sus riesgos. Sin embargo, no tardaron mucho en descubrir que era más rentable crear sus propios vehículos, y el sistema bancario en la sombra pasó a ser el principal generador de beneficios de muchas entidades.

Por lo tanto, seguían concediendo los créditos convencionales pero luego se los revendían a ellos mismos, o se intercambiaban cromos en el mercado con otras entidades, con lo que aumentaba significativamente la rentabilidad de la inversión, los dividendos para sus accionistas y los sueldos de los directivos del banco.

Cualquiera de nosotros puede crear un SIV. Simplemente necesitamos comprar activos y alguien que te dé crédito con la garantía de esos mismos activos. Muchas sociedades de bolsa permiten este tipo de inversiones a sus clientes. Si las cosas van bien y el precio de las acciones sube, el inversor consigue pingües beneficios sin apenas poner dinero. Pero si las cosas van mal y los precios de las acciones caen, las pérdidas también se multiplican. Entonces la sociedad de bolsa ejecuta las acciones y las vende en el mercado para recuperar la deuda. El problema es que los bancos en la sombra compraban grandes cantidades de activos y, cuando decidían vender, no había comprador que pudiera asumir ese tamaño, lo cual multiplicaba aún más las pérdidas.

Recuerdo al responsable de la relación con inversores de una gran entidad financiera europea contar que su banco tenía dos vehículos de este tipo que habían dado un tercio de los beneficios operativos de la entidad en los años previos a la quiebra de Lehman Brothers. Él mismo reconocía a sus accionistas que no había sido informado de su gestión, lo que significa que un tercio del beneficio del banco quedaba al margen de la regulación y de la supervisión del Banco Central. Es decir, los vehículos los gestionaba un puñado de directivos del banco que no informaban a los accionistas de los riesgos con el fin de saber si estaban dispuestos a admitirlos.

## Las pirámides de Ponzi siempre se derrumban

¿Y qué riesgos estaban asumiendo? Para dar un único crédito, se creaba de manera artificial una cantidad de intermediarios que obtenían rentabilidades extraordinarias. Por descontado, esta cadena no era más que un castillo de naipes sin ninguna justificación real, la clásica estructura piramidal de Ponzi.

Carlo Ponzi (1882-1949) era un inmigrante italiano que llegó a Estados Unidos con el propósito de hacer fortuna. Coincidiendo con otra época de esplendor económico, los felices años veinte, inventó un esquema piramidal de inversión sustentado en unos cupones de correos que compraba en Europa y vendía a un precio mayor en Estados Unidos. Sus primeros inversores ganaron mucho dinero, pero la cantidad invertida por los siguientes se destinaba a pagar los elevados intereses comprometidos. Es la misma triste historia de Madoff, o los sellos del Fórum Filatélico y Afinsa.

El sistema bancario en la sombra también tenía un esquema piramidal. Cuando en Estados Unidos empezó a subir la morosidad, especialmente en las hipotecas *subprime*, comenzó el impago de los bonos de titulización y cayeron los precios. Los inversores finalistas dudaron de la garantía de esos bonos y dejaron de financiar a los vehículos. Los SIV de las compañías de seguros no eran tan vulnerables, ya que compraban los activos con el dinero de las cuotas de los planes de pensiones, lo que les otorgaba un margen de tiempo. Por el contrario, los SIV de los bancos eran muy dependientes de la financiación en los mercados y, por lo tanto, extremadamente vulnerables a una crisis de liquidez.

GRÁFICO

*Saldo vivo de pagarés con garantía de titulizaciones*

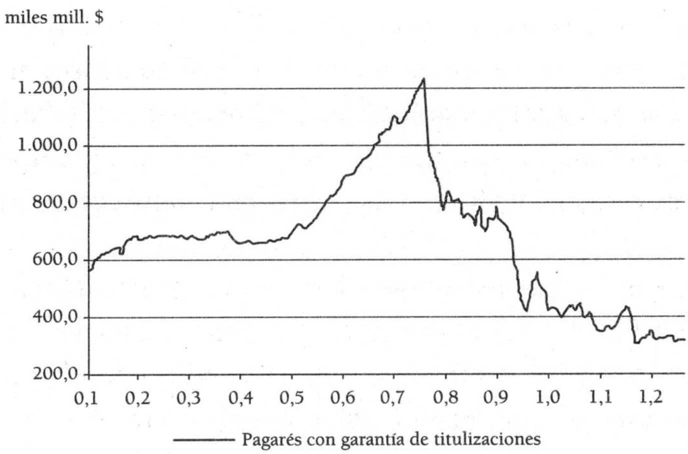


FUENTE: Reserva Federal de Estados Unidos.

El gráfico anterior representa el principal mercado de financiación del sistema bancario en la sombra. Podemos observar el crecimiento explosivo que tuvo el mercado de pagarés desde 2005 hasta 2007. Después del colapso sufrido, la opción era salir al mercado a vender activos y cerrar el vehículo, ya que no era posible seguir financiándose. Al haber comprado activos a plazos normalmente superiores a cinco años, era inviable esperar al vencimiento para recuperar el dinero. Además, los SIV estaban muy poco capitalizados, como hemos explicado con anterioridad, y una simple pérdida del 5% del precio de los activos suponía la quiebra del vehículo. Las pérdidas debía asumirlas entonces el propietario, el banco, y aquí entraba la conexión con el capital de la entidad, la crisis bancaria, y la merma de su capacidad para conceder créditos, tal y como explicaremos en el siguiente capítulo.

Para evitar el colapso del sistema financiero, en el verano de 2007, la FED y el BCE tuvieron que abrir las compuertas e inundar los mercados de liquidez. Los vehículos no podían acceder directamente al BCE y el sistema bancario en la sombra tuvo que salir a la luz y regresar al balance general, de donde nunca debería haber salido. Pero dentro del balance del banco las exigencias reguladoras eran mayores y se hacía necesario ampliar capital. Y aquí radicaba el principal problema.

Hace unos años, en una carretera comarcal gallega, un camión se quedó sin frenos y se empotró contra una casa junto a la carretera, llevándose por delante varios pilares de contención de la vivienda. Si los bomberos retiraban el vehículo, la casa se venía abajo. En esta crisis ha pasado lo mismo. Si el BCE y la FED no hubieran financiado esos vehículos, el sistema financiero global se habría desplomado como un castillo de naipes y habríamos tenido otra Gran Depresión como hace ochenta años.

## Propuestas para evitar una nueva burbuja financiera

Resulta evidente que el sistema bancario no es un sector más de la economía ya que es el depositario de los ahorros de las familias. El Estado asegura esos depósitos y, en consecuencia, exige unas condiciones a sus asegurados, como hace cualquier asegurador privado. El sistema bancario, además, cumple una misión clave en una economía de mercado, que es la de trasvasar ahorro a inversiones productivas, de manera que el sistema financiero nunca debe ser un fin, sino un medio. Su labor principal ha de ser la de canalizar el ahorro a la inversión y permitir la creación de empresas, la financiación de proyectos y la generación de empleo.

En 1950, los costes de transformación del sistema bancario en Estados Unidos supusieron el 4% del PIB; en 2010, el 7%. Teniendo en cuenta el gran avance experimentado desde entonces en innovación tecnológica, informática y telecomunicaciones, ¿cómo es posible que los costes de transformación hayan aumentado? La respuesta es que han aumentado las rentas del sector, tanto las salariales como los beneficios bancarios.

Hasta 1985, los beneficios del sistema bancario sobre el total de los beneficios empresariales en Estados Unidos no superaban el 15%. Desde que empezó el proceso de desregulación promovido por Reagan, los beneficios fueron en aumento y alcanzaron el 27% en 2006.

Los salarios en el sector también se aprovecharon de la burbuja de crédito internacional. Hasta 1982, un salario medio en el sistema bancario era similar al de la industria. Sin embargo, en 2007, un trabajador del sector financiero cobraba el doble que uno de la industria. La media, como se sabe, es un indicador estadístico que se ve muy afectado por los valores extremos de la serie. Hasta los años ochenta del pasado siglo, el salario medio de un consejero delegado en un banco era treinta veces el de un trabajador medio del banco; en 2006, era trescientas veces mayor.

Por lo tanto, no es de extrañar que en 2008 el 30% de los

licenciados en la escuela de negocios de la Universidad de Harvard entraran a trabajar en Wall Street. En 1941, tras la Gran Depresión, sólo el 1 % de los licenciados de Harvard se colocaron en el sistema financiero. En España se ha producido, en este ámbito, la misma tendencia que en Estados Unidos, pero con una menor intensidad.

Volviendo a las enseñanzas de Minsky, esta dinámica de aumentar la rentabilidad, lógica en cualquier industria, se hizo a base de asumir mayores riesgos, y acabó en la Gran Recesión, con los costes que ha tenido que pagar la sociedad en términos de aumento de la deuda pública y del desempleo.

Es el momento de volver a situar los bueyes delante del carro. El sistema financiero debe estar al servicio de la economía real y ésta tiene que ser su principal función. Esto no significa que haya que nacionalizar la banca, como proponía Minsky, ni que deba abolirse y criminalizarse cualquier tipo de especulación en los mercados. Se trata de mejorar la regulación y la supervisión y de conseguir reducir el tamaño del sistema bancario hasta el mínimo necesario para que cumpla su función principal, canalizar el ahorro a la inversión empresarial.

En los mercados financieros organizados deben priorizarse y mantenerse los mercados de deuda pública, los mercados interbancarios y las bolsas de valores, que son imprescindibles para garantizar la misión del sistema. Pero también es preciso replantearse muchas de las innovaciones que se han introducido de manera incontrolada durante estos años.

Desde 2008 ha habido varias iniciativas en el G-20 y en otros países para mejorar la regulación financiera internacional. Destacan la regla Volcker, en Estados Unidos, y el Informe Lamfalussy, en Europa. Ambas limitan la actuación de la banca e intentan fijar unas líneas rojas que impidan la repetición de un desastre de esta magnitud. No obstante, aún estamos lejos de ver plasmadas estas iniciativas en una regulación concreta y en nuevas reglas del juego.

En España, la clave está en que la banca vuelva a sus principios. El sector creció mucho para poder atender la demanda de crédito durante la burbuja, y ahora debe reducir su tamaño para adaptarse a la nueva realidad de la economía nacional. Aquí el tamaño de los mercados organizados no es tan representativo como en Estados Unidos o en Reino Unido, por lo que la adaptación tendría que ser más sencilla. Pero adecuar el tamaño del sistema bancario español a la nueva realidad de la economía real tras la burbuja está siendo un proceso largo y duro, en términos de empleo directo en el sector bancario y de escasez de crédito. Más adelante dedicaremos un capítulo exclusivo a la crisis bancaria en nuestra querida España. Antes seguiremos explicando la crisis global y la crisis del euro, sin las cuales no puede entenderse la crisis española.

# 3

# Y entonces quebró Lehman Brothers

> Los economistas hemos aprendido en esta crisis que no se puede minusvalorar la importancia de tener un prestador de última instancia.
>
> ROBERT LUCAS

Como explicamos en el capítulo anterior, los bancos centrales pueden resolver problemas de liquidez pero no de solvencia. De lo contrario, estaríamos hablando de alquimia monetaria y nunca habría crisis de deuda ya que bastaría con darle a la maquinita de imprimir dinero. Por eso no debemos minusvalorar lo determinante que ha sido la actuación de los bancos centrales durante esta crisis, y, sobre todo, la de la Reserva Federal de Estados Unidos.

En el otoño de 2010, mi agente de conferencias, Daniel Romero-Abreu, de Thinking Heads, invitó al premio Nobel de Economía Robert Lucas para que participara en un ciclo de conferencias celebradas en la Fundación Rafael del Pino y en la Fundación Barrié de la Maza. Probablemente, Lucas sea el economista que más haya influido en las ideas y en las políticas económicas de las tres últimas décadas.

En los años ochenta protagonizó la conocida como «revolución de las expectativas racionales», que cuestionaba la capacidad de los bancos centrales para influir en el crecimiento de la actividad y del empleo. Más tarde, Ronald Reagan y Margaret Thatcher utilizaron sus ideas en su revolución neoconservadora como argumento para defender el libre mercado y reducir el tamaño del Estado ante su pretendida incapacidad para influir en el ciclo económico.

Como nos recordaba Keynes en el primer capítulo, los hombres prácticos —en este caso, los políticos— suelen servirse de las ideas de un economista muerto. Es habitual que en una situación como la actual nos planteemos qué habrían pensado esos economistas difuntos, respuesta que llevaría aparejada bastante subjetividad; sin embargo, en esta ocasión el economista estaba vivo, un factor que nos permitía contrastar con él la interpretación de la crisis según sus teorías y la valoración que hacía de las causas y las políticas para solucionarla.

## La neutralidad del dinero

Es inevitable mitificar a los premios Nobel, y cuando conocí a Lucas, me sorprendió la sencillez de un hombre tan influyente. Había llegado a España el día anterior y no había tenido un respiro hasta la hora de la cena. Es un hombre de edad avanzada y se le notaba cansado. Aun así, hizo muchas preguntas y contestó amablemente a las nuestras. Yo estaba sentado junto al Nobel, y en un momento de la velada, cuando se había relajado, le hice la pregunta del millón de dólares: «Robert, tras la Gran Recesión, ¿sigues pensando que el dinero es neutral?».

«Neutral» es el término que empleamos los economistas

para definir que la variación del dinero en circulación sólo afecta a la inflación y no tiene ninguna influencia en variables reales como el empleo. De ser cierta esta premisa, los bancos centrales no tendrían capacidad alguna para influir en el ciclo económico. Por descontado, la neutralidad del dinero es un tema muy polémico que divide a la profesión de economistas y sobre el que no hay consenso.

Obviamente, Lucas contestó que sí; de haber respondido lo contrario, habría puesto en contradicción toda una carrera como investigador que le valió el premio Nobel. Sin embargo, hizo una matización sorprendente y sólo al alcance de los grandes economistas: «No obstante, los economistas hemos aprendido en esta crisis que no se puede minusvalorar la importancia de tener un prestador de última instancia».

Yo respondí que en España teníamos dudas razonables acerca de que el dinero fuera neutral. La primera de ellas afectaba incluso a la propia definición de dinero. Por ejemplo, el mecanismo que explicamos en el capítulo anterior sobre el sistema bancario en la sombra conseguía generar liquidez sin la participación del Banco Central. Así pues, debería considerarse dinero, pero al tratarse de un sistema en la sombra, no estaba incluido en las estadísticas oficiales que usan organismos oficiales como el BCE para su toma de decisiones.

En segundo lugar, ese fuerte crecimiento de la liquidez en el sistema bancario español se había transformado en crédito y había hinchado la burbuja inmobiliaria. La burbuja se tradujo en la construcción masiva de viviendas que atrajo mucha inmigración y muchos bienes importados, principalmente desde Alemania y el resto de los socios europeos. Por lo tanto, la relación entre el dinero y el empleo quedaba demostrada con evidencia.

Y por último, la premisa de que el dinero deja de ser neutral sólo si los consumidores y las empresas son sorprendidos por la actuación del Banco Central, como afirmaba Lucas, no se cumplió. En España el proceso duró diez años; por consiguiente, si a alguien le sorprendió que los precios de la vivienda estuviesen sobrevalorados, fue porque quiso hacerse el sorprendido o porque le interesaba seguir dando beneficios y mantener su nivel de vida.

## Por qué es esencial contar con un prestador de última instancia

En lo que sí coincidí con el premio Nobel fue en la importancia de contar con un prestador de última instancia. Lo increíble es cuánto tarda en cambiar el paradigma de ideas. A pesar de que incluso Lucas, que tanto influyó en la revolución neoconservadora, ya cuestionaba sus propios axiomas, Ron Paul, senador y candidato a la presidencia de Estados Unidos por el Partido Republicano, todavía insiste en cerrar la Reserva Federal y acabar con el prestador de última instancia que tanto alabó Lucas en nuestra cena.

Volvamos al problema de la solvencia del sistema bancario. En Estados Unidos, más del 10 % de los créditos titulizados han impagado sus cuotas y el precio de la vivienda ha caído de media casi el 35 %, y en algunos estados del Sur donde se concentró la burbuja inmobiliaria estadounidense, como Florida, un 70 %. Las pérdidas de la inversión en esos bonos han sido cuantiosas.

El otoño de 2007 fue especialmente convulso y desconcertante. En el mes de noviembre, el consejero delegado de Citigroup compareció ante los medios de comunicación para anunciar fuertes pérdidas de su banco debido a ciertos problemas con unos vehículos de inversión, aunque no se detuvo a explicar en profundidad dichos problemas. Esa misma tarde, Goldman Sachs emitió un informe en el cual afirmaba que, según sus estimaciones, las pérdidas de Citigroup serían un 50 % mayores de lo anunciado. Cuando publicaron los resultados, las pérdidas fueron el doble.

El desconcierto de los inversores, de los economistas, de los medios de comunicación y de la sociedad era máximo. Como ya hemos explicado, los inversores están muy acostumbrados a medir bien los riesgos y a estimar la rentabilidad que hay que exigir a un bono o a una acción para comprarla, y la incertidumbre es como la niebla que no deja ver. Por eso, cuando la niebla es tan densa, los inversores se vuelven prudentes, levantan el pie del acelerador de manera racional, se corta el flujo normal de financiación y los mercados colapsan. Es en este momento cuando resulta determinante la existencia de un banco central, o prestador de última instancia. Para eso se inventaron, y su principal misión es evitar la crisis de liquidez.

Los medios de comunicación prestan mucha atención a las bolsas y muy poca a los mercados de bonos y de deuda, salvo en España, donde, por desgracia, nuestra prima de riesgo abre cada día los telediarios. Es evidente que la bolsa nutre de capital a las empresas y es básica para un sistema capitalista, pero si estimásemos el balance de una economía, el capital representaría sólo el 10 %, y el 90 % restante sería deuda. Por lo tanto, y como ha evidenciado esta crisis, los mercados de bonos son mucho más determinantes que la bolsa para el funcionamiento de una economía.

El desconocimiento técnico del mercado de bonos y de deuda impide que la información suministrada acerca de las causas de la crisis sea todo lo rigurosa que debiera. Ésta es una de las motivaciones que me han llevado a escribir este libro, aportar algo de luz sobre una crisis tan compleja. Repito, algo de luz, ya que nadie puede alumbrar perfectamente un fenómeno tan complejo que ha afectado a todo el planeta. Siempre que veas a alguien hacer afirmaciones muy contundentes sobre las causas de la crisis y sus soluciones, aléjate de él ya que es un tipo peligroso. Por desgracia, en esta crisis sobran sofistas y sofismas. Sólo con una actitud socrática y humilde, reconociendo lo poco que sabemos, conseguiremos resolverla.

Por aquellas fechas se produjo un hecho gravísimo. Las agencias de rating amenazaron con quitar la calificación AAA a las empresas *monoline*. Las empresas *monoline* se dedicaban a asegurar emisiones de bonos y protegían al inversor en caso de impago.

Un bono es un activo financiero en el que el inversor presta el dinero al deudor, cobra intereses normalmente cada año y al vencimiento del bono el deudor le devuelve el dinero. En todo este proceso, el inversor obtiene una rentabilidad si y sólo si el deudor le devuelve el dinero. Si el deudor omite el pago, ya no estamos hablando de renta fija y, por lo tanto, el inversor incurre en pérdidas. Por este motivo, los fondos de pensiones no pueden asumir esos riesgos con el dinero de los partícipes y demandan seguros sobre el impago.

Estas empresas habían asegurado billones de euros en emisiones de bonos en la última década, especialmente de titulizaciones. En consecuencia, si bajaban el rating a esas empresas, la garantía de los bonos que habían asegurado también empeoraría y habría que afrontar un aluvión de bajadas de rating sistémicas que acabarían provocando un tsunami financiero como el que terminó produciéndose. Esto es lo que sucedió en noviembre de 2007, y en ese momento cobré conciencia de que nos enfrentábamos a una crisis de deflación de deuda y a una depresión como las descritas por Irving Fisher.

## Fannie Mae, Freddie Mac y las hipotecas *subprime*

El papel de las agencias hipotecarias en Estados Unidos fue otra parte del problema, y bastante grave. Fannie Mae y Freddie Mac, que por sus nombres podrían parecer las hijas de los Morancos, eran dos entidades con un balance de cuatro billones de dólares, el equivalente al 30% del PIB estadounidense. Para entender apropiadamente la magnitud, su volumen es el equivalente al de la crisis provocada en España por Bankia, que fue la causa que precipitó el rescate de nuestro sistema bancario y que anticipó el rescate completo de la economía española.

Franklin D. Roosevelt creó las agencias hipotecarias durante la Gran Depresión con el objeto de suplir la falta de capacidad de concesión de crédito de los bancos privados hasta que finalizase su proceso de saneamiento. Tras la crisis de las cajas de ahorro en la década de los ochenta, explicada en el capítulo anterior, intensificaron de nuevo su misión de conceder hipotecas. Eran entidades privadas que contaban con el aval del Estado y sus criterios de gestión del riesgo eran estrictos. De hecho, en su baremo de concesión de hipotecas, cuando superaban cierto nivel admitido como *subprime*, no podían otorgar el crédito. Es decir, funcionaban como bancos hipotecarios cuasipúblicos dedicados a la concesión de hipotecas *prime*. Para las *subprime*, Roosevelt también había creado instituciones 100% públicas que asumían pérdidas para proteger a esas familias de la pobreza extrema.

Eran entidades mayoristas. Los bancos privados se encargaban de conceder las hipotecas a los clientes y luego, cuando necesitaban dinero para dar más hipotecas, les vendían esos créditos a Fannie Mae y Freddie Mac. Los bancos privados se quedaban con un margen por la comercialización y las agencias cuasipúblicas adquirían el crédito, y con él, el riesgo de impago.

Una vez más, la hipótesis de la inestabilidad financiera de Hyman Minsky entró en acción: la Administración Reagan forzó a las agencias a dar créditos al tiempo que les permitía relajar sus estándares de riesgo. Salieron a cotizar en bolsa y entraron en competencia con los bancos privados para atraer inversores. La Administración Clinton no deshizo el error, y fue precisamente la Administración Bush la que elevó este despropósito a la mayor burbuja de crédito de la historia de la humanidad. Los compradores de viviendas con hipotecas *subprime* eran en su mayoría inmigrantes y miembros de comunidades marginadas. El presidente Bush confundió el boom del crédito con el sueño americano y la adquisición de viviendas en propiedad en Estados Unidos.

Aunque la limitación de conceder hipotecas *subprime* se mantenía en vigor, ambas agencias fueron muy activas en la compra de bonos de titulización y estructurados que sí incluían *subprime*. En realidad, estos organismos estaban atravesados por los mismos pecados capitales comentados en capítulos anteriores, la codicia favorecida por la existencia de una banca en la sombra. Estaban muy poco capitalizadas, tenían una extrema dependencia de la financiación en los mercados de capitales y compraban activos a muy largo plazo y se financiaban a plazos muy cortos; además, estaban subordinadas en gran medida a los mercados de pagarés.

El cierre de los mercados de pagarés del verano de 2007 las afectó considerablemente, pero su aval público permitió que siguieran financiándose. De todos modos, la menor financiación, unida al pinchazo de la burbuja inmobiliaria, las obligó a restringir el crédito, igual que sucedió con el resto de los bancos privados.

## La verdad tras la quiebra de Lehman Brothers

En julio de 2008, el fondo soberano chino, controlado por el gobierno de Pekín y que gestiona las reservas de divisas de su banco central, que suman casi 3,5 billones de dólares, tomó una decisión estratégica que precipitó los acontecimientos. Decidieron dejar de comprar pagarés de las agencias hipotecarias para adquirir directamente letras del Tesoro de Estados Unidos.

Este cambio generó unos problemas tan serios a las agencias, que el gobierno estadounidense tuvo que intervenirlas la primera semana de septiembre. Aquello provocó otro tsunami de gran magnitud sobre un sistema bancario cuyos pilares adolecían de una extrema fragilidad tras un año de crisis y colapsó los mercados de financiación.

Lehman Brothers era una entidad muy agresiva en titulizaciones *subprime*, poco capitalizada y extremadamente dependiente de los mercados financieros, sobre todo a corto plazo. La película *Margin Call* refleja bien la cultura de la entidad. El lunes siguiente a la nacionalización de Fannie Mae y Freddie Mac, los principales bancos de Wall Street cortaron sus líneas de financiación interbancaria a Lehman y el banco de inversión tuvo que pedir la intervención de la Reserva Federal.

Merrill Lynch, una entidad cuyo tamaño era un 50% mayor que el de Lehman Brothers, con una gran exposición al mercado de titulizaciones *subprime*, poco capitalizada y muy dependiente de la financiación a corto plazo, también solicitó la intervención de la FED. Para aquellos que lo desconozcan, conviene recordar que Henry Paulson, secretario del Tesoro estadounidense, había sido anteriormente presidente de Goldman Sachs, entidad competencia directa de Lehman. Todo lo sucedido entre el jueves 12 y el domingo 15 de septiembre de 2008 sigue siendo un agujero negro y la historia se encargará de resolverlo. Por fortuna, en democracia todo termina por salir a la luz pública. El jueves hubo una reunión clave en Nueva York para salvar a Lehman; el resultado fue que Bank of America se quedaba con Merrill Lynch y a Lehman se la dejaba quebrar para después ponerla en manos de un juzgado de Nueva York.

Aquél fue otro de esos momentos difíciles de olvidar. Yo estaba dando un tranquilo paseo con mi familia cuando recibí la llamada de Íñigo de Barrón, el periodista especializado en bancos de *El País*. Íñigo me contó que habían decidido permitir la quiebra de Lehman y quería saber mi opinión sobre cuál sería la reacción de los mercados. Lo primero que pensé fue que en realidad Lehman estaba quebrada desde el viernes anterior, cuando su acción cotizaba próxima a cero, pero que confiaba en que algún otro banco se encargara de sanearla. La respuesta de Íñigo fue contundente: se la dejaba quebrar en un juzgado.

Lehman era un banco muy activo en los mercados de derivados, y a este economista que escribe no le entraba en la cabeza cómo se podía liquidar una entidad tan compleja. Me pareció que aquello sería un grave error. Y lo fue. La quiebra de Lehman Brothers provocó un efecto dominó y se llevó por delante a AIG, la mayor aseguradora de Estados Unidos, y a Washington Mutual, la mayor caja de ahorros del país, lo que forzó la intervención urgente de la Reserva Federal y del gobierno para evitar que el sistema financiero estadounidense y, por ende, global saltase por los aires.

Tiempo después, en enero de 2009, tuve la oportunidad de reunirme en privado con un gobernador de la FED. Nos encontrábamos en medio de la Gran Recesión y la economía norteamericana había destruido medio millón de empleos ese mismo mes. La densidad de la niebla era máxima y en la reunión flotaba una gran preocupación por la depresión y la deflación. Felicité al consejero al considerar que la reacción de la política económica, especialmente de la monetaria, había conseguido frenar la dinámica depresiva, y estaba convencido de que en cualquier momento la economía se recuperaría.

No obstante, le trasladé dos dudas al respecto de sus decisiones durante aquellas semanas trágicas. La primera era por qué Lehman no tuvo ayudas públicas mientras que Bear Stearns sí, y por qué, poco después, también las tuvieron Citibank y Bank of America. Su respuesta fue la oficial: «Con Bear Stearns, en febrero de 2009, la FED tuvo el apoyo de JP Morgan para quedarse con la entidad y el Estado aportó un esquema de garantías de pérdidas multimillonario para ayudar en el saneamiento. En Lehman no hubo interés privado».

Algún día lo sabremos, pero la tesis que se propagó de manera oficial fue que se trataba de una operación muy compleja en la que Richard S. Fuld, presidente de Lehman, se pasó de chantajista jugando la baza de entidad sistémica. Se optó por dejarla quebrar para dar una señal ejemplarizante al resto de las entidades. Recordemos que en noviembre de 2008, dos meses y medio después de la quiebra de Lehman, el presidente Bush se jugaba la reelección y los contribuyentes, como es natural, siempre son reacios a ayudar al sistema bancario. Por eso la opción ejemplarizante para proteger al contribuyente ganó fuerza en la Casa Blanca.

Esta pregunta era estándar y su respuesta fue automática, pero me guardaba una segunda cuestión que le descolocó por completo. Tras la quiebra de Lehman, llegó la de Washington Mutual, una caja de ahorros protegida por el Fondo de Garantía de Depósitos (FDIC, por sus siglas en inglés). Lehman no tenía depósitos y, por lo tanto, no estaba protegida por el Fondo. Sus inversores acabaron perdiendo hasta el 90 % de su inversión en determinados activos. Así que mi pregunta fue: «¿Por qué el FDIC optó por proteger a los depositantes de Washington Mutual y dejó sin protección a los fondos de inversión? ¿Cuál era el criterio de justicia social para proteger a un ciudadano que había comprado un depósito y no a otro que a través de un fondo de inversión había comprado un pagaré a corto plazo de la misma entidad financiera?».

El consejero de la FED bebió agua para ganar tiempo en su respuesta, se atragantó y le costó recobrar la compostura; al final me respondió: «Era una situación de máxima tensión y en esos días no éramos muy conscientes de algunas de nuestras decisiones». Reconozco que es una de las respuestas más honestas que nunca me han dado. Lo mismo te cuentan en América Latina: «Cuando llega el caos, pierdes el control». Por desgracia, en Europa parece que no hemos aprendido la lección y se habla impunemente de la salida controlada de Grecia del euro y cosas por el estilo.

Estas decisiones provocan el caos y nunca son ordenadas, pero la soberbia o la ignorancia humana suelen ser muy osadas. El resultado fue acabar con una institución centenaria. Cuando un inversor compra un pagaré o un depósito bancario no se cuestiona si le van a devolver el dinero. Si existe temor a que el dinero no se le devuelva, y el temor es cierto ya que se produjo en entidades tan emblemáticas como Lehman Brothers o Washington Mutual, nadie prudente quiere jugar a ese juego. Si sale la bola roja y me devuelven el dinero, obtengo un 2% de rentabilidad anual por la inversión. Si sale la bola negra, la entidad quiebra, no me devuelve el dinero y pierdo el 80 o el 90% de mi inversión. Es el mismo problema que con los depósitos, pero con la quiebra de Lehman descubrimos que las corridas bancarias del siglo XXI suceden no sólo en las sucursales de los bancos llenas de gente esperando retirar su dinero, sino, principalmente, en los mercados financieros.

El contagio a Europa fue fulminante. Muchos bancos, sobre todo alemanes, británicos, franceses, holandeses, belgas e irlandeses, habían crecido gracias a esa banca de activos en la sombra y también se encontraban muy poco capitalizados y eran muy dependientes de los mercados de capitales. En España, ya hemos señalado que el BCE había prohibido la banca de activos en la sombra. Si alguna entidad quería comprar activos, estaba obligada a reflejarlos en el balance y cumplir el capital regulador. Éste fue sin duda el gran acierto del Banco de España que permitió que nuestra banca estuviera mejor capitalizada que el resto. No obstante, nuestros bancos habían concedido mucho más crédito que su base de depósitos y, asimismo, dependían en gran medida de los mercados de capitales y de la financiación a corto. Ésta fue la vía de contagio a la economía española.

Sabemos que no se trata de la primera crisis de deuda, y tampoco será la última, pero sí sorprende su magnitud. Si comparamos el porcentaje de sobreendeudamiento en relación con el PIB, supera incluso los niveles que provocaron la Gran Depresión hace ochenta años. Además de formalizarse en créditos, las inversiones lo habían hecho también en activos. Los créditos tardan mucho tiempo en reflejar la morosidad y, más tarde, la pérdida; en cambio, los precios de los activos anticipan tales escenarios y reflejan las pérdidas en tiempo real. Esto hace que los acontecimientos se precipiten a una velocidad de vértigo y compliquen extremadamente su gestión.

Antes las crisis se resolvían en una mesa y con pocos banqueros sentados a ella, pero debido a la democratización de la inversión descrita en anteriores capítulos, ahora te enfrentas a millones de inversores dominados por el pánico y comportándose con el «efecto rebaño». Además, ésta es la primera crisis de deuda desde la generalización del uso de internet. Con la información fluyendo a la velocidad de la luz, la transición de la deflación de activos al colapso del crédito fue fulminante y global. Y como comprobaremos a continuación, el contagio al comercio mundial y a la economía real también fue mucho más rápido que en la Gran Depresión.

# 4

# De lo financiero a lo real

> Cuando piensas que va a llegar lo inevitable, sucede lo imprevisto.
>
> J. M. KEYNES

El colapso de los mercados interbancarios en el verano de 2007 supuso un torpedo en la línea de flotación del ciclo de crédito mundial y fue el canal de transmisión con la economía real que nos llevó a la Gran Recesión. Los bancos internacionales comprobaron cómo sus fuentes de financiación habituales se secaban, y se vieron forzados a endurecer su política de concesión de créditos desde España hasta China.

## ¿CÓMO FUNCIONA EL MERCADO DE CRÉDITO?

Los medios de comunicación suelen referirse al crédito como una decisión discrecional y arbitraria de las entidades financieras, sin comprender demasiado bien los fundamentos del negocio bancario. Las escuelas de economía tampoco se detienen a explicar en profundidad los principios que rigen el ciclo de crédito y el sistema financiero, motivo por el que muchos economistas contribuyen sin pretenderlo al estado de confusión sobre las causas de la sequía del crédito que comenzó en 2007 y en la que seguimos inmersos.

Un banco funciona de modo semejante a un transformador de luz. Recibe dinero en alta tensión de la captación de depósitos y de los mercados financieros y lo transforma en crédito minorista para financiar la compra de una casa, un coche, un taller de reparación de automóviles o un estudio de arquitectura. Pensemos que cuando un banco concede un crédito tiene que transferir el dinero a la cuenta del cliente y ese dinero sale de algún sitio, por lo que si se corta el suministro de financiación mayorista o hay una retirada de depósitos, las entidades simplemente no pueden atender la demanda de crédito; así de sencillo.

La crisis de 2007 no sólo se manifestó en una mayor dificultad para emitir bonos en los mercados, sino que, además, lo que se podía emitir era mucho más caro. La banca española se vio muy afectada desde el principio ya que, sólo en 2006, nuestros bancos habían captado unos 100.000 millones de euros entre titulizaciones y cédulas hipotecarias, casi el equivalente a nuestro déficit exterior. Nos convertimos en el segundo país europeo emisor de este tipo de activos, muy cerca de los alemanes, cuyo sistema bancario tiene el doble de tamaño que el nuestro.

Si un país consume e invierte por encima de su capacidad para generar rentas domésticas, tiene un déficit exterior, y necesita que el resto del mundo le financie esas compras. Estos instrumentos constituyeron el principal canal de financiación de España S. A. y fueron uno de los motivos por los que nuestra economía resultó tan afectada durante la crisis financiera en 2007.

## La rentabilidad de los bancos

Hasta la primavera de 2007, nuestros bancos emitían cédulas hipotecarias a quince años con un diferencial sobre Euribor de 10 puntos básicos, es decir, 10 centésimas de tipo de interés. Gracias a ese dinero se concedían hipotecas a treinta años, con un diferencial de Euribor más 50 puntos básicos. El negocio generaba un margen de 40 puntos básicos. Comparado con las series históricas, se trataba de diferenciales muy bajos, pero el fuerte crecimiento del crédito y la mínima morosidad durante el boom garantizaban unos beneficios elevados.

Sin embargo, en otoño los bancos españoles vieron cómo su capacidad para emitir este tipo de activos se reducía significativamente y, por lo tanto, también lo hacía su capacidad para dar nuevos créditos. Cuando se cerró el grifo del crédito, la burbuja inmobiliaria pinchó y la economía española perdió el motor que mayor crecimiento y empleo había generado en la última década. Esta fuerte perturbación fue la que metió a nuestra economía en la Gran Recesión.

Nunca nos paramos a pensar que los beneficios millonarios que suelen declarar algunos bancos se consiguen gracias a inversiones multimillonarias. Lo cierto es que la rentabilidad de sus inversiones es bastante baja, próxima al 1 % de media. Un inversor compra activos financieros para proteger su dinero de la inflación y mantener su capacidad de compra. Si sólo obtuviera un 1 % de rentabilidad, nadie invertiría en el negocio bancario. Para resolver este problema, los bancos se endeudan, e igual que hacen las empresas eléctricas o de servicios básicos, donde la rentabilidad también es muy baja, ponen poco capital y mucha deuda para aumentar la rentabilidad del dinero de los accionistas.

La regulación exige un capital mínimo del 8%. El 100% del balance dividido entre el 8% de capital nos da el 12% de rentabilidad, en lugar del 1% con el que partíamos. Este 12% tendría que ser suficiente para cubrir el riesgo de impago siempre inherente al negocio bancario y ser un reclamo atractivo para los inversores. La crisis financiera de 2007 provocó que los diferenciales aumentaran y que los márgenes y los beneficios de la nueva concesión de crédito desaparecieran. Para proteger sus márgenes, las entidades trasladaron el aumento de sus costes de financiación a sus créditos.

Alfred Marshall (1842-1924), uno de los economistas más brillantes de la historia, nos enseñó que si mantenemos todas las variables constantes y se produce un aumento en el precio, la demanda del bien disminuye. Si lo aplicamos al crédito, sin tener aún en cuenta la solvencia y la capacidad del deudor de devolverlo, las dificultades crecientes de acceso a la financiación, el menor plazo de las emisiones y unos mayores costes de financiación, explican la restricción del crédito que hemos padecido en España y que se ha convertido en la peor recesión desde nuestra Guerra Civil.

Cualquier recesión provoca que el crédito se contraiga, de modo que si alcanza una magnitud como la presente, la intensidad de la caída del crédito es mayor. La demanda de crédito se debe fundamentalmente a la inversión de las empresas y las familias. Las recesiones provocan una caída de las expectativas de beneficios de las empresas, que reducen la inversión y la demanda de crédito. En el caso de las familias, es la pérdida del empleo, la bajada del salario o el temor al desempleo lo que conduce a una disminución del consumo de bienes duraderos como coches o viviendas, que reducen la demanda de crédito. Además, la recesión deteriora los balances tanto de las familias como de las empresas y provoca pérdidas de renta. La morosidad crece, haciendo que desciendan los beneficios y aumenten las necesidades de financiación de los bancos.

Pensemos que un crédito en mora deja de pagar, por lo tanto el banco ya no recibe las cuotas de ese crédito. Pero el banco tiene que seguir haciendo efectivos los intereses de los depósitos o de los bonos que emitió para financiar el crédito. En consecuencia, a la banca la morosidad le provoca pérdidas, pero también un problema de financiación. Si un banquero tiene problemas de solvencia pierde dinero, pero si tiene un problema de liquidez pierde el banco. La morosidad es como el colesterol que obstruye las arterias del banco y acaba provocándole un infarto de miocardio. En esta situación, el instinto de supervivencia de los bancos les lleva a restringir el crédito. Ante el miedo a no poder recuperar el crédito, los bancos endurecen las condiciones y las garantías necesarias para concederlo, y también aumentan los tipos de interés para protegerse del riesgo asumido.

En resumen, las causas que explican la restricción de crédito son objetivas y numerosas, lo que es inexplicable es que desde las entidades financieras españolas, representadas por patronales, o el mismo Banco de España, se haya negado sistemáticamente esa restricción de crédito aludiendo al eufemismo de «la falta de demanda solvente». Era surrealista leer en el Informe Económico del Presidente del Gobierno de 2009 cómo se analizaban las causas de la restricción del crédito en España, mientras en los Informes Anuales del Banco de España se obviaba el tema y sólo se reflejaba su obsesión constante por la reforma del mercado de trabajo.

La política de comunicación de los bancos durante la crisis ha contribuido en gran medida a la percepción tan negativa que los ciudadanos tienen de ellos, y es sin duda una piedra muy grande en el camino hacia la solución de la crisis, ya que la economía no puede crecer sin los bancos.

Pese a esta explicación sobre la dinámica de la restricción del crédito, los economistas debemos reconocer que sabemos poco sobre este tipo de crisis, del mismo modo que los médicos no saben tanto como quisieran sobre algunas enfermedades, y a pesar de ello dedican todos sus esfuerzos a curar al paciente. Así pues, y como decíamos en el capítulo anterior, es importante ser humilde, asumir nuestro desconocimiento y destinar todos los recursos a nuestro alcance para mejorar.

## Huracanes y crisis económicas

Sobre los huracanes, sabemos que existen condiciones necesarias para que se produzcan. Normalmente se dan en verano y en zonas muy húmedas como el Caribe. Pero lo cierto es que nunca sabes dónde se va a producir un huracán, y una vez que se forma, tampoco conoces con exactitud cuál será su trayectoria ni cuándo se desvanecerá o con cuánta violencia descargará su furia. Si los físicos tuvieran la capacidad de responder a estas preguntas, no habría muerto tanta gente en Nueva Orleans por el huracán Katrina.

En 2005, el año en que Fidel Castro enfermó y cedió los poderes a su hermano, estuve veraneando en Cuba. Para un economista, visitar un país con una economía planificada es como un experimento en vivo. Por ejemplo, descubres que la economía de mercado es un sistema nefasto, sólo si eliminas el resto de los sistemas alternativos. La gestión económica en Cuba es un desastre, pero no todo se hace mal en la isla: sus habitantes disfrutan de una sanidad y una educación universales, algo poco habitual en el Caribe.

En esos días aprendí, además, una lección importante. Pasamos una semana al norte de la isla, en un cayo con un bosque de manglar rojo que rodeaba la playa formada por el arrecife de coral. En la playa no había más que las cabañas de madera del hotel en el que estábamos alojados. Era muy parecido a la película *Náufrago*, pero con un restaurante, luz eléctrica y televisión por satélite.

Vimos en la CNN que el Centro de Huracanes de Miami advertía de la formación de un huracán, que en su trayectoria pasaba por Cuba. Preocupado, pregunté en la recepción del hotel y me dijeron que no tenían notificación alguna del Centro de Huracanes de La Habana. Al día siguiente, las noticias informaban sobre el avance del huracán, y nuestro cayo se encontraba en el centro de su trayectoria. Volví a la recepción del hotel angustiado. El personal del hotel intentó tranquilizarme: «Desde que llegó la revolución, las personas muertas en Cuba por causa de los huracanes se pueden contar con los dedos de una mano. Si hay problemas, vendrá el ejército y les trasladará a otro hotel». Reconozco que no me tranquilizó mucho. Teníamos que dormir en una cabaña de madera, en una playa desierta en medio del mar Caribe, con un huracán que venía hacia nosotros. Sin embargo, al día siguiente, al encender la televisión, la CNN informaba de que el huracán había cambiado su trayectoria sin pasar por Cuba. Cuando regresaba en avión a Madrid, leí en un periódico que el director del Centro de Huracanes de Miami había sido destituido debido a la poca fiabilidad de sus predicciones, y que el gobierno estadounidense aumentaba el presupuesto del centro para mejorarlas.

Los modelos matemáticos que empleamos para explicar las crisis financieras son similares a los que usan los meteorólogos en la predicción de los huracanes. Es habitual acusar a la economía de no ser una ciencia exacta comparándola con la física. Al hacerlo, se produce una confusión con la física teórica, ya que la meteorología es física aplicada y sus errores de predicción son similares a los de los economistas.

A los economistas nos sucede algo parecido con las crisis financieras. Yo soy profesor de Teoría Económica en la universidad y un gran defensor de nuestros modelos, pero tras muchos años de estudio de las crisis financieras, también soy consciente de sus limitaciones. Como decía Luis Ángel Rojo, quizá el mejor economista español de todos los tiempos, «cuando vienen curvas, los modelos económicos patinan». Los modelos se basan en el comportamiento histórico de las variables, y estas crisis, como explicó Irving Fisher, son diferentes y mucho más dañinas que las crisis normales a las que estamos acostumbrados.

Por este motivo, desde que comenzó la crisis este economista observador ha estudiado otras crisis similares en la historia, ha preguntado a colegas suyos que, además de conocimientos teóricos, tienen experiencia práctica en la gestión de las crisis financieras, se ha reunido con banqueros que estuvieron directamente involucrados en las crisis y en las reestructuraciones de deuda posteriores, ha analizado las consecuencias sociales y políticas que generan, ha estudiado el modo en que aumentan la pobreza y la inestabilidad social, y por todo ello ha desconfiado desde el principio de los sofistas que se equivocan con mucha seguridad cuando hablan de las causas de la crisis y de su evolución futura, porque entre aquellos que ha conocido y que mejor han estudiado las crisis hay un reconocimiento de que «lo único que saben es que no saben nada».

Siempre es conveniente actuar de forma socrática, pero aún más en este tipo de crisis. Es importante cuestionarse cada día los axiomas y los modelos teóricos con los que intentamos descifrar la realidad, y adaptarlos a la evidencia empírica que vamos conociendo. La política económica debe tener un diagnóstico claro, saber adónde queremos dirigirnos y, a continuación, ser muy flexibles para sortear los problemas inesperados que la crisis va destapando. Y «sólo hay que tenerle miedo al miedo», porque, como nos enseñó Einstein, «sólo no se equivoca el que no toma decisiones». La clave frente a una crisis son las políticas preventivas. Pero una vez que estalla la tensión financiera, la prioridad es pararla y encontrar la política económica eficaz. Y todo este proceso es un arte, no una ciencia, igual que analizar la trayectoria de un huracán.

## Semejanzas y diferencias entre el *crash* de 1929 y el de 2008

Hecha la aclaración conceptual, sigamos con la descripción de los hechos. La restricción de crédito comenzó en 2007, pero hay un antes y un después de la quiebra de Lehman Brothers. Igual que en el huracán Katrina, en la quiebra de Lehman hubo errores humanos que explican el fenómeno. Ya hemos contado que la proximidad de las elecciones en Estados Unidos bloqueó al gobierno y la Reserva Federal liderada por Ben Bernanke, que fue cómplice del error. Después de lo sucedido, ahora resulta evidente que habría sido infinitamente más barato para los contribuyentes estadounidenses y para todos los ciudadanos del planeta Tierra haber asumido las pérdidas de Lehman y no haberla dejado quebrar.

La quiebra fue el equivalente a que un operario cortara el cable equivocado dejando sin luz a toda una ciudad o una región. Aquí el apagón duró seis meses y provocó cuantiosos costes en términos de desempleo y deuda pública. La quiebra de Lehman generó un efecto dominó que se llevó por delante a los principales bancos y aseguradoras de Estados Unidos. No sólo estaban en cuestión los activos contingentes del ahorro materializado en depósitos en los bancos, sino también los seguros de vida y, lo que es más importante, las pensiones de todas las generaciones de estadounidenses vivos.

Estos riesgos colapsaron los mercados monetarios y de capitales y los inversores sólo deseaban comprar deuda pública a corto plazo. Los mercados de financiación de bancos y grandes empresas se hundieron y la FED no sólo se vio forzada a prestar cantidades ilimitadas a los bancos, sino que además tuvo que abrir una línea especial de financiación a grandes empresas al haber desaparecido los prestadores habituales del mercado de pagarés. Los fondos de inversión eran los compradores naturales de pagarés, y después de sufrir pérdidas en la quiebra de Lehman y de Washington Mutual, decidieron sacar masivamente su dinero y ponerlo en depósitos o directamente en deuda pública.

Los mercados monetarios mundiales habían experimentado un intenso proceso de integración en las últimas décadas, por lo que el contagio a otros países europeos y asiáticos se produjo en horas, y los inversores también corrieron a refugiarse en la deuda pública de sus países. Las empresas de los países desarrollados perdieron su acceso a la financiación a corto plazo habitual con sus bancos. Este efecto fue especialmente intenso en las empresas exportadoras e importadoras, que habitualmente financian los cobros y los pagos para gestionar el riesgo de tipo de cambio. Esto hizo que el contagio al empleo, al consumo y a la inversión empresarial fuese fulminante. Quince días después de la quiebra, el comercio mundial registró la mayor caída en un mes desde que existen estadísticas.

Barry Eichengreen y Kevin O'Rourke, dos de los historiadores económicos con mayor prestigio en crisis financieras, han realizado un excelente análisis comparado entre la Gran Depresión de los años treinta y la crisis actual. Por desgracia, en la Gran Depresión no existía una información estadística tan diversa y de tanta calidad como en la actualidad. Pero estos dos economistas elaboraron índices de las siete principales economías del mundo sobre producción industrial, exportaciones y bolsas, y compararon su comportamiento en ambas crisis. Los datos tienen una frecuencia mensual y comienzan en la primavera de 2008, por lo tanto ya disponemos de cincuenta observaciones para comparar.

El resultado de esta comparación es que la producción industrial cayó en ambas crisis con la misma intensidad durante los primeros meses, pero las exportaciones, y sobre todo las bolsas, cayeron mucho más en 2008 que en 1929. Como ya hemos señalado en otros lugares, la globalización vuelve a las economías más eficientes pero también infinitamente más vulnerables al contagio. No hay duda de que el cuerpo humano sea el organismo vivo más desarrollado, pero es muy vulnerable al contagio de bacterias microscópicas. Por supuesto, nadie se plantea acabar con el cuerpo humano, sino que desarrollamos vacunas, antibióticos y otros medios que permiten la prevención o una intervención rápida. El equivalente en economía sería una supervisión y regulación correctas, así como políticas fiscales y monetarias coordinadas globalmente.

En la primavera de 2009, los tres indicadores —producción industrial, exportaciones y bolsas— tocaron suelo. Sin embargo, la recuperación fue igual de intensa que la caída, lo que en literatura económica se denomina «recuperación en forma de V». En esta crisis, la producción industrial y las exportaciones cayeron un 15 y un 20 %, respectivamente, los primeros diez meses. Veinticinco meses después, recuperaron el mismo nivel que en la primavera de 2008. Y cincuenta meses más tarde, en 2012, ambas están un 10 % por encima del nivel de 2008 antes de la crisis. Superar la situación previa a la crisis es determinante ya que las familias y las empresas tienen registrado en sus «cerebros» el nivel de vida y de actividad de la época expansiva y no considerarán que la crisis ha finalizado hasta que no vuelva a alcanzarse ese nivel.

¿Qué sucedió en la Gran Depresión? La depresión duró cuarenta meses, la producción industrial y el comercio mundial cayeron un 40 y un 30 %, respectivamente. La recuperación en la Gran Depresión también fue en forma de «V» pero la producción industrial no recuperó el nivel de 1929 hasta ochenta meses después y el comercio mundial, hasta cien meses más tarde. La conclusión es que, a pesar de que la crisis actual ha sido la peor recesión desde los años treinta del pasado siglo, y merece un estudio diferenciado, no llega a la intensidad de la Gran Depresión. Por este motivo, Eichengreen y O'Rourke la han bautizado con el nombre de la «Gran Recesión».

No obstante, sin menospreciar la importancia de construir indicadores cuantitativos para comparar ambas crisis, lo más interesante del trabajo de estos dos historiadores es el análisis de la reacción de la política económica y la terapia aplicada. Los autores elaboraron índices de tipos de interés de los bancos centrales, de dinero en circulación y de déficit público para poder comparar las políticas monetarias y las políticas fiscales en ambas crisis. Los tipos de interés promedio de las siete economías más importantes en 1929 estaban ligeramente por encima del 5%, mientras en el verano de 2008 estaban ligeramente por debajo del 3%.

Durante los primeros cuatro meses de la Gran Depresión, la Reserva Federal no movió los tipos de interés y luego cometió un error histórico al subirlos. Argumentaron que una subida de los tipos frenaría la fuga de depósitos, pero el resultado fue una mayor restricción del dinero en circulación, un mayor desplome de las bolsas y los bonos y menos crédito para las empresas y las familias; todo ello hundió la economía en la depresión y provocó el efecto contrario al deseado, ya que la salida de depósitos fue elevadísima.

El premio Nobel de Economía Milton Friedman, que destacó por sus aportaciones a la economía monetaria, culpó directamente a la Reserva Federal de haber provocado la Gran Depresión con su pésima gestión de la política monetaria ya que el resultado fue que el dinero en circulación (el equivalente en economía a la sangre en el cuerpo humano) se frenó en seco al inicio de la depresión y luego se desplomó un 10%.

Ben Bernanke, gran estudioso de las más importantes depresiones y de la política monetaria, estaba al mando de la nave en nuestra crisis. La economía de Estados Unidos entró oficialmente en recesión en diciembre de 2007 y Bernanke tuvo claro desde el principio que nos enfrentábamos a una crisis de deflación de deuda, como las que describió Irving Fisher, por eso bajó agresivamente los tipos de interés hasta el 0%.

Hasta 2007, los bancos centrales prestaban a los bancos comerciales, y controlando los tipos a corto plazo buscaban influir sobre los tipos efectivos de los préstamos a empresas y familias con el fin de modificar sus decisiones de gasto en el consumo y la inversión. Cuando la economía crecía mucho y la inflación era un riesgo, subían los tipos de interés para encarecer los créditos y enfriar el consumo y la inversión de las empresas. En las recesiones, cuando el gasto de los consumidores y de las empresas se desplomaba, los bancos centrales reaccionaban bajando los tipos de interés para abaratar los créditos y así reactivar un ciclo de beneficios, de crecimiento y de creación de empleo.

Dicho así suena sencillo, pero es un ejercicio muy complicado. La información estadística ha mejorado significativamente, pero dista mucho de la perfección y se conoce con mucho retraso. Desde que el Banco Central tomaba la decisión de cambiar los tipos de interés a corto, hasta que influía sobre los tipos de interés efectivos de los créditos y las decisiones de consumo e inversión se modificaban, transcurrían entre seis meses y un año. Así pues, el Banco Central debía anticipar sus decisiones un año disponiendo de información limitada sobre la situación del enfermo si quería llegar a tiempo para solucionar el problema. No hace falta insistir en que la capacidad de los economistas es limitada, igual que la del resto de los mortales y de las disciplinas científicas, lo cual convierte a la gestión de la política monetaria en un arte más que en una ciencia.

Yo dirijo el servicio de estudios de Intermoney que lidera el ranking de previsiones sobre economía española desde 2006 y con éstas contribuimos al panel de expertos del BCE, y puedo decir que tengo dudas metódicas de mis propias previsiones. No obstante, cuando se hace política monetaria es preciso prever a un año vista, pero también conviene ser conscientes de que la incertidumbre y el margen de error son elevados. Además, está la presión social. El Banco Central es el encargado de cerrar el bar y apagar la música de la fiesta, y es odiado por ello. Ahora en España todo el mundo se lamenta por los efectos de la burbuja y culpa a Zapatero y a Aznar por no haberla evitado, pero recordemos las críticas sociales furibundas cuando el BCE subía los tipos de interés en 2006 con el fin de frenar la euforia compradora de viviendas y desinflar la burbuja.

La política monetaria funciona como el freno de mano de un coche. Si lo levantas frenas el coche en seco, pero si lo bajas el coche no vuelve a andar. Los gestores de los bancos centrales son seres humanos, por eso hay que entender que si la información no es precisa y la incertidumbre es elevada, duden cuando tienen que tomar decisiones. Si se equivocan, aumenta el desempleo y generan infelicidad en muchas personas.

La duda es razonable, y por eso es mucho más peligroso quien no duda y se equivoca con tanta seguridad como lo hizo el Banco Central Europeo en 2008. Si la gestión de la política monetaria es complicada en ciclos estacionales, imaginemos cuánto puede serlo en medio de una crisis de deflación de deuda. Cuando Bernanke bajó los tipos al 0% reconoció que la Reserva Federal había perdido el control monetario y que los tipos habían dejado de influir sobre las decisiones de consumo y de inversión.

## Del bombardeo de Pearl Harbor al desembarco de Normandía

Warren Buffett lo describió con gran acierto: la quiebra de Lehman Brothers había sido como el bombardeo japonés en Pearl Harbor. La mayoría de los mercados financieros no eran operativos y los bancos no podían refinanciarse en condiciones normales, por lo que el crédito simplemente no llegaba y la bajada de tipos era ineficaz. Con tipos al 0% la FED podía pasar de una política de control del tipo de interés a una política centrada en el control de la cantidad de dinero en circulación. En un principio, siguió usando el canal bancario y anunció subastas extraordinarias alargando los plazos hasta dos años y permitiendo un acceso ilimitado a la liquidez para eliminar la incertidumbre de las entidades de refinanciar sus vencimientos.

Bernanke y el consejo de la Reserva Federal pronto se dieron cuenta de que aquello no funcionaba. Los bancos acudían a pedir dinero a la FED pero lo devolvían al final del día en la facilidad de depósito. La intervención de la FED era necesaria pero insuficiente. Como explicaba un miembro del Banco Central: «Puedes llevar al caballo al abrevadero pero no le puedes obligar a beber».

La Reserva Federal se había metido en la trampa de la liquidez bancaria. Habían inundado el sistema de liquidez y llenado los embalses, pero las canalizaciones no funcionaban tras el bombardeo y no llegaba el agua corriente a las viviendas. En la trampa de la liquidez bancaria, el Banco Central abre las compuertas e inunda el sistema bancario de liquidez. Pero el sistema bancario con problemas graves de solvencia y en medio de una depresión no consigue canalizar ese dinero a las empresas y las familias, y la liquidez vuelve al Banco Central. La sensación es que el sistema desborda liquidez, pero la realidad es que las empresas y las familias no consiguen financiar sus proyectos de inversión y la economía colapsa.

Por desgracia, Fisher dedicó poco espacio a explicar cómo resolver las crisis de deflación en sus trabajos, pero sí fue explícito en un tema: «Hay que reflotar la deuda». Hasta que no se frena la caída del precio de los activos y se consigue que vuelvan a aumentar, continúa la restricción de crédito, la depresión y la deflación. Los miembros del Comité de Mercados Abiertos de la FED decidieron acudir directamente a los mercados a comprar activos para liberarse de la trampa de la liquidez.

El primer objetivo era frenar el desplome del precio de la vivienda y estabilizar el mercado hipotecario, que era el origen del caos. Por eso anunciaron compras masivas de bonos de titulización hipotecaria. Estos bonos contenían créditos y la mayoría cotizaban en el mercado con descuentos desde el 30 hasta el 99 %. Los inversores demandaban prioritariamente deuda pública y los pocos inversores dispuestos a comprar titulizaciones exigían precios ridículos. Recordemos que la tasa de impago promedio de las titulizaciones en Estados Unidos apenas superaba el 10 % y el precio de la vivienda había caído un 30 %. Por lo tanto, la caída de valor teórica de la cartera de hipotecas era inferior al 5 % y los bonos cotizaban pérdidas treinta o cuarenta veces superiores.

GRÁFICO

*Activos en poder de la Reserva Federal de Estados Unidos*

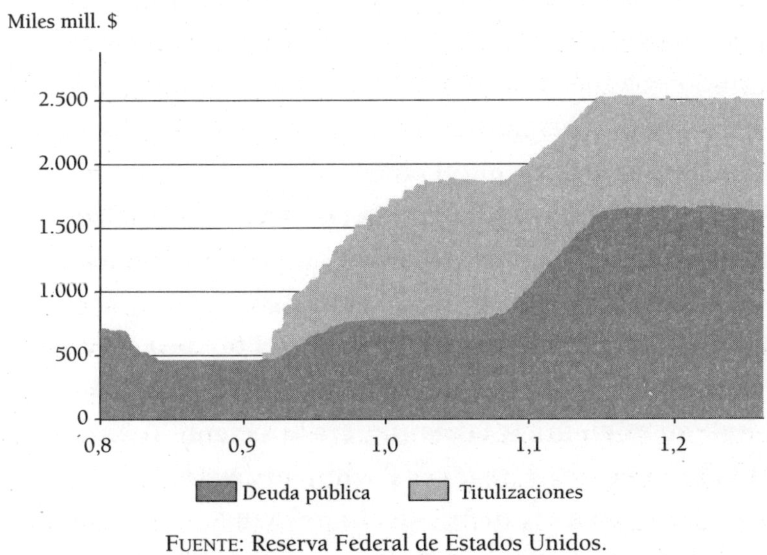


FUENTE: Reserva Federal de Estados Unidos.

En este gráfico podemos observar cómo la FED solía invertir en deuda pública. A partir de 2009 empezó a comprar titulizaciones. Concentró sus compras entre marzo y mayo de ese año y no es casual que coincidiera primero con el suelo y la recuperación de las bolsas a mediados de marzo. El hecho de que el Congreso de Estados Unidos eliminase la obligación de las entidades financieras de valorar los activos a precios de mercado también ayudó mucho.

Cuando los mercados funcionan con cierta normalidad, los economistas entendemos que el precio se ajusta al valor del bien. Durante la burbuja, valorar los activos a precio de mercado va en contra del principio contable de prudencia valorativa. Y durante las depresiones, la contabilidad también se aleja del principio de imagen fiel y refleja pérdidas mayores de las reales. En el caso de los bancos, acaban teniendo un coste para los contribuyentes.

La medida de eliminar la obligación de valorar a precio de mercado hizo que subiera el valor gracias a las compras de la FED, y los inversores redujeron significativamente las pérdidas esperadas por los bancos que cotizaban en bolsa, provocando una fuerte subida de las acciones. Dado que la crisis era bancaria, y las acciones se recuperaban, el resto de los sectores también crecieron en bolsa.

A través de la compra directa de titulizaciones, la FED no sólo consiguió parar la deflación de activos, sino que también reflotó la deuda, como recomendaba Fisher. Las bolsas subieron, los tipos de interés de la deuda privada cayeron y el crédito en los mercados mayoristas volvió a fluir. Si bien ésta es una condición necesaria, no era suficiente para resolver por completo una crisis de deflación de deuda. La FED había conseguido bajar la palanca del freno de mano, y ahora necesitaba un impulso adicional para reactivar el crecimiento.

## John Maynard Keynes y la Gran Depresión

En este momento nos toca cambiar de economista difunto, dejar a Irving Fisher y tomar a John M. Keynes (1883-1946), posiblemente el economista más influyente de todo el siglo XX. En contra del mito extendido sobre su controvertida figura, Keynes se formó en la ortodoxia de la escuela de Cambridge y colaboraba con el Partido Liberal británico. Fue el autor de un tratado monetario basado en la teoría cuantitativa del dinero que ya habían desarrollado los escolásticos de mi querida Universidad de Alcalá y de la Universidad de Salamanca en el siglo XVI, por lo que estaba dentro del paradigma.

Sin embargo, la Gran Depresión hizo que lo abandonara. Durante un viaje por Estados Unidos en plena crisis comprobó sus efectos devastadores y la extrema pobreza que había provocado. Tras este viaje publicó su *Tratado sobre el dinero*, inspirado aún en la ortodoxia y en el paradigma vigente. Pero ya en el prefacio advertía que se estaba cuestionando muchas de las cosas escritas por él.

Keynes identificó que en un sistema de patrón oro, sin la capacidad de devaluar la moneda y con la obsesión clásica de la estabilidad presupuestaria, la deflación de la deuda propagaba su contagio a todos los países por la vía del tipo de cambio, hundía la demanda de bienes y servicios y llevaba al mundo a la depresión. Escribió influyentes artículos en aquella época leídos por varios líderes mundiales. Curiosamente, Keynes tuvo más influencia en Estados Unidos que en su país, Reino Unido. En 1936 plasmó su nuevo paradigma en su libro más influyente, *Teoría general de la ocupación, el interés y el dinero.*

Keynes era un hombre genial y, por lo tanto, muy complejo. Este libro refleja bastante fielmente su personalidad. Incluso cuando se conoce bien toda su obra y su evolución, no es sencillo de entender. El mismo título ya es contradictorio, ya que Keynes no se refiere a un caso general, sino que trata un caso particular de depresiones económicas. Su objetivo era acabar con el postulado clásico del déficit cero anual, que él consideraba falaz y muy perjudicial, al eliminar la capacidad del Estado y de la política fiscal para influir en el ciclo.

Cuando el gasto privado crece sin control y genera tensiones inflacionistas, los ingresos fiscales crecen con mayor intensidad y la regla permite al Estado aumentar también el gasto de manera descontrolada. Y al contrario, cuando las familias y las empresas se asustan en el marco de una recesión y contraen bruscamente el gasto, los ingresos fiscales se desploman y la regla fuerza a recortar con igual brusquedad el gasto público, con lo cual la recesión y la destrucción de empleo se agudizan.

Pongamos el ejemplo de España. Entre 2007 y 2009, las empresas y las familias españolas redujeron su gasto neto en un 18 % del PIB, es decir, 180.000 millones de euros. Este dinero sale del sistema de comercio para aumentar el ahorro y reducir las deudas, y provoca un desplome de las ventas de las empresas. En esta tesitura, el Estado no redujo su gasto y además tuvo que atender el fuerte aumento de la prestación por desempleo en unos 30.000 millones de euros anuales. Si el Estado hubiera reducido su gasto para evitar incurrir en déficit público, como propugnaba el paradigma clásico, nuestra tasa de paro habría superado el 30 % en 2009.

Por desgracia, en Europa aplicamos el paradigma clásico en el año 2011, y ya vemos cuál ha sido el resultado del experimento. Tras la Gran Recesión, los votantes europeos dieron su confianza mayoritaria a partidos conservadores que defendían la austeridad como la solución mágica a todos nuestros males: Angela Merkel en Alemania, David Cameron en Reino Unido, Pedro Passos Coelho en Portugal y Mariano Rajoy en España aplicaron sus recetas. Los recortes de gasto público coincidieron, además, con más recortes del gasto privado de las empresas y las familias y el resultado es un *austericidio*: recesión en el conjunto de la Eurozona y depresión en aquellos países que sufrimos el estigma y la fuga de capitales.

Si en condiciones normales la regla del déficit cero resultaba muy perjudicial, durante la Gran Depresión era el equivalente a tener cerradas con cadenas las salidas de emergencia de un cine en medio de un incendio. La figura de Keynes suscita adoración y odio, pero la realidad es que si Keynes no hubiera existido tendríamos que haberlo inventado.

Su argumento en la *Teoría general* era demoledor: cuando una economía entra en una dinámica de deflación de deuda (como sucedió en 2007), con los canales crediticios obstruidos, las empresas tienen un exceso de capacidad instalada para producir, el desempleo aumenta de manera involuntaria y aparecen las presiones deflacionistas. En esta situación, la política monetaria es ineficaz para reactivar el empleo y el crecimiento y, sin embargo, la política fiscal es extremadamente eficaz. Cuando el Banco Central inyecta más dinero en el sistema, el dinero no pasa la barrera bancaria y no llega a las empresas y las familias, pero el gasto público sí va directamente a las empresas y ayuda a crear empleo.

Mi abuelo, un humilde agricultor que aprendió a leer en la mili y a quien la vida le hizo sabio, me enseñó que no hay mayor desprecio que no hacer aprecio. En ocasiones coincido en debates con otros economistas que me acusan de ser keynesiano de manera despectiva. Yo suelo agradecer el comentario como un elogio y uso la reducción al absurdo escolástica que también utilizaba Keynes preguntando: «¿Es que usted en una trampa de la liquidez de manual no es keynesiano?».

Lo importante es no caer en el dogmatismo. A partir de la obra de Keynes se construyó un modelo matemático que empleamos todavía. Antes de morir, Keynes vio el modelo y dijo que estaba muy bien, pero que no reflejaba su obra y sus ideas. En la década de 1970, con las empresas produciendo al máximo de su capacidad y el desempleo reducido a su mínima expresión, se cometió un error al utilizar las ideas de la *Teoría general* volcadas en ese modelo. En 1973, la Organización de Países Exportadores de Petróleo (OPEP) triplicó el precio del crudo y provocó una recesión mundial. Los gobiernos expandieron el gasto público y bajaron los impuestos para sacar a la economía de la recesión y produjeron una espiral inflacionista que acabó con una grave crisis en 1979, cuando la revolución islámica iraní y la guerra Irán-Irak triplicaron el precio nuevamente.

Como les explico a mis alumnos en la universidad, disponemos de una serie de modelos para entender la realidad que son el equivalente a una caja de herramientas. Por desgracia, en economía no hay una llave inglesa y elegir el modelo adecuado es un arte. Al final es el economista, mediante la observación de la realidad, quien se encarga del diagnóstico del problema y de elegir la herramienta más adecuada en cada momento. Por eso también les enseño a ser socráticos y honestos en el diagnóstico y en la prescripción.

## Las lecciones de la Gran Depresión aplicadas a la Gran Recesión

Roosevelt tomó posesión de su cargo como presidente del Gobierno de Estados Unidos en marzo de 1933, tres años después de comenzar la Gran Depresión. Su primera decisión fue aprobar un ambicioso plan de estímulo fiscal. En enero de 2009, el presidente Obama tomó posesión del mismo cargo y optó por medidas similares. Entonces, la economía estadounidense destruía 800.000 empleos al mes y su plan fue aprobado un año después de comenzar la Gran Recesión. El plan se concentró en aumentar el gasto público en infraestructuras y también en bajar los impuestos. En una situación de recesión, la bajada de impuestos no es muy eficaz para reactivar la actividad y el empleo. En las recesiones, las empresas y las familias se asustan y una menor recaudación impositiva suele acabar aumentando la tasa de ahorro.

Sin embargo, el gasto público no cuenta con intermediarios y tiene un efecto directo sobre la actividad y el empleo. Los manuales recomiendan gastos de rápida implementación e intensivos en empleo. Por supuesto, el gasto ha de cumplir las dos reglas de oro: tiene que ser eficiente y solventar las necesidades de los ciudadanos, y debe poder financiarse. Tras la revolución neoconservadora que inició Reagan, el deterioro de las infraestructuras en Estados Unidos era evidente para cualquiera que visitara el país habitualmente, como es mi caso. Por lo tanto, la eficiencia del plan no estaba en cuestión. La financiación, tampoco. La demanda de deuda pública era masiva y el plan se financió a tipos históricamente bajos.

Además de las políticas fiscal y monetaria, Estados Unidos puso en marcha un plan de recapitalización de su sistema bancario. Como se comentó anteriormente, el objetivo era reflotar la deuda. La política monetaria puede retornar el precio de los activos a su valor de equilibrio pero no puede compensar las pérdidas que se han producido principalmente por el impago y la ausencia de beneficios empresariales asociados a la recesión. Por eso las pérdidas de capital las asumieron las entidades, y aquellos bancos que no tenían capital privado suficiente recibieron ayudas públicas. También ayudó que la mayoría de los países y bancos centrales del mundo aplicaran políticas monetarias y fiscales expansivas.

A mediados de noviembre de 2008 se reunió el G-20 en Washington. Mis esperanzas sobre la reunión eran mínimas. El G-20 nunca había conseguido influir significativamente sobre la coordinación de la política económica mundial y, además, la reunión la presidía un George W. Bush que acababa de perder las elecciones. Para mi sorpresa, la reunión fue un éxito. El temor a la depresión forzó que todos los países acordaran planes de estímulo. Se puso un gran énfasis en el hecho de que el proteccionismo hundió a la economía en la depresión en los años treinta y que ahora no se cometería el mismo error; asimismo, se evitó la guerra de divisas y las devaluaciones competitivas.

China tuvo un papel muy destacado. Los chinos aprobaron el mayor paquete de estímulo fiscal de su historia. El sistema bancario chino sigue estando muy intervenido, de modo similar al que tenía España durante el franquismo. El gobierno dice a los bancos a qué sectores tienen que prestar, qué cantidad de dinero y a qué tipos de interés. Es un sistema muy ineficiente que generará una grave crisis bancaria en los próximos años, cuando los chinos dejen que los tipos de interés y el crédito se asignen de manera privada, igual que la tuvimos nosotros en los años setenta tras la muerte de Franco.

Pero al menos en 2008 los chinos no sufrieron el problema de la trampa de la liquidez bancaria. El gobierno chino ordenó a sus bancos aumentar el crédito a las empresas mediante un fuerte estímulo fiscal.

Europeos, americanos, asiáticos... hay un antes y un después de aquel G-20. En pocas horas y con todas las opiniones públicas del mundo presionando a sus gobiernos para que tomaran decisiones, se acordó el mayor plan de estímulo fiscal y monetario coordinado a nivel global de la historia de la humanidad. Como podremos comprobar en el siguiente capítulo, la terapia de choque funcionó y el enfermo recuperó el pulso, evitando una segunda Gran Depresión.

# 5

# Después de la tempestad llega la calma

*Here comes the sun.*

The Beatles

Es habitual que cada comienzo de año, los servicios de estudios presentemos nuestro escenario. En enero de 2008, Intermoney cambió su sesgo y anticipamos un escenario muy negativo que luego la realidad se encargó de que pareciera optimista. Aquel año lideramos el ranking de acierto en nuestras previsiones para Europa en Bloomberg, donde somos contribuidores cada semana de los principales datos del área. También lideramos el ranking en España en el panel de Funcas.

A principios de 2009 volvimos a cambiar el sesgo, está vez al lado positivo. El mensaje a nuestros clientes fue que la reacción de la política económica global había sido la mayor conocida en la historia y que conseguiría sacar a la economía mundial de la Gran Recesión. No obstante, la incertidumbre era elevada y lo único que no pudimos adelantar fue cuándo se produciría. Anticipar el escenario es determinante, pero no lo es menos averiguar cuándo sucederá: una buena estrategia implementada con tiempos erróneos puede acabar fracasando.

GRÁFICO
*Comercio mundial y Bolsa de Estados Unidos*

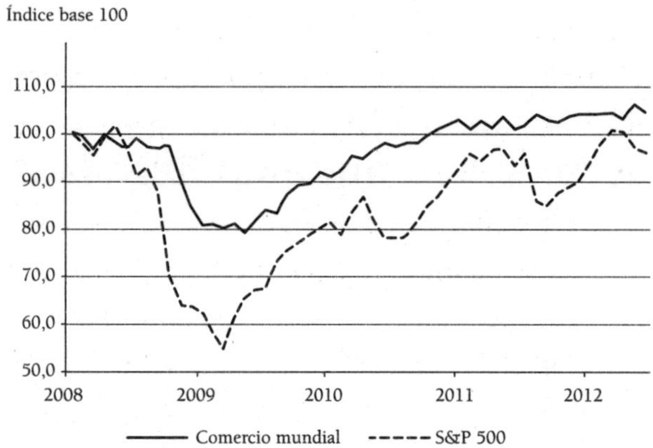


FUENTE: CPB y Reserva Federal de Estados Unidos.

## ¿QUIÉN TIENE LA MEJOR RECETA PARA SALIR DE LA GRAN RECESIÓN?

En una economía globalizada, los datos de comercio internacional son muy relevantes. A mediados de febrero de 2009 comenzaron a publicarse datos del fuerte crecimiento del crédito en China, unido a un aumento del transporte físico de materias primas. Asia siempre está entre los primeros que publican los datos de comercio exterior, y en ellos se apreciaba un repunte tanto en la exportación como en la importación. Los países asiáticos son economías orientadas a la exportación y, por lo tanto, son un buen termómetro de la evolución de la economía mundial. China es la locomotora asiática, por lo que el crecimiento de sus importaciones confirmaba que el plan de estímulo monetario y fiscal del gobierno chino estaba surtiendo efecto.

Datos como éstos hicieron que a principios de marzo yo

empezase a hablar a nuestros clientes y a los medios de comunicación de «la luz al final del túnel de la Gran Recesión» unas semanas antes de que Ben Bernanke, presidente de la FED, los bautizara como «brotes verdes».

La economía es una ciencia empírica; en consecuencia, es complicado encontrar experimentos homogéneos para comparar políticas. Sin embargo, esta crisis nos ha ofrecido uno: la Gran Recesión fue sincronizada, la mayoría de los países entraron en recesión al mismo tiempo, en otoño de 2008. Pero las políticas económicas han sido muy diferentes en Estados Unidos y la Eurozona, por lo que su recuperación ha sido dispar.

Europa precipitó la consolidación fiscal a principios de 2010, a pesar de haber implementado la mitad del estímulo en 2008 para salir de la recesión. Por el contrario, Estados Unidos ha seguido renovando los planes de estímulo fiscal. De hecho, sus congresistas pasaron la madrugada del 1 de enero de 2013 negociando para evitar el «abismo fiscal» y prorrogaron el ajuste para evitar una doble recesión. El BCE ha sido muy reacio a intervenir y sólo lo ha hecho cuando los mercados financieros europeos y globales estaban al borde del colapso. Incluso se permitió el lujo de subir los tipos de interés en julio de 2011, cometiendo el mismo error que en julio de 2008.

Por desgracia, el BCE y sus subidas de tipos desde 2008 se han convertido en un indicador adelantado de recesión infalible. Por el contrario, la FED ha mantenido sus tipos al 0% y ha ido renovando sus políticas cuantitativas. Mientras que Mario Draghi, presidente del BCE, contesta que la tasa de desempleo no está en su mandato y que ellos sólo se preocupan de la inflación, Bernanke anuncia que hasta que la tasa de paro no baje al 6% la FED mantendrá los tipos al 0%. Como diría san Agustín: «Cuando me analizo me deprimo, pero cuando me comparo me ensalzo».

Después de dos años de experimento, ¿cuál ha sido el resultado? Estados Unidos ha crecido el doble que Europa, su inflación ha aumentado también el doble, aunque a tasas moderadas, y su tasa de paro ha disminuido por debajo del 8%. Mientras tanto, Europa ha vuelto a entrar en recesión y su tasa de paro ha superado en 2012 un nuevo máximo histórico. En Estados Unidos varios estados, entre ellos California y Florida, pincharon su burbuja inmobiliaria. California incumplió pagos y creó su propia moneda, lo que en la calle argentina se llamaron «patacones». Por lo tanto, la crisis del euro no es la causa de los problemas de Europa, como nos inculcan diariamente desde Alemania. Es simplemente el resultado de los errores de política económica cometidos por los líderes europeos y los que abanderaron el *austericidio*.

Tampoco es válido el argumento de la mayor rigidez de los mercados de trabajo europeos y de los problemas de movilidad del trabajo entre países. En Estados Unidos la tasa de paro aumentó con la misma intensidad en los estados que no habían tenido burbuja inmobiliaria. Este incremento generalizado de la tasa de paro confirma que la causa del aumento del desempleo era un desplome de la demanda, provocado por una deflación de deuda, crisis bancaria y restricción del crédito, como ya sabemos gracias a Irving Fisher.

Pero seguramente el resultado más espectacular del experimento es lo que ha ocurrido con las finanzas públicas. Estados Unidos, sin subir los impuestos y congelando el gasto público, ha conseguido aumentar los ingresos fiscales más del 10% entre 2010 y 2012 y reducir el déficit cuatro puntos porcentuales de PIB. Europa, con subidas de impuestos y recortes en el gasto, sólo ha conseguido aumentar los ingresos públicos la mitad que en Estados Unidos y reducir el déficit dos puntos de PIB.

## Los errores de Europa

Ya lo decía Einstein: «Dios no juega a los dados con la naturaleza». Aunque pueda parecer casualidad, una regla empírica probada durante siglos en diferentes países nos enseña que la elasticidad de los ingresos fiscales sobre el PIB es superior a la unidad. Esto significa que cuando el PIB crece, los ingresos públicos lo hacen con más intensidad. Y al contrario, cuando la economía entra en recesión y el PIB cae, los ingresos del Estado disminuyen con más fuerza.

Siguiendo este principio básico que se enseña en un curso elemental de hacienda pública en cualquier facultad de Economía, se puede entender por qué en las recesiones siempre aumenta el déficit y la deuda pública. Por lo tanto, el ajuste fiscal es como una medicina. Si te pasas de la dosis y provocas una recesión, tiene contraindicaciones y hay que volver a ingresar al enfermo en el hospital.

Nunca sabremos con certeza qué habría pasado si Estados Unidos y el conjunto de países del G-20 no hubieran implementado un plan tan ambicioso de política económica para evitar una depresión económica. No obstante, los economistas construimos modelos matemáticos que intentan replicar la economía. Si eliminamos el estímulo fiscal y monetario en Estados Unidos, lo que nos dicen los modelos es que la economía norteamericana habría seguido en recesión hasta 2011 y que la tasa de paro habría subido hasta el 15%. Por lo tanto, diez millones de personas que ahora tienen un puesto de trabajo habrían estado desempleadas.

¿Qué habría pasado en Europa si nuestro impulso monetario y fiscal hubiera sido similar al de Estados Unidos? Aquí el escenario se complica con la crisis de deuda que comenzó en Grecia en 2010 y que ya ha contagiado a la mitad de la economía europea. Los modelos económicos tienen muchas limitaciones en las crisis financieras, igual que los modelos físicos en los huracanes. De ahora en adelante ya sólo nos referiremos al caso español y necesariamente tendremos que hablar de la crisis del euro. Pero viendo los resultados, es evidente que los europeos hemos cometido graves errores de política económica, motivados por ideas erróneas.

La realidad es que ni el BCE ni el gobierno alemán, y especialmente su líder Angela Merkel, han entendido aún que estamos en una crisis de deflación de deuda y que el riesgo es la deflación y la depresión. Por esta razón, a este economista observador le hierve la sangre cada vez que escucha a alguien desde Alemania decir que lo que les preocupa son los riesgos inflacionistas. Y aún más cuando se trata de los máximos responsables del BCE, a quienes se tiene por economistas reputados, ahora convertidos en cruzados contra la inflación, sólo para tranquilizar los miedos injustificados de la sociedad alemana.

No obstante, conviene mantener la prudencia. La evidencia confirma que la política económica evitó la depresión mundial, pero los riesgos siguen siendo elevados. Lo que sabemos de este tipo de crisis reciente es por Japón, cuya crisis estalló a principios de la década de 1990, y la digestión de la deuda es un proceso muy lento. Richard Koo, el economista que más y mejor ha estudiado la crisis japonesa, ha llegado a la conclusión de que tras el endeudamiento y el pinchazo de la burbuja, las familias tienen fobia a endeudarse. Sucedió también en Alemania tras el pinchazo de su burbuja de crédito y su crisis bancaria después de la unificación en el año 2000.

## La importancia de los países emergentes

Estados Unidos sigue siendo el mayor consumidor mundial, y como dice el clásico: «Nunca apuestes en contra del consumidor americano». Los estadounidenses han vuelto a aumentar el consumo y buena parte de lo que compran lo siguen haciendo a crédito. Por lo tanto, no están teniendo fobia a endeudarse como les sucedió primero a los japoneses y después a los alemanes. Las familias en Estados Unidos han reducido su deuda, sobre todo la hipotecaria, ya que las leyes permiten la dación en pago de la vivienda. Por eso cuando la casa vale menos que la deuda y la familia tiene problemas, entrega su vivienda y reduce su deuda. En el capítulo de la crisis bancaria en España hablaremos de este tema.

En Estados Unidos los bancos han asumido quitas de deuda de muchas familias para evitar el desahucio. El proceso se ha hecho con ayudas públicas a través de un banco hipotecario del Estado para evitar la quiebra del sistema bancario. Aun así, el 15 % de las hipotecas de Estados Unidos siguen teniendo más deuda que el valor de la vivienda y la posibilidad de que entreguen ésta al banco sigue en el horizonte. Durante 2012, las ventas y los precios de la vivienda volvieron a crecer, junto con el empleo, factores ambos que reducen la probabilidad de que la familia entregue la casa al banco por problemas para pagar la cuota mensual. Pero sigue habiendo millones de casas sin vender, y si la economía vuelve a recaer, el precio de la vivienda bajará de nuevo, los bancos volverán a descapitalizarse y habrá otra restricción de crédito. Por lo tanto, los fantasmas de la depresión aún no han desaparecido del todo.

La tasa de ahorro de las familias estadounidenses ha subido durante la Gran Recesión pero sigue siendo de las más bajas del mundo. Además, Estados Unidos mantiene un elevado déficit público. La tasa de ahorro conjunta del país suma el 13 % del PIB. España tiene una tasa del 18 %, Japón y Alemania del 23 % y China del 50 %. Esto convierte a Estados Unidos en una economía muy dependiente del ahorro externo. Cada día Estados Unidos necesita que los inversores renueven sus vencimientos de préstamos y compra de bonos y que entren nuevos créditos, o compren más bonos para financiar el déficit exterior. Cuando el país renueva sus bonos y financia su déficit exterior, el dólar se queda estable. Pero si llega menos dinero del necesario, el dólar se deprecia, y si llega más, se aprecia.

El mundo no comercia con el exterior. Por consiguiente, en la economía mundial, o se consume o se invierte. El consumo se concentra aún en los países desarrollados, pero son los países emergentes los que lideran el PIB. Entre Estados Unidos, Europa, Japón y Reino Unido concentran tres cuartas partes del consumo privado mundial. Si las familias estadounidenses necesitan una cura de adelgazamiento de deuda y pasan al menos un lustro con un crecimiento del consumo menor a su promedio histórico, el mundo necesita un sustituto para el consumidor norteamericano.

Las familias británicas también están sobreendeudadas y necesitan dieta. Lo mismo les sucede a buena parte de los países europeos, especialmente a España. Por lo tanto, la única posibilidad de que aumente el consumo en el mundo desarrollado está en Alemania y Japón. Las dos son economías con bajas tasas de natalidad desde hace décadas y con poblaciones envejecidas. En ambas sociedades, la mayoría de las familias ya tienen viviendas y hacen menos kilómetros, por lo tanto tardan más tiempo en renovar sus coches. Además, al estar jubilados, o próximos a la jubilación, su propensión al ahorro aumenta y su consumo disminuye. Tanto japoneses como alemanes cuentan con ayudas fiscales para promover la natalidad, pero su eficacia es limitada y tardan décadas en surtir efecto. A corto plazo hay margen para bajar los impuestos e intentar reactivar el consumo privado, pero la fobia a endeudarse que padecen puede acabar provocando un mayor aumento del ahorro.

Así pues, los países emergentes siempre son un valor seguro. El despegue económico permite la creación de clases medias. En España lo vivimos en los años sesenta y el fenómeno se consolidó en los noventa. Las familias de estos países empiezan a demandar crédito y a iniciar un proceso de endeudamiento para obtener viviendas, coches, mobiliario y los bienes necesarios para vivir.

China es el caso más relevante. La tasa de ahorro de las familias chinas se aproxima al 20% de su renta disponible. ¿Cómo es posible que un país con más de 800 millones de personas pobres que viven en el campo de una agricultura de subsistencia tengan esas tasas tan elevadas de ahorro? Los chinos no disponen de sanidad ni pensiones públicas. Por lo tanto, si el padre de familia enferma y no puede trabajar en el campo, se acaban los ingresos y llega el hambre y la miseria. Por esta razón, tienen un elevado colchón de ahorro para protegerse de contingencias y enfermedades. La única opción es invertir sus ahorros en depósitos bancarios que ofrecen rentabilidades inferiores al 3%. En los últimos años China ha registrado tasas de inflación superiores al 5% en varias ocasiones. Esto implica que el ahorro de las familias ha perdido capacidad adquisitiva y no hay ningún incentivo a ahorrar en esas situaciones con tipos tan bajos. Así pues, la única razón para explicar una tasa de ahorro tan elevada es por precaución, para protegerse de la miseria.

Para reducir esa tasa de ahorro, el gobierno chino ha comenzado a desarrollar un mini Estado de bienestar. Planean establecer un sistema de pensiones y de sanidad pública. También han regulado la existencia de sindicatos y empieza a mejorar la protección y las condiciones laborales de los trabajadores. No obstante, como es habitual en China, la estrategia es gradual. En una ocasión le preguntaron a un economista chino en qué consistía el cambio de modelo de crecimiento en China. Respondió que era como la flor de los mil pétalos, es decir, una flor que no existe.

Hay un cambio de modelo en marcha, pero es muy lento. Las familias jóvenes chinas que viven en áreas urbanas tienen patrones de consumo similares a las de los países desarrollados, por eso el consumo crece a tasas cercanas al 10% anual. En estos momentos el consumo privado en China es una quinta parte que en Estados Unidos o en Europa. No obstante, a este ritmo de crecimiento China doblará su gasto en consumo en los próximos siete años.

En la India se da un proceso similar, y en Asia, varios países, como Corea, iniciaron el camino en los años sesenta y ya son una sociedad desarrollada. Y está Malasia, que casi lo es. En América Latina, Brasil, México, Chile y Colombia sus clases medias y su consumo han aumentado desde hace más de una década, y Perú quiere incorporarse a este grupo. En Europa del Este, Polonia, Chequia y Eslovaquia avanzan a gran velocidad.

África fue el área más dinámica del mundo en 2012. Para España es determinante, sobre todo el fuerte crecimiento que está registrando el Magreb, y en especial, Marruecos. El problema en estos países es institucional y de desarrollo democrático, como demostró la crisis de la Primavera Árabe. Pero es evidente que tanto para España como para Europa, es prioritario avanzar en el desarrollo de flujos comerciales y financieros a ambos lados del Meditarráneo.

El ciclo de inversión lo lideran los países emergentes, especialmente China, cuya tasa de inversión dobla la de los países desarrollados. Pensemos que son países muy poco capitalizados y necesitan todo tipo de infraestructuras públicas y privadas, donde cada año millones de personas emigran del campo a la ciudad; estas personas necesitan viviendas, carreteras, calles, sistema de alcantarillado, transporte público, etcétera, por lo que el ciclo de inversión continuará mientras prosiga el crecimiento y no se frene el proceso.

La inversión privada para producir bienes y servicios tiene un carácter más cíclico. Las empresas invierten cuando aumentan sus ventas. Por lo tanto, si el mundo no consigue sustituir al consumidor estadounidense, en el próximo lustro tendremos que acostumbrarnos a tasas de crecimiento mundial menores de las que había hace veinte años. La mayoría de los países desarrollados tienen que poner en orden sus balances y retornar su endeudamiento a niveles más sostenibles. El proceso de digestión de la deuda se parece al de una serpiente cuando se ha comido un conejo, es muy lento.

El sistema bancario mundial también tiene que hacer la digestión de su elevado endeudamiento y la nueva regulación les obliga a ello. Por esta razón, en los próximos años también tendremos que acostumbrarnos a crecimientos del crédito mundial (especialmente en los países desarrollados) por debajo de los acostumbrados hace décadas. Esto limitará la inversión empresarial y la creación de nuevas empresas y nuevos empleos.

En una ocasión le planteé esta cuestión al premio Nobel de Economía Robert Solow. Solow desarrolló en los años cincuenta el modelo básico que todavía usamos los economistas para explicar por qué crecen los países. Demostrando una gran lucidez pese a sus ochenta y cuatro años y con una sabiduría que sólo se consigue con la edad y las experiencias vividas, el Nobel resolvió el enigma: las empresas pueden producir con más horas trabajadas, con más capital por trabajador o consiguiendo una mejor organización del trabajo y aumentando la eficiencia de las horas trabajadas.

La restricción de crédito limita la capacidad para que las empresas inviertan e incrementen el número de máquinas por trabajador. En esta situación, me contestó el Nobel, la historia nos enseña que los países que se han enfrentado a este tipo de crisis lo han resuelto mejorando la organización del trabajo y, con los mismos trabajadores y las mismas máquinas, han conseguido aumentar el PIB. A esto se le denomina «innovación» o «I+D+i» y es lo que permitió al ser humano, hace millones de años, pasar de vivir en los árboles a situarse en la cúspide de la evolución y dominar al resto de las especies del planeta.

En la actualidad nos encontramos en uno de los momentos de mayor innovación tecnológica de la historia de la humanidad. Esto, además de resolver el dilema de aumentar la producción sin necesidad de más crédito, también tiene un efecto expansivo sobre la demanda y el consumo a corto plazo. El caso más evidente es el de los ordenadores. Si alguien tiene un ordenador de hace cinco años seguramente ya no podrá usar buena parte de los programas que se comercializan, lo que le obliga a invertir y a comprarse un ordenador nuevo. Esto también sucede con los móviles y los consumibles. Cada año la tecnología avanza y las tasas de obsolescencia de los aparatos son muy elevadas.

## Los peligros de las economías emergentes

No hay duda de que es una excelente noticia que haya países emergentes en un proceso intenso de desarrollo en medio de una crisis global de deuda como la que estamos viviendo. No obstante, esto no quiere decir que no haya riesgos que afrontar por el camino, especialmente a corto plazo. Y el principal asunto es el nuestro: el resultado de la crisis del euro, al que dedicaremos los próximos cuatro capítulos.

También podemos enfrentarnos a una crisis fiscal en Estados Unidos. La deuda pública norteamericana ya supera la fatídica cifra del 100 % del PIB y el déficit público sigue siendo elevado. Es cierto que los inversores siguen financiándoles a tipos próximos a cero, pero desde España sabemos bien que esto puede cambiar bruscamente. En Estados Unidos se pagan muy pocos impuestos y tienen mucho margen para subirlos y pagar sus deudas. Pero la historia también nos enseña que los países que pasan esa barrera suelen estar condenados a varios años de menor crecimiento hasta que digieran los excesos de deuda.

Por otra parte, existen dudas razonables sobre la solvencia del sistema bancario chino. El pilar sobre el que descansa el modelo de éxito de China es que sus familias ahorran mucho y dejan su dinero en los bancos a tipos de interés bajos; esto permite que haya crédito en abundancia y a tipos muy bajos, lo cual favorece la creación de empresas, la inversión y la generación de empleo. El problema es que la tasa de ahorro seguirá reduciéndose. Además, el desarrollo del sistema financiero pondrá a disposición de las familias fondos de inversión que competirán con los depósitos bancarios. No obstante, los chinos gestionan este proceso de forma gradual y han demostrado desde hace más de tres décadas su capacidad para autogestionarse sus problemas.

India ha registrado unos fuertes crecimientos, pero, a diferencia de China, con unas tasas de ahorro más reducidas e incurriendo en déficits por cuenta corriente, lo que les ha llevado a acumular un elevado nivel de deuda externa. Por lo tanto, en los próximos años tendrán que reducir necesariamente su crecimiento.

Brasil, la gran locomotora de América Latina, se ha beneficiado del fuerte aumento de los precios de las materias primas. Aun así, el consumo y la demanda interna crecen por encima del potencial de su economía y vuelven a tener déficits por cuenta corriente, y está aumentando su deuda externa. Además, la economía está sobrecalentada y padecen una burbuja inmobiliaria en sus grandes ciudades y una burbuja bursátil, fruto de la fuerte inversión extranjera que han recibido en la última década.

Con respecto a Europa del Este, Polonia está sufriendo una situación similar a la de Brasil. Fue de los pocos países del mundo que no entró en recesión en 2008 tras la quiebra de Lehman Brothers, aunque lo hizo acumulando desequilibrios. Ahora la demanda interna da señales de agotamiento y sus exportaciones se dirigen mayoritariamente a una Europa en recesión. Por lo tanto, el motor de la Europa del Este también pierde fuerza.

Como conclusión podemos decir que la incertidumbre y la niebla se mantienen a corto plazo, pero las perspectivas a medio plazo son esperanzadoras. La preocupación a medio y largo plazo no es si el mundo puede crecer. A este economista observador le preocupa más cómo vamos a crecer, cuál será nuestra relación con el planeta Tierra, qué uso haremos de los recursos naturales, cómo cuidaremos la calidad del aire que respiramos y del agua que bebemos. El mercado resuelve bien la escasez de bienes privados, pero en el caso de los bienes públicos será necesaria la intervención del Estado.

## La globalización de la desigualdad

También me preocupa mucho la distribución de la renta. Allí donde los ciudadanos puedan acceder a la tecnología, la renta aumentará y se alejará de aquellos países o áreas fuera del circuito comercial. Las tasas de paro en los países desarrollados siguen próximas a máximos históricos y muchos de ellos tienen déficits con el exterior. Esta combinación es un cóctel explosivo para que las sociedades acaben solicitando protección de sus puestos de trabajo frente al enemigo exterior (en esta ocasión, contra los chinos). Esto supondría una reversión de la globalización y reduciría el crecimiento del conjunto de la economía mundial. Soy un gran defensor de la globalización, pero es evidente que necesitamos un mayor gobierno de ésta. Hay que adaptar las instituciones mundiales de un entorno bipolar a otro multicultural, y la clave del éxito será la gestión de la complejidad y la multiculturalidad.

La distribución de la renta también se ha deteriorado significativamente en todos los países. En primer lugar, los salarios han perdido peso sistemáticamente en la distribución de la renta en detrimento de los beneficios empresariales. Esta tendencia comenzó con la revolución conservadora, liderada por Reagan y Thatcher a principios de la década de 1980, y la Gran Recesión la ha intensificado.

Los rescates bancarios han aumentado significativamente la deuda pública y han provocado que suban los impuestos, deteriorando la distribución de la renta. La intervención de los bancos centrales fue necesaria para evitar el colapso de la economía, pero también ha tenido efectos desastrosos en la distribución de la renta. Como siempre, en Estados Unidos es donde se dispone de mejores estadísticas para medir los efectos, pero las tendencias serán similares en el resto de los países desarrollados.

El 50 % de la riqueza de los estadounidenses se invierte en vivienda y, en el caso de las familias de menor renta, supone casi el 100 % de sus inversiones. Mientras la bolsa ha batido récords, el precio de la vivienda ha caído un 50 % desde 2006, si descontamos la subida de la inflación desde entonces. Por lo tanto, mientras los ricos estadounidenses han conseguido proteger su riqueza gracias a la intervención del Estado para evitar la depresión, el 90 % de las familias norteamericanas han visto cómo su riqueza se reducía a la mitad.

En el caso español, la situación es aún más dramática ya que nuestras familias acumulan el 90 % de su riqueza en la vivienda, y su precio, descontando la inflación, ha caído un 50 %. En 2012 seguía en caída libre. Con esta realidad resulta increíble comprobar la ceguera de las élites y de las familias con mayor poder adquisitivo al resistirse a la subida de impuestos. El aumento de la progresividad es un mal menor para evitar el caos que puede acabar generando graves distorsiones en la distribución de la renta.

Por lo que respecta a los salarios, la dispersión ha aumentado significativamente. Los grandes ejecutivos de las multinacionales se han unido al club de los multimillonarios. Además, como reflejó magistralmente el documental *Inside job*, estos millonarios tienen muchas conexiones y una gran influencia sobre los gobiernos, especialmente los ejecutivos de la banca de inversión.

El 15 de mayo de 2011, miles de ciudadanos indignados

ocuparon la Puerta del Sol de Madrid, iniciando un fenómeno global que llegó hasta las puertas de la Bolsa de Nueva York, icono del capitalismo mundial. Una vez más, internet y la globalización permitieron que el fenómeno se expandiera a la velocidad de la luz.

Durante el viaje a Cuba de 2005 mencionado en el capítulo anterior, tuve la oportunidad de releer el *Manifiesto Comunista* de Marx y Engels. El *Manifiesto* cometía dos errores conceptuales.

En primer lugar, anticipaba que el capitalismo moriría de éxito, ya que las grandes empresas serían monopolísticas. La realidad dista mucho de ser así: la única empresa que se mantiene en el índice Dow Jones desde su creación hace más de cien años es General Electric y tiene muy poco que ver con la empresa que fundó Edison, a finales del siglo XIX.

Si nos fijamos en el sector informático, el panorama es más claro aún. Durante los años cincuenta, IBM lideró la revolución tecnológica. La empresa contrató a unos jovencitos para que desarrollaran un sistema operativo, y éstos acabaron fundando Microsoft y desbancando al gigante azul. Otros jovencitos de la Universidad de Stanford desarrollaron una sencilla página web llamada Google con un potente algoritmo y revolucionaron la red.

El mercado de los móviles ofrece resultados parecidos. Al principio el sector lo dominaban las empresas estadounidenses. Después llegó Nokia desde Finlandia y las desbancó. Apple volvió a liderar el sector con un solo dispositivo, el iPhone, pero en 2012 Samsung superó a la empresa de la manzana. Por lo tanto, Marx y Engels se equivocaron al no entender que las ventajas competitivas de las empresas no son eternas.

El *Manifiesto* llegaba a la conclusión de que esas empresas con poder monopolístico alienarían toda la renta de los trabajadores y que esto generaría el caldo de cultivo para la revolución obrera. Sin embargo, cuando analizamos el peso de los salarios en el PIB y en la distribución de la renta, suelen revertir a la media, aunque los ciclos son muy lentos. La historia nos enseña que la pérdida de peso de los salarios no es sostenible y tarde temprano revertirá. Lo que no tiene claro este economista observador es si la reversión será ordenada y controlada por la política económica, o desordenada y caótica, con una crisis social y política incluida.

Es evidente que lo deseable es que la reversión sea ordenada y controlada. Cuba o los experimentos de Europa del Este nos enseñan que el capitalismo tiene vicios, como demostraron Marx y Engels en su *Manifiesto*, pero que la propuesta alternativa es infinitamente peor.

Durante ese viaje a Cuba también leí el libro de Ignacio Ramonet *Fidel Castro: biografía a dos voces*, una entrevista autorizada y autobiográfica del Comandante, en la que dice una frase que se me quedó grabada: «La gente no se imagina lo fácil que es montar una revolución».

Castro era un líder estudiantil exiliado en México durante la dictadura de Fulgencio Batista. El 26 de julio de 1953, y junto a otros 81 revolucionarios, consiguió regresar a Cuba en el mítico yate *Granma*, pero el ejército de Batista les estaba esperando. Sólo él, un compañero suyo y un fusil consiguieron escapar. Tres años más tarde los revolucionarios derrocaban al dictador y se hacían con el poder en la isla.

El segundo error del *Manifiesto* tiene que ver con las condiciones que provocarían la revolución. Marx y Engels pensaban que la revolución comunista sucedería en Reino Unido, donde la burguesía y el capitalismo habían tenido un mayor éxito. Sin embargo, la primera revolución fue en Rusia, un país atrasado industrialmente sin apenas burguesía, en el que los comunistas derrocaron directamente al antiguo régimen.

Cuando se publicó la edición alemana del *Manifiesto* en 1883, Marx ya había muerto y Engels acuñaba una frase que ahora nos suena muy familiar y que ha aparecido en este mismo capítulo bajo una forma diferente: «Los brotes verdes comienzan a florecer sobre la tumba de Marx». Algunos años más tarde, en 1890, Engels recuperaba el prólogo que ambos habían redactado en 1882 para la edición rusa, entonces perdido. En él, Marx y Engels admitían que el *Manifiesto* no había sido capaz de prever que la revolución proletaria llegaría antes a Rusia que a Europa, aunque sin duda ésta era bienvenida.

La pérdida de peso de los salarios en la tarta del PIB es un ciclo clásico, que será muy lento de revertir. La prioridad para mejorar la distribución de la renta es crecer. Parafraseando a los Beatles: «*All we need is growth*». El crecimiento permitirá crear empleo y aumentar la renta de aquellos a los que la crisis había apartado del mercado de trabajo. Si bien el crecimiento es condición necesaria, no es suficiente. Cada medida de política económica debería valorar su impacto sobre la distribución de la renta y la desigualdad. Y sin poner en riesgo el crecimiento, mejorar la distribución de la renta debe ser una prioridad de todos los gobiernos, desde Washington hasta Pekín o Berlín y, por supuesto, pasando por Madrid.

Si no se consigue revertir esta tendencia con una economía competitiva y que crezca, pero de manera controlada, mediante los impuestos y el gasto público, reforzando y concentrando el Estado de bienestar para evitar que la pobreza extrema se institucionalice, la democracia se marchitará y llegará otro sistema acabado en «ismo». Como anunciaban Marx y Engels al comienzo del *Manifiesto*: «Un fantasma recorre Europa», si bien de signo muy distinto al que ellos proponían: el fascismo que ha reverdecido de nuevo en Hungría, que se posiciona en Grecia y que gana enteros en Francia.

Otro riesgo claro son los movimientos populistas comunistas como los que sacudieron América Latina después de la crisis de la deuda de los años ochenta y que en algunos países se mantienen hasta nuestros días. Es prioritario anticiparse a este tipo de dinámicas caóticas. Y la clase dirigente nunca debe olvidar que «serán culpables de lo que pudieron evitar».

# 6

# Naturaleza y causas de la crisis del euro

> Europa no se hará de una vez ni en una obra de conjunto: se hará gracias a realizaciones concretas, que creen en primer lugar una solidaridad de hecho.
>
> ROBERT SCHUMAN

La crisis del euro es extremadamente compleja, como todas las crisis de deflación de la deuda de la historia, por lo que a continuación revisaremos algunos conceptos que nos ayudarán a entender mejor los fundamentos del sobreendeudamiento, sin los cuales no será posible acertar en las políticas económicas para facilitar su solución.

Cuando un país adopta un tipo de cambio fijo y los inversores lo consideran sostenible en el futuro, su prima de riesgo disminuye. Un inversor racional debe elegir entre una infinita variedad de activos internacionales para invertir sus ahorros, pero sus cálculos de rentabilidad los hace en moneda local, ya que el objetivo de comprar activos financieros es protegerse del deterioro de la capacidad de compra que provoca la inflación durante el período de la inversión. Si el inversor compra un activo en otra moneda y se aprecia durante el período de la inversión, aumentará su rentabilidad en moneda local, pero si se deprecia, disminuirá.

## La integración fiscal del euro

El euro es el tipo de cambio con mayor compromiso y mayores costes de salida de la historia; en consecuencia, su plus de credibilidad es también mayor y, por lo tanto, en Europa, la bajada de las primas de riesgo también debe ser más intensa.

El nacimiento de la moneda única provocó un enorme proceso de integración financiera tal y como anticipaban los estudios, y siguiendo la lógica de la teoría económica. Los fondos de inversión y las entidades financieras de la Eurozona pasaron de tener un 20 % de sus carteras en activos de otros países del área en 1998, al 45 y el 40 %, respectivamente, en 2007. Los inversores creían en la sostenibilidad del euro y elegían sus inversiones analizando la rentabilidad y el riesgo, sin importarles el país.

La llegada masiva de flujos de capitales generó la fuerte convergencia de tipos de interés entre la deuda pública de los diferentes países miembros. Si bien al principio había causas objetivas que justificaban el comportamiento de los inversores, como es habitual en la formación de cualquier burbuja, detrás de estos cambios de flujos financieros tan bruscos hubo una sobrerreacción.

En la deuda privada, el proceso fue aún más intenso. Las cédulas hipotecarias son los activos con menor probabilidad de impago después de la deuda pública de un país, e incluso en casos extremos podría producirse un impago en los bonos del Tesoro y seguir pagándose las cédulas, como acaba de suceder en Grecia. Esto se debe a que la cédula es un bono con la garantía de la entidad financiera que lo emite, pero que además cuenta con una segunda garantía. La entidad emisora selecciona sus hipotecas de mejor calidad crediticia (primera vivienda, con una deuda inferior al 80 % de la tasación y la cuota mensual inferior al 35% de la renta familiar) y se adjuntan como garantía de la cédula.

En caso de quiebra de la entidad, los compradores de la cédula tendrían prevalencia sobre el resto de los acreedores para cobrar las cuotas de esas hipotecas hasta recuperar su inversión independientemente de quién compre la entidad quebrada. Esto las diferencia de las titulizaciones, en las que el inversor asume el riesgo de impago directo de las hipotecas, mientras que en el caso de la cédula, el riesgo lo asume la entidad. Además, si una entidad emite una cédula por 1.000 millones de euros, las agencias de rating exigen entre 1.300 y 1.500 créditos hipotecarios de máxima calidad como garantía.

Así pues, primero tendría que quebrar la entidad y tener además una morosidad de la cartera de hipotecas superior al 50% para que el inversor no recupere el 100% de su inversión. Por eso, desde 2007 ninguna cédula hipotecaria emitida por una entidad europea ha incumplido los pagos. En Estados Unidos, Fannie Mae y Freddie Mac tenían asignada esta función. No obstante, la evidencia ha demostrado que el sistema europeo era más eficiente al mantener el riesgo en cada entidad y, de hecho, hay propuestas legislativas en marcha para desarrollar un mercado de cédulas hipotecarias en Estados Unidos.

## La responsabilidad alemana en la burbuja

Hasta 1997, las empresas de países periféricos como España tenían muchas dificultades para emitir bonos en los mercados internacionales. La peseta era una moneda que contaba con varias devaluaciones en las últimas décadas, sus mercados financieros eran muy estrechos y prácticamente estaban copados por la deuda pública. La entrada en el euro permitió a las entidades financieras españolas acceder a un mercado organizado de cédulas hipotecarias con mucha tradición y profundidad en Alemania y que rápidamente se extendió al resto de los países del área. Como explicaré a continuación, coincidió con una profunda y compleja crisis de deuda en Alemania consecuencia de su unificación, que aumentó su tasa de ahorro de manera estructural y, con ella, la demanda de activos de máxima calidad crediticia para sus entidades financieras, aseguradoras y fondos de pensiones, lo cual favoreció el rápido desarrollo de este mercado y también sus excesos.

En 1995, los inversores asignaban a España una probabilidad muy reducida de formar parte del euro. En aquel momento, la práctica totalidad de los bonos españoles en manos de no residentes eran públicos. Desde entonces el porcentaje de deuda pública sobre el PIB en manos de no residentes se ha mantenido constante, pero al aprobarse nuestra incorporación a la moneda única en 1998, el mercado de emisiones internacionales se abrió para el sector privado y creció exponencialmente hasta duplicar a la deuda pública en términos de PIB.

Las cédulas hipotecarias son un bono puramente bancario, aunque tenga una segunda garantía hipotecaria, y se contabiliza como deuda bancaria. El mercado de cédulas hipotecarias más desarrollado del mundo era el *Pfandbrief* alemán. En el año 2006, la banca española emitió 70.000 millones de euros en cédulas, sólo un 30 % menos que la banca alemana, que tenía un balance tres veces mayor que el del sistema bancario español. En 2006, las emisiones de cédulas y titulizaciones hipotecarias de la banca española superaron ampliamente el déficit por cuenta corriente, que se aproximaba a los 100.000 millones, y eran el principal instrumento de financiación de nuestra economía.

En el verano de 2007, antes de empezar la crisis financiera, el total de cédulas hipotecarias emitidas por la banca española superó los 300.000 millones de euros, el 30 % del PIB, y una cantidad que igualaba a la deuda del Tesoro público.

Sin estas emisiones masivas de cédulas hipotecarias no habría sido posible explicar las burbujas de crédito e inmobiliaria. Es conveniente recordar que los inversores alemanes, sobre todo bancos y fondos de pensiones, fueron los que compraron aquellas cédulas libremente, sin que ningún gobierno o banco central les obligara a hacerlo. Es curioso ver cómo esos mismos inversores presionan ahora a sus gobiernos y a los gobiernos de los países deudores para que les resuelvan sus problemas. Y más curioso aún que al mismo tiempo defiendan el libre mercado y la responsabilidad individual.

La dinámica era muy sencilla: los bancos españoles aprovechaban sus créditos, concedidos en la red minorista, como garantía para las nuevas emisiones que permitían conceder nuevos créditos. Las emisiones de cédulas se realizaban a tipos de interés variables de Euribor más 10 puntos básicos y se prestaban las hipotecas a Euribor más 50 puntos básicos. Este fuerte crecimiento del crédito, unido a una baja morosidad y a unos diferenciales de tipos de activo y pasivo estables, fueron el fundamento de la demanda de fondos prestables de la banca española.

## Crisis locales que provocan desequilibrios globales

Otro fenómeno imprescindible para entender la crisis del euro es la gran diferencia de patrones de crecimiento de las economías que lo integran. En las últimas décadas, el paradigma económico ha analizado por separado la economía real y la economía financiera. La Gran Recesión ha demostrado el fracaso del paradigma y, como nos enseñó Luca Pacioli en el siglo XV, cuando se analiza una economía no se puede separar el activo del pasivo. Por lo tanto, aunque es evidente que el huracán se originó en el ámbito financiero, existen desequilibrios en la economía real que también ayudan a explicar la crisis. Uno de ellos es la divergencia de las balanzas por cuenta corriente entre los países desarrollados y los emergentes que se ha producido en la última década. Las causas que explican este fenómeno, conocido en la literatura económica como «desequilibrios globales», son múltiples y variadas.

La causa principal tiene que ver con la crisis asiática de 1997. Antes de la crisis, los países afectados tenían fuertes déficits por cuenta corriente y un escaso nivel de reservas de divisas, y posteriormente orientaron su política económica a las exportaciones, generando superávits por cuenta corriente y elevados niveles de reservas de divisas, que dieron como resultado un aumento estructural de la tasa de ahorro mundial. La acumulación de reservas se concentró en fondos soberanos y bancos centrales con un perfil de inversión conservador; este factor aumentó significativamente la demanda de fondos prestables de renta fija de la máxima calidad crediticia, los conocidos «AAA». Sin entender la crisis asiática y sus consecuencias no es posible comprender el intenso desarrollo del sistema bancario en la sombra y el fuerte aumento del apalancamiento del sistema bancario mundial que se ha analizado en apartados anteriores.

GRÁFICO

*Saldo por cuenta corriente*

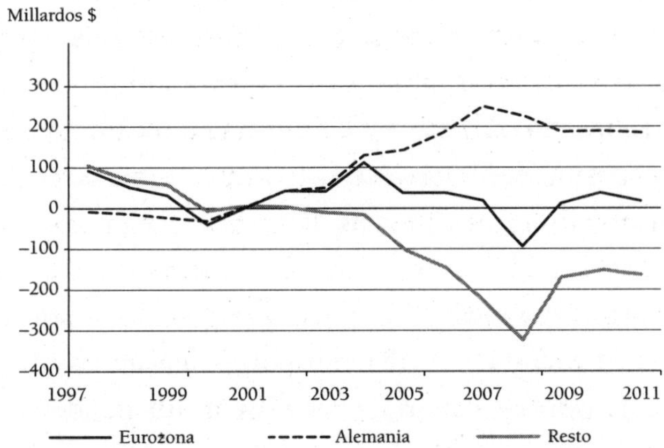


FUENTE: Fondo Monetario Internacional y elaboración propia.

En el gráfico podemos comprobar que la Eurozona apenas se vio afectada por el fenómeno de los desequilibrios globales, ya que su saldo por cuenta corriente se ha mantenido próximo al equilibrio desde la crisis asiática. Sin embargo, también podemos observar las fuertes divergencias entre los distintos países que forman el euro, razón por la cual se ha denominado a este fenómeno «desequilibrios locales».

En 2001, Alemania sufrió una crisis de deuda similar a la que se está registrando en España en estos momentos, aunque sin apenas déficit por cuenta corriente y deuda externa. Alemania, como le sucedió a Japón en los años ochenta, tuvo un problema de sobreendeudamiento de sus familias y empresas, con boom de la construcción incluido. El boom frenó bruscamente en el año 2000 y las familias alemanas se contagiaron de la patología japonesa: les entró miedo al endeudamiento y aumentaron estructuralmente su tasa de ahorro con el fin de reducir su deuda. Esta reacción provocó el hundimiento del consumo privado, y sus empresas buscaron en la exportación la demanda que no encontraban dentro de su mercado. La recaudación fiscal se desplomó y Alemania incumplió el Pacto de Estabilidad, y vio cómo su deuda pública aumentaba de manera significativa hasta 2005.

El nacimiento del euro y el boom de crédito en los países periféricos europeos permitieron que Alemania saliera de una recesión tan grave gracias al tirón de sus exportaciones. De este modo, el ahorro alemán encontró un destino fácil que no implicaba riesgo cambiario al volcarse sobre sus socios de la Eurozona. Los análisis sobre las causas de la crisis del euro siempre se ceban en los desequilibrios de los países deudores, pero no es posible entender y explicar la crisis sin analizar el comportamiento de los países ahorradores y, especialmente, de Alemania.

## El futuro del euro en cuestión

Los países deudores se enfrentan a un período prolongado de reducción de la deuda, lo cual mantendrá su demanda interna en situación de debilidad y deberán registrar superávit por cuenta corriente como sucedió en Asia en 1998 y en Alemania en 2001. Pero esto no será posible si los países acreedores reducen sus superávits por cuenta corriente y estimulan su consumo interno.

Hasta el presidente Rajoy, que ha sido uno de los grandes abanderados de la austeridad desde que comenzó la crisis en 2007, se ha caído del caballo y ha empezado el año 2013 reclamando a Alemania que ponga en marcha estímulos fiscales para reactivar su consumo. Pocos ponen en cuestión que los países sobreendeudados debemos corregir nuestro desequilibrio; nadie duda de que es una condición necesaria, aunque insuficiente. Si Alemania no reduce su exceso de ahorro, la crisis del euro no tiene solución. Y no se trata de forzar a una sociedad envejecida a reducir su ahorro, sino de algo mucho más sencillo: aumentar la inversión, que actualmente se encuentra 10 puntos de PIB por debajo del nivel que tenía a principios de los años ochenta.

La Unión Monetaria Europea nació con problemas institucionales, pero éstos no comenzaron a ser evidentes y a poner en riesgo su viabilidad hasta 2009. Sin un terremoto de la magnitud de la Gran Recesión, la peor en los últimos setenta años, es posible que las deficiencias institucionales del proyecto europeo hubieran aguantado más tiempo. Ahora la crisis las ha puesto al descubierto, y el euro se encuentra en la encrucijada.

Las perturbaciones financieras de 2007 anticiparon la recesión. El mercado de emisiones de cédulas hipotecarias se secó casi por completo para los bancos españoles y también para el resto de los países endeudados. El boom del crédito se frenó bruscamente y fue el detonante de la recesión. La quiebra desordenada de Lehman Brothers en 2008 provocó la mayor corrida financiera global desde la Gran Depresión, y los inversores internacionales buscaron refugio en la deuda pública a corto plazo de las monedas de reserva internacional, los mercados monetarios bajaron las persianas, los de divisas también, y en semanas colapsó el comercio mundial. La reacción coordinada en el G-20 con la política monetaria, financiera y fiscal más expansiva de la historia evitó que el mundo entrara en depresión y permitió una «recuperación en V» del comercio y la economía mundial en 2009.

### LA MALDICIÓN EUROPEA: TARDE, MAL Y NUNCA

Ya hemos explicado los errores cometidos por Europa en política económica. Los europeos fuimos los que menor estímulo fiscal y monetario inyectamos en 2008, y los primeros en retirarlo en 2010. El resultado ha sido desastroso. Existe una maldición en la Eurozona, y consiste en que las medidas llegan siempre tarde y nunca son suficientes para resolver los problemas.

La afloración de casi diez puntos de déficit público de un nuevo gobierno heleno fue la llama que prendió el incendio de la crisis del euro en la que estamos inmersos. Grecia constituye tan sólo el 2% del PIB de la población europea, por lo que su crisis no tendría que haber supuesto una amenaza para el conjunto de la Eurozona, de no haber sido por el contagio que se produjo a otros países.

Irlanda fue el primer país que tuvo que pedir un plan de ayuda después de Grecia, en octubre de 2010. Hasta entonces, el llamado «Tigre Celta» había sido un icono de reformas y flexibilización de su economía antes de la crisis. Su problema principal consistía en que el tamaño de su sistema bancario multiplicaba por nueve su PIB, con una elevada exposición a la burbuja inmobiliaria nacional y, además, con una fuerte exposición en banca de activos. El Estado irlandés siguió el manual de saneamiento bancario propuesto por la Unión Europea, y creó un banco malo. Hasta la fecha, Irlanda se ha gastado el 40% de su PIB en sanear su sistema bancario, más del doble que los japoneses tras el pinchazo de su burbuja en los años noventa.

Irlanda es un buen referente para nuestra querida España, ya que ambos países vivimos una burbuja inmobiliaria y la depresión fue provocada por la crisis bancaria y la restricción del crédito subsiguiente. A pesar de las coincidencias, nunca hay que perder el sentido de la magnitud: el sistema bancario irlandés era casi el doble que el español comparado con el tamaño de su economía. Allí han quebrado los principales bancos, mientras que en España los grandes bancos ni siquiera han recibido ayudas públicas. Por lo tanto, la crisis bancaria en España, como explicaremos en detalle en los próximos capítulos, es inferior a la de Irlanda. No obstante, el caso irlandés sí puede servirnos como campo de pruebas para anticipar lo que puede pasar en nuestro país.

Irlanda tenía serios problemas de liquidez, además de problemas de solvencia, y su plan ahuyentó a los inversores, motivo por el cual tuvieron que pedir un plan de ayuda a sus socios. Al igual que Grecia, Irlanda también supone el 2% del PIB europeo, de manera que con este segundo plan Europa ya tenía intervenido el 4% del PIB de la zona. La caída del PIB desde 2007 ha sido del 15% y ha despertado la ilusión de los defensores de la austeridad como la medicina para solucionar la crisis ya que ha comenzado a crecer. El error es ignorar el pasivo de la economía celta: la banca irlandesa tiene financiado contra el BCE el 70% de su PIB.

Se ha generado un mito que dice que Irlanda va bien, y que es un ejemplo virtuoso de que la austeridad y los rescates de la Troika son un éxito. Lo cierto es que su deuda pública supera el 120% del PIB y crece a un ritmo del 10% del PIB anual. Irlanda es un paraíso fiscal legal dentro de la Unión Europea y sus multinacionales apenas pagan impuestos. Por lo tanto, si usamos el Producto Nacional Bruto (PNB), que no incluye la aportación de las multinacionales y refleja mejor su capacidad de pago fiscal, en el año 2013 la deuda pública acabará cercana al 150%. A esto tenemos que sumar la deuda bancaria, especialmente con el BCE.

Las cuentas no salen, y es evidente que Irlanda no podrá pagar toda esta deuda. Habrá que reestructurarla y los acreedores tendrán que aceptar quitas, del mismo modo que ya sucedió con Grecia (y volverá a ocurrir puesto que la quita fue claramente insuficiente). Sin embargo, aquí nos encontramos con un problema diferente, y es que el principal acreedor de Irlanda es el BCE, y este organismo no puede financiar directamente a los estados según la Constitución Europea, de modo que aceptar quitas de deuda de los bancos irlandeses nacionalizados sería como una financiación encubierta. Contra todo pronóstico, el BCE ha aceptado en 2013 monetizar deuda pública irlandesa. El Banco Central de Irlanda aceptará bonos del banco malo que es público tras la quiebra y liquidación del banco Anglo Irish Bank que tenía un tamaño próximo al 70 % del PIB irlandés.

Esta medida era necesaria pero no será suficiente. Llegados a este punto, lo normal sería que se reconociera el problema, se avanzara en la Unión Bancaria Europea, se creara un Fondo de Depósitos Único y que éste se hiciera cargo de parte de la deuda de los bancos irlandeses. El Fondo europeo nacería sin financiación y sería necesario emitir eurobonos que contasen con el aval solidario de todos los miembros. Ésta era la propuesta francesa que apoyó la Comisión Europea. Desafortunadamente, Alemania la frenó y la Unión Bancaria se ha reducido a la creación de un supervisor único que no es otro que el BCE. Hoy en día, el BCE ya es el principal acreedor del sistema bancario europeo y no tiene capacidad para resolver ningún evento de crisis bancaria. De nuevo la maldición europea: siempre demasiado tarde y siempre demasiado poco para resolver los problemas.

Después le llegó el turno a Portugal, que solicitó la ayuda financiera en abril de 2011. Portugal no tenía un problema de deuda pública tan grave como Grecia, ni bancario como Irlanda, pero en 2012 su deuda pública ya había superado la barrera del 120% del PIB. Así pues, las deudas pública y privada portuguesas se encuentran en el filo de la navaja. Todo lo que necesita Portugal es crecer, pero de momento este crecimiento ni está ni se le espera.

Lo grave es que el contagio continuó imparable, y afectó a España e Italia. Tras la improvisación griega, se creó el Fondo Europeo de Estabilidad Financiera (FEEF). El Fondo comenzó con un límite de 220.000 millones de euros, que se ampliaron posteriormente en la cumbre extraordinaria de julio de 2011 hasta 440.000 millones, y en la cumbre de octubre hasta un billón de euros. Nos encontramos sin duda ante el germen de la futura agencia de la deuda europea que se encargará de emitir los eurobonos, pero a corto plazo apenas ha conseguido emitir y no dispone de liquidez para acometer nuevos rescates.

Después de la intervención de Portugal, todas las miradas se concentraron en nuestra querida España. Nuestra deuda pública cerró el año 2012 por debajo del promedio europeo y con un nivel similar al de Alemania, pero contamos con un elevado endeudamiento privado, financiado principalmente por el ahorro extranjero a través del sistema bancario. El resto del libro lo dedicaremos a analizar el caso español. Analizaremos las causas de nuestra crisis y, sobre todo, las soluciones. Nuestra querida España es un país demasiado grande para caer. Por lo tanto, las soluciones de la crisis española constituyen la condición necesaria para resolver la crisis del euro.

El otro país tocado y demasiado grande para caer es Italia. Acabó 2012 con una deuda pública próxima al 130% del PIB. Por lo tanto, se encuentra también en el filo de la navaja.

Además, su productividad por ocupado, variable determinante del potencial de crecimiento de un país a medio plazo, lleva una década casi estancada. Y el crecimiento potencial es a su vez determinante para medir la capacidad de pago de un país, y una de las principales variables en las que se fijan los inversores cuando compran bonos y deuda pública.

En el momento de enviar este libro a la imprenta el tsunami ha llegado a las costas de Chipre. Un pequeño país de menos de un millón de habitantes ha demostrado el fracaso de la estrategia germana para salir de la crisis y la incapacidad de la gobernanza europea para resolver una crisis que en euros podría haber costado lo mismo que nos hemos gastado los contribuyentes españoles en la liquidación del Banco de Valencia, un pequeño apéndice de Bankia. En Chipre se han cometido todos los errores de los rescates anteriores, pero se han cruzado dos líneas rojas que aumentarán enormemente los costes de la crisis para los ciudadanos europeos en términos de más deuda pública y sobre todo, de más desempleo. El principal error ha sido amenazar con una quita a los depositantes de menos de 100.000 euros. Y el otro, aplicar un corralito sin la existencia de una fuga de depósitos que lo justificara. Ambas decisiones tienen elementos comunes en el resto de los países y por lo tanto el riesgo sistémico en Europa ha aumentado significativamente tras esta absurda decisión política, sin ningún fundamento económico.

## ¿Cuánto tiempo tienen España e Italia?

En el otoño de 2011 tuvo lugar un acontecimiento nada habitual en la Unión Europea: tras diversos escándalos, Berlusconi se vio obligado a abandonar el poder de la noche a la mañana, y el Parlamento italiano, con el beneplácito de «Merkozy», nombraba como sustituto a Mario Monti. El mercado de deuda pública italiana había colapsado en noviembre, y sus tipos a corto plazo se aproximaban al 8%. Este fenómeno se había dado con anterioridad en los tres países intervenidos. A Italia la salvó *in extremis* Mario Draghi —casualmente italiano— al enfrentarse con el todopoderoso Bundesbank alemán. Draghi consiguió que el BCE aprobara dos subastas extraordinarias a tres años, en diciembre y en marzo, coincidiendo con una gran concentración de vencimientos de deuda del gobierno italiano.

Estas subastas permitían a los bancos europeos comprar deuda pública con dinero prestado por el BCE a tres años, a tipos inferiores al 1%. La intervención del BCE frenó el colapso y permitió al Tesoro italiano y al español volver a financiarse en los mercados. En diciembre de 2011, el bono a diez años italiano pagaba una prima de casi 200 puntos básicos más que el español, lo que significa que los bancos y empresas italianas se financian un 2% por encima de las españolas, y un 6% por encima de las alemanas. Esta diferencia afecta a su competitividad, y hace que muchos proyectos de inversión que en Alemania resultan rentables, en España o Italia dejen de serlo. Por eso cierran tantas empresas y se destruye empleo.

Nada más hacerse con el poder en Italia, Monti se olvidó de la política interna y centró todos sus esfuerzos en la política exterior y en recuperar la imagen de Italia. Catedrático de Economía y antiguo comisario europeo, Monti conoce al detalle las instituciones europeas y el ritual de los mercados. Con reformas y un ajuste fiscal menos intenso que España, ha conseguido que nadie hable de Italia y que su bono a diez años cotice casi 100 puntos básicos por debajo del español.

De todos modos, Italia se enfrenta a un futuro más que incierto. Tras un proceso electoral que no despeja la incertidumbre sobre la gobernabilidad futura, los inversores ya dudan de la capacidad de Italia para devolver su deuda y por eso exigen una prima de riesgo superior a la de Alemania para que les proteja de esa incertidumbre. En este escenario, un gobierno débil sin legitimidad para gestionar la política económica de un país aumentaría significativamente los temores de los inversores y la prima de riesgo y haría más profunda la recesión en Italia.

También en el otoño de 2011 hubo elecciones en España, que ganó Mariano Rajoy con mayoría absoluta. Más allá de las virtudes europeas de Monti, nuestro gobierno contribuyó parcialmente al cambio de sesgo de los inversores internacionales. Rajoy afloró un déficit del 8% en diciembre de 2011 y no presentó su presupuesto hasta abril del año siguiente, casualmente después de las elecciones autonómicas en Andalucía. A continuación revisó unilateralmente el objetivo de déficit para 2012, desde el 4,5% del PIB hasta el 5,4%, apelando a la «soberanía nacional», el mismo día que el Consejo Europeo aprobaba un avance hacia la unión fiscal y la cesión de soberanía. Un mes después de aprobar el presupuesto, aceptó el ofrecimiento de Bruselas de aumentar el objetivo de déficit al 6,3%. A pesar de todo ello, acabará el año con un déficit superior al 10% del PIB, incluyendo las ayudas públicas al sistema bancario.

La intervención de Bankia ha marcado un hito importante en la crisis de la deuda española. Bankia era una entidad con un tamaño del 30% del PIB, presidida por Rodrigo Rato, ex vicepresidente económico, compañero de partido de Rajoy y ex director gerente del FMI. Como me dijo un colega que trabaja en un organismo internacional: «Después de la intervención de Bankia, España pasó a monopolizar la agenda de la institución».

En febrero de 2012, el gobierno aprobó un decreto que obligaba a los bancos a reconocer unas pérdidas de 50.000 millones por su exposición a la burbuja inmobiliaria y se dijo que se haría sin ayudas públicas. Aquello intensificó la fuga de capitales y 85.000 millones de inversión de no residentes huyeron de España en los dos meses siguientes al decreto. El gobierno reaccionó con un segundo decreto que provocaba nuevas pérdidas, especialmente al Banco Financiero y de Ahorros (BFA), una especie de «banco malo» que era el principal accionista de Bankia.

Tras la intervención, la prima de riesgo llegó a sus máximos. En julio el mercado de deuda pública española había colapsado y sólo la intervención —una vez más *in extremis*— del BCE en su reunión de agosto evitó la solicitud de rescate y la intervención. El BCE anunció un cambio en sus estatutos por el que se aprobaba una línea de compra de deuda pública para países que se encontraran bajo un rescate de los fondos europeos, con la supervisión del FMI, y que tuvieran acceso a los mercados de financiación.

El anuncio de Draghi ha tenido un efecto balsámico para los inversores. Pero España adolece de unas necesidades de financiación elevadas y crecientes y no parece probable que trece palabras pronunciadas por un banquero central sean suficientes para resolver una de las crisis de deuda más complejas de la historia. En algún momento habrá que pasar de las palabras a los hechos, y para comprar bonos el BCE exigirá que España solicite ayuda al Fondo Europeo. Por lo tanto, el escenario más probable es que nuestra querida España tenga que ser rescatada de nuevo ahora no sólo para financiar las ayudas a la banca sino para poder financiar nuestro déficit público.

El rescate de España, unido a las compras del BCE, hará que a corto plazo la deuda española sea preferible a la italiana, por lo que tras el rescate de España, el rescate de Italia no se hará esperar y será cuestión de semanas o de meses. Los ciudadanos europeos entenderán entonces que no hay dinero suficiente para salvar a dos países tan grandes. Sólo Italia necesita refinanciar casi 300.000 millones de deuda pública en 2013 y la experiencia de los países rescatados es que las cosas tardan mucho más de un año en mejorar.

Lo cierto es que los rescates están teniendo resultados desastrosos. Los ajustes fiscales se calculan sobre escenarios irreales e inalcanzables, y cuando se confirma la imposibilidad de cumplir el objetivo, desde el gobierno alemán se estigmatiza al país rescatado y se le exige más medicina que le provoca una reacción negativa mayor. Mientras tanto, el PIB cae y la deuda aumenta, y cada día es más insostenible.

La Gran Recesión inició un proceso de desintegración financiera en la Eurozona que intensificó la «Tragedia Griega» y el contagio al resto de las economías. En una unión monetaria, la salida de flujos de capital es equivalente a una política monetaria contractiva, mientras que la entrada es expansiva. Por eso los países sometidos a tensión financiera entraron de nuevo en una profunda recesión en 2011, mientras que Alemania, el principal receptor de flujos, ha seguido creciendo.

Europa no fue el origen de la Gran Recesión, pero su pésima gestión de la crisis (la maldición europea) la ha situado hoy en día como el mayor riesgo para la estabilidad financiera y el crecimiento mundial. La solución de la crisis del euro es una condición necesaria para resolver la crisis española y, por esta razón, en el próximo capítulo hay un plan para resolverla.

# 7

# ¿Crisis de emergentes o sumergidos?

> Al final de cada siete años, deberás cancelar tus deudas [...] el séptimo año está al llegar. Del extranjero demandarás el reintegro: mas lo que tu hermano hebreo tuviere tuyo, lo perdonará tu mano.
>
> Deuteronomio 15,1-9

El primer episodio conocido de una crisis de deuda se produjo en Grecia en el siglo VI a.C. Dado que en Grecia se crearon las ciudades-estado y, con ellas, las finanzas públicas modernas, no es casual que así fuera. Las primeras ciudades-estado decidieron establecer una unión fiscal cuyo centro de decisión era el templo de Delfos. Su expansión fue un éxito, aunque no estuvo exento de problemas y vicisitudes. En algún momento el templo tuvo dificultades de liquidez e incumplió pagos. Ni el oráculo de Delfos, ni Apolo, el dios al que veneraba el templo, pudieron evitarlo.

## El que esté libre de pecado, que tire la primera piedra

Desde entonces, la mayoría de los países han tenido crisis de deuda y casos de incumplimiento de pagos. Tras conseguir la independencia, Estados Unidos incumplió pagos con los franceses al no poder afrontar las deudas derivadas de la guerra. Poco tiempo después, los franceses hicieron su revolución y, al finalizar ésta, cambiaron su deuda pública por bonos perpetuos, lo cual dejaba a sus acreedores sin escapatoria. En 1933, y tras su salida del patrón oro, Roosevelt devaluó su moneda un 70% contra el oro e incumplió las cláusulas de los bonos que estaban fijadas para el precio anterior. El inversor cobró el 100% de la deuda pero, en relación con el oro, había perdido el 70% de la inversión. Después de la Segunda Guerra Mundial, Alemania también incumplió pagos, pues ninguna de las dos repúblicas resultantes se hizo cargo de las deudas. Una vez reunificada, el Estado alemán retomó el pago y no liquidó su deuda hasta bien entrado el siglo XXI.

España también tiene un largo historial de incumplimientos de deuda de su época imperial. Los acreedores de Carlos I pensaron que su hijo, Felipe II, sería más manejable para recuperar sus deudas, y lo obligaron a abdicar. Se equivocaron: el hijo salió más guerrero y más expansionista que el padre y al final también acabó incumpliendo pagos. Al menos España lleva más de doscientos años pagando sus deudas fielmente.

Hasta la Segunda Guerra Mundial, las crisis de deuda solían acabar precisamente en eso, en una guerra. La batalla de El Álamo, que dio lugar a la película dirigida y protagonizada por John Wayne, fue el episodio más famoso del conflicto que unió a los franceses con el ejército mexicano del general Santa Anna contra Estados Unidos al haber incumplido éstos sus compromisos de deuda; los primeros querían recuperar el dinero prestado y los segundos, los territorios de Texas y Nuevo México.

Tras el nacimiento del Fondo Monetario Internacional en

los acuerdos de Bretton Woods, el FMI se ha encargado de hacer de abogado del diablo en estos litigios y negociar entre las partes para evitar que la sangre llegue al río. El Fondo dispone de capacidad para financiar a los países que incumplen los pagos, con el fin de reestructurar sus deudas y poner en orden sus finanzas públicas. El FMI es la institución más odiada por las opiniones públicas de los países que han recibido ayuda.

En Europa, el FMI ha sido sustituido por la Comisión y por el Banco Central Europeo, y todo apunta a que correrán la misma suerte. Si un tercio de la población identifica a sus instituciones como las responsables de todos sus males, será complicado avanzar en el proyecto europeo. Las depresiones dejan cicatrices profundas y ésta será una que tardará décadas en cicatrizar.

Desde 1945 apenas ha habido países desarrollados que hayan incumplido los pagos, hasta que llegó la Gran Recesión. El estado de California perdió el acceso a los mercados de financiación e incumplió pagos en 2008. El gobernador Schwarzenegger tuvo que esperar a que Obama tomara posesión de la presidencia en enero de 2009 para recibir ayuda financiera del gobierno federal. Mientras tanto, creó una nueva moneda denominada «IOU» con la que pagó a sus policías y profesores e inmediatamente entró en circulación. En la crisis argentina de 2001, a estas monedas se las denominó vulgarmente «patacones». Nada nuevo bajo el sol.

## Vuelven los ochenta, y la crisis de los países emergentes

Después de este breve repaso, hay que decir que el único referente comparable con la crisis del euro hay que buscarlo en los países emergentes en los años ochenta. La crisis empezó en México y se extendió como la pólvora por América Latina, África y los países asiáticos. El hecho de comparar países de bajo nivel de renta y menor desarrollo institucional con países desarrollados nos obliga a ser muy cuidadosos con el análisis y, sobre todo, con las conclusiones.

Los países latinoamericanos también sufrieron los efectos de la Gran Depresión, pero con mucha menor intensidad que Estados Unidos y los países europeos. No obstante, tras la Segunda Guerra Mundial vivieron un período de esplendor económico con un promedio de crecimiento del 6 % del PIB. En 1973, la crisis del petróleo contagió al resto de las materias primas, lo que benefició mucho a los países emergentes ya que, en general, eran exportadores de primeras materias. En 1982, estos países aterrizaron bruscamente.

La crisis generó el antecedente de los actuales desequilibrios globales. Los países productores de materias primas, principalmente los de Oriente Próximo, comenzaron a acumular elevados superávits por cuenta corriente que necesitaban invertir. Asimismo, Japón y Alemania, dos países muy exitosos en su proceso de industrialización e internacionalización, acumularon superávits por cuenta corriente crónicos que necesitaban invertir. Los países emergentes partían de bajos niveles de capital físico, humano y social, y requerían una gran inversión; por lo tanto, el maridaje era perfecto.

La desregulación financiera y la eliminación progresiva de los controles a los movimientos de capital favorecieron enormemente el proceso. Los ahorradores demandaban inversiones seguras y la banca internacional, sobre todo la estadounidense, fue el intermediario entre unos y otros.

La segunda crisis del petróleo, en 1979, provocó una profunda recesión en los países desarrollados y bajó su demanda de fondos prestables internacionales, desviando esos flujos hacia países emergentes. Brasil, México y Argentina fueron los mayores demandantes de crédito. En diciembre de 1979, el volumen de los créditos concedidos a estos tres países alcanzaba un valor de 56.600 millones de dólares; dos años después, en diciembre de 1981, la cifra casi se había duplicado, 104.500 millones.

Dos citas ilustran cómo el paradigma ideológico favoreció el proceso. La primera es del ya mencionado Milton Friedman, premio Nobel de Economía; ante la pregunta de un periodista acerca de los excesivos riesgos que la banca norteamericana estaba concentrando con gobiernos de países emergentes, Friedman respondió: «Ésa no es ninguna preocupación, es un problema puramente privado». La segunda corresponde a Walter Wriston, presidente de Citicorp, quien decía en 1981: «Los países nunca quiebran». Ambos estaban equivocados.

La recesión en Estados Unidos comenzó en enero de 1980. La Reserva Federal bajó los tipos desde el 14 % en enero hasta el 9 % en julio, cuando la economía comenzó a crecer de nuevo. La recesión tan sólo duró seis meses, convirtiéndose en la más corta desde 1857, pero la fase de recuperación se iniciaba con una tasa de inflación de dos dígitos, algo inédito en la historia estadounidense.

El entonces presidente de la FED, Paul Volcker, se apoyó en las propuestas monetaristas de Friedman y pasó a fijar un objetivo cuantitativo de crecimiento de la cantidad de dinero, dejando que el tipo de interés fuese la variable de ajuste. Los tipos pasaron del 9 % en julio de 1980 al 19 % en enero de 1981, y se mantuvieron próximos al 20 % hasta el verano, lo que provocó la recesión más profunda y prolongada desde la Gran Depresión.

México, Brasil y Argentina tenían buena parte de su deuda externa en dólares, por lo que eran extremadamente sensibles a la condición monetaria imperante en Estados Unidos. Los tipos de interés se situaron muy por encima del crecimiento de las exportaciones y la deuda acabó siendo insostenible. En palabras de un alto responsable de política económica de América Latina: «Volcker mató la inflación, pero también mató a América Latina».

En agosto de 1982, México anunció que incumpliría pagos de su deuda externa y, a continuación, le siguieron la mayoría de los países emergentes altamente endeudados de América Latina, África y Asia. José Ángel Gurría, actual director de la Organización para la Cooperación y el Desarrollo Económico (OCDE), era entonces el representante de México en las negociaciones. Del mismo modo que ha sucedido durante esta crisis, la primera reacción fue concentrar todas las culpas en los países deudores y en sus desequilibrios macroeconómicos, especialmente de sus finanzas públicas, y refinanciarles la deuda a cambio de condicionalidad y profundos planes de ajuste liderados por el FMI.

La financiación fue facilitada por la banca acreedora, asistida por la apertura de líneas extraordinarias de la FED. Si la banca norteamericana hubiera declarado esos créditos en mora y hubiera tenido que provisionarlos, habría entrado en quiebra técnica, de ahí la reacción del gobierno estadounidense.

En 1985, los países seguían en crisis y su ratio de deuda externa sobre las exportaciones había aumentado. La FED presionaba al gobierno para que encontrase una solución al problema, pues las líneas de liquidez abiertas reducían el margen de su política económica dirigida a contener la inflación.

La reacción fue el Plan Baker, créditos concedidos por el gobierno estadounidense a los países deudores, con la condición de que los destinaran al pago de la deuda contraída con los bancos norteamericanos. La solución propuesta dotaba de liquidez al deudor para evitar declarar los créditos en mora, reconocer la quiebra de los bancos y recurrir al dinero del contribuyente estadounidense para recapitalizarlos. Hay que recordar que esta crisis de deuda coincidió en el tiempo con la de las cajas de ahorro en Estados Unidos, que tuvieron un coste para los contribuyentes del 4% del PIB de la época.

Carlos Salinas de Gortari, candidato a la presidencia de México, afirmaba en 1987: «Si no crecemos, no pagamos». Esto precipitó el proceso y puso en marcha un nuevo plan. El Plan Brady afrontaba los problemas de solvencia con una reestructuración de la deuda para retornarla a la senda de la sostenibilidad. Si los deudores aceptaban las condiciones de la reestructuración, los países endeudados canjearían préstamos por bonos que tendrían la garantía implícita del Tesoro de Estados Unidos. Las negociaciones fueron extremadamente complejas ya que los acreedores dudaban de la capacidad de pago tras la reestructuración en la que tenían que aceptar una quita.

Se ofrecieron tres tipos de bonos en los que se alargaban los plazos de devolución, se recortaban significativamente los tipos de interés, se ofrecían carencias de pago a corto plazo y se aplicaba una quita sobre el principal del préstamo. Todos estos cambios supusieron un descuento en valor presente de los bonos próximo al 35%. Los bonos salieron a cotizar al mercado en 1989. Al principio no tuvieron mucha aceptación, pero en menos de seis meses registraron una fuerte demanda inversora atraída por la elevada rentabilidad y la garantía implícita del Tesoro estadounidense. Nuevamente, la codicia de los inversores se impuso a su memoria, lo cual demostraba que la vida sigue después de un incumplimiento de los pagos.

Tras el Plan Brady, el pago de intereses de la deuda de los países deudores cayó bruscamente. Los países se liberaron de la austeridad fiscal y las economías retornaron a una senda de crecimiento sostenido que mejoró su capacidad de pago. Los precios de las materias primas subieron y los tipos de interés empezaron a caer en Estados Unidos. El valor de sus exportaciones mejoró y la deuda volvió a ser sostenible.

Las condiciones de los bonos Brady eran significativamente más favorables que las de los créditos originales refinanciados. Además, en 1992 los tipos de la FED cayeron al 3% y los países pudieron acceder de nuevo a los mercados internacionales para financiarse a tipos de interés más favorables que los de los bonos Brady. Por esta razón, en 1996 México amortizó el 100% de sus bonos Brady, veinte años antes de su vencimiento.

GRÁFICO

*Producto Interior Bruto*

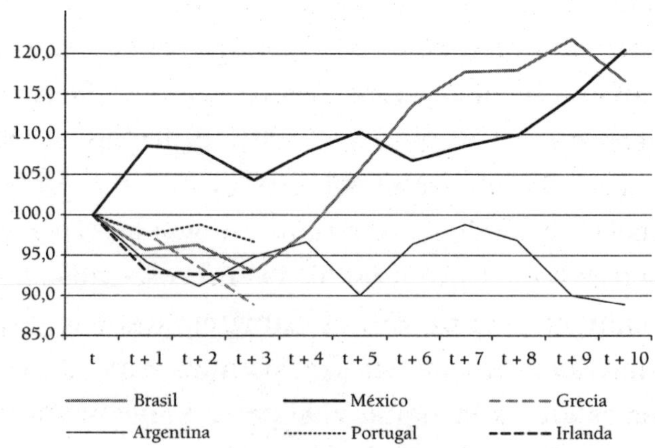


FUENTE: Fondo Monetario Internacional.

En 1982, los modelos del FMI anticipaban una suave recesión y una pronta recuperación para los países deudores. Lo mismo que sucede ahora en la crisis del euro y para nuestra querida España. La realidad fue una década perdida en América Latina. En el gráfico podemos observar cómo la economía se frena en seco. Brasil tardó cuatro años en iniciar una fase de recuperación; México estuvo ocho años estancada, y una década después, Argentina tenía un PIB un 10 % inferior al de 1981. También se puede comprobar que la caída del PIB de los tres países intervenidos en la crisis del euro supera ya la ocurrida en América Latina en los años ochenta.

## El complejo de superioridad de Europa

El cierre de la financiación exterior fuerza al país a eliminar su déficit por cuenta corriente y el camino es un aumento del ahorro y un desplome de la inversión. El frenazo provoca una crisis bancaria y la restricción de crédito lleva a las economías a la depresión. Se produce una intensa depreciación del tipo de cambio que acentuaba el aumento de la deuda externa denominada en dólares. Las tres eran economías que dependían mucho de las importaciones, y la depreciación del tipo de cambio acabó generando hiperinflación en Brasil y Argentina e inflación galopante en México.

La teoría dice que la devaluación favorece el trasvase de capital y trabajo del sector de bienes no comercializables internacionalmente al de bienes comercializables, y que las economías salen de la crisis gracias a las exportaciones. El problema es que, al colapsar el sistema bancario, la falta de crédito limita la capacidad de trasvasar capital y de acometer nuevas inversiones. Por esta razón, el ajuste se produce con fricciones y las economías se mantienen durante muchos años alejadas de su senda de crecimiento potencial.

En esta dinámica tan extrema, la solución fisheriana de reflotar la deuda con inflación no basta por sí sola. El elevado endeudamiento en moneda extranjera, junto con la fuga de capitales, limita la capacidad del Banco Central para estabilizar la deflación de deuda y evitar la crisis bancaria. Cuando los inversores internacionales ven incrementar la cantidad de dinero en circulación, aumentan sus expectativas inflacionistas y deshacen posiciones en el país, intensificando la restricción de crédito y la depresión.

Si el Banco Central prosigue en la financiación del Estado o del sistema bancario para evitar su quiebra, la dinámica acaba en hiperinflación. La hiperinflación aumenta significativamente la incertidumbre, frena la acumulación de capital y conduce al estancamiento económico. Además, la hiperinflación hace que la capacidad adquisitiva del ahorro acumulado desaparezca y favorece el colapso de las economías. Por este motivo, es necesario volver a estructurar la deuda para retornar a la senda de la estabilidad y liberar al país de la restricción de crédito, que es la principal limitación del crecimiento.

Es evidente que hay similitudes entre la crisis de la deuda de los ochenta y la actual del euro. Sin embargo, los europeos llevamos ochenta años sin padecer una crisis de este tipo, y no tenemos experiencia en su gestión. Además, gracias a nuestro complejo de superioridad, creemos que los latinoamericanos no pueden enseñarnos nada. Grave error estratégico.

Enrique Iglesias, de la Secretaría Iberoamericana, es seguramente el economista que más sabe de las crisis de deuda por su experiencia en la mayoría de ellas tanto desde la CEPAL como desde el Banco Iberoamericano de Desarrollo. A finales de 2011 organizó un seminario en Madrid donde invitó a varios ex ministros de Economía latinoamericanos y responsables del FMI para contar sus propias experiencias en la gestión de la crisis. También asistieron responsables de la política económica del nuevo gobierno español, así como de gobiernos anteriores.

Como reflejo de este complejo de superioridad, observé que la mayoría de los ponentes españoles llegaban, daban su charla y se marchaban sin escuchar al resto de los participantes. Sin embargo, durante aquellos dos días viendo a excelentes economistas compartir sus experiencias, aprendí más que nunca acerca de esta rara patología económica.

## Lecciones sobre las crisis latinoamericanas

Los europeos estamos repitiendo punto por punto todos los errores que se cometieron en aquella crisis. Dice el refrán que «nunca es tarde si la dicha es buena», por lo que aún estamos a tiempo de aprender de los aciertos y los errores y poner fin a esta maldita crisis que tanto sufrimiento está provocando a millones de ciudadanos europeos. Pero no nos engañemos: el enfermo se encuentra tan afectado después de tres años de error en el diagnóstico y la medicación, que la solución no será sencilla, y la recuperación será más dilatada en el tiempo, así como más costosa para los contribuyentes y desempleados europeos.

### *La euforia financiera siempre se desborda*

No falla nunca. Estas dinámicas de endeudamiento siempre empiezan con fundamentos económicos que las justifican, pero en los momentos finales, previos al suceso que las desencadena, las dinámicas se alejan de los fundamentales. Entonces, tanto deudores como acreedores pierden el sentido de la realidad y se incumple uno de los principios básicos de la prudencia bancaria: «Nunca debes dar un crédito a quien no va a poder pagar».

*La negación de la realidad sólo empeora las cosas*

La detección precoz junto con una intervención quirúrgica urgente son determinantes. Normalmente, una reestructuración con la quita de deuda supone reducir el pasivo y alguien tiene que perder en el activo. Cuando se consigue equilibrar el balance, el capital ha desaparecido y es preciso que alguien lo reponga. En último término, se socializa la deuda y al contribuyente de los países acreedores le toca pagar los platos rotos.

Tanto los acreedores privados como sus gobiernos disponen de incentivos para no cooperar al principio e imponer fuertes medidas de austeridad que hagan recaer toda la carga sobre el deudor. Si su estrategia tiene éxito, el coste para el contribuyente será cero. Pero no es una estrategia realista; lo normal es que la crisis de deuda y la restricción de crédito impidan el crecimiento, los activos del país se devalúen significativamente y al final la quita y el coste para los contribuyentes sean mucho mayores que si se hubiera intervenido rápidamente.

*Deudores contra acreedores*

Unos y otros son las dos caras de una misma moneda y están condenados a entenderse. Los deudores son responsables por sobreendeudarse y los acreedores por financiarles cuando las dinámicas son insostenibles. Sin embargo, ambos se culpan mutuamente de la crisis.

Existen incentivos perversos tanto para los acreedores como para los deudores que les llevan a no cooperar. El juego acaba en un dilema del prisionero y los costes para los contribuyentes de ambas partes son significativamente mayores que en el escenario cooperativo. La historia nos enseña que los deudores son honorables si los acreedores son razonables.

Valga mi hipoteca como ejemplo: hace años cometí el pecado original de endeudarme para adquirir una casa donde criar a mis hijos al no tener dinero suficiente para comprarla. Mi cuota mensual es menos del 10 % de mi renta, y la pago religiosamente. Si de pronto el banco me llama y me dice que le devuelva el 100 % de la deuda a fin de mes, no me queda más remedio que entregarle las llaves e incumplir los pagos. Esto mismo les sucede a los países que tienen crisis de deuda. Pasan de una situación de extrema accesibilidad al crédito a una de extrema restricción. Ninguna economía puede adaptarse a cambios tan bruscos, y si los acreedores no son razonables, el impago de la deuda es inevitable.

### *Hay vida después de una crisis de deuda*

Para no aceptar la realidad de la insostenibilidad de la deuda y la reestructuración, se apela al miedo y se crean escenarios apocalípticos. Chipre ha sido la última víctima propiciatoria en 2013 del miedo a no aceptar las condiciones del rescate de la Troika, pero si la política económica europea no cambia radicalmente, habrá más. La reestructuración de la deuda supone el repudio de los inversores internacionales y tiene costes sociales para el deudor, pero no es un castigo eterno. Cuando la deuda retorna a la senda de la estabilidad y la economía vuelve a crecer, se regresa a la financiación internacional. Si la reestructuración se produce con el apoyo financiero del FMI y un plan de ajuste y de reformas, el plazo medio de retorno a la financiación internacional es de dos años.

Islandia es un ejemplo magnífico y, además, reciente. El sistema bancario islandés había alcanzado un tamaño de diez veces su PIB, y en 2008 quebró en su totalidad. ¿Cuál fue la opción de los islandeses? Aplicaron fielmente la recomendación del libro del Deuteronomio que encabeza este capítulo.

Era la decisión más sencilla, ya que si el gobierno islandés hubiera asumido la deuda de sus bancos con los inversores extranjeros, habría condenado a las siguientes veinte generaciones a pagarla, seguramente sin éxito. Por este motivo, eligieron permitir la quiebra de sus bancos y no pagar el 100 % de la deuda a los depositantes extranjeros.

No obstante, el caso islandés se ha mitificado y se analiza ahora con un velo romántico. Hagamos un esfuerzo de comparación que nos sirva para no perder el sentido de la magnitud. La decisión fue traumática y forzó a las familias islandesas a reducir un 25 % su consumo privado. En España el consumo se ha reducido menos del 10 % desde 2008. Además, y en contra de la visión romántica, los islandeses salvaron sus bancos después de la quiebra, igual que hemos hecho los españoles, y protegieron sus depósitos nacionales (a tu hermano hebreo perdonarás lo que esté en tu mano), con lo que su deuda pública ascendió al 25 % de su PIB. Actualmente en España, las ayudas a los bancos, incluyendo el banco malo, suponen un 10 % del PIB.

¿Qué sucedió después del impago? El tipo de cambio se

devaluó un 70% y la inflación subió un 45%. Los salarios apenas subieron y los islandeses se empobrecieron ya que sus salarios cada vez tenían menos poder adquisitivo. Pero este tipo de empobrecimiento es menos traumático que el generado cuando se bajan los sueldos y se quitan las pagas extra a los funcionarios y los pensionistas, como está aplicando la Troika en Grecia y Portugal.

Es un fenómeno conocido como «ilusión monetaria». Recuerdo cómo lo explicaba un ministro de Economía latinoamericano: en uno de los ajustes del FMI que tuvo que aplicar en su país, le tocó bajar los salarios a los funcionarios un 5%. Años después, coincidió con su secretaria de entonces en una cena, que había seguido ejerciendo con los siguientes ministros del país, y ella le dijo: «Debo reconocerte que mucho mejor con los otros que contigo. Ellos nos subieron el salario y tú nos lo bajaste». El ex ministro trató de explicarle que aquel salario respetaba su capacidad adquisitiva, ya que los precios de la cesta de la compra también habían bajado. Por el contrario, su sucesor subió los salarios un 5%, pero la inflación se había disparado un 40%, con lo que mermaba la capacidad de compra en un 35%. No pudo convencerla.

En Islandia, tras el ajuste brutal, la economía encontró de nuevo bases sólidas para crecer. Las exportaciones empezaron a aumentar con fuerza y muchos islandeses abandonaron el sector de la construcción para regresar a trabajar a las fábricas de salmón. Este crecimiento, unido a la inflación, incrementó los ingresos públicos; justo entonces el Estado paró el ajuste fiscal, favoreciendo aún más el crecimiento. Tres años después, las agencias de rating ya no consideran a Islandia bono basura y su gobierno ha vuelto a emitir deuda pública a tipos inferiores a los españoles.

¿Cómo es posible? Una vez más se cumple la máxima de que la codicia de los inversores es mayor que su memoria; aunque en este caso, la decisión de los inversores, lejos de ser irracional, tiene fundamentos económicos. En una crisis de esta magnitud, la fuga de capitales es brutal y los tipos de cambio sobrerreaccionan. Cuando la economía se estabiliza y vuelve a crecer, la probabilidad de un nuevo impago de la deuda disminuye exponencialmente, los tipos de interés son aún superiores a los de los países centrales y el tipo de cambio está infravalorado. Éste es el motivo por el que compran sus bonos.

En España la economía cae y aún hay temor de que se rompa el euro. En este escenario, nuestro tipo de cambio estaría sobrevalorado. Un inversor internacional que compra bonos en Islandia tendría una rentabilidad adicional si la corona islandesa corrigiese su infravaloración y se acabara apreciando. En el caso de una hipotética ruptura del euro, las pérdidas para un inversor internacional que invirtiera en España serían equivalentes al porcentaje de la depreciación de la peseta frente al dólar o el marco alemán. Por esta razón no nos compran bonos y nos exigen tipos de interés y primas de riesgo tan elevadas para protegerse.

Pero este economista observador no explica el caso islandés para proponer que España abandone el euro. Ni mucho menos. De hecho, en el próximo capítulo hago una propuesta para solucionar la crisis del euro. La salida de la moneda única supondría profundizar en la depresión y un mayor desempleo, y debe ser un escenario evitable. La lección de este capítulo es que incluso en el peor de los escenarios, cuando escuches las trompetas piensa que no son las del Apocalipsis sino que estamos llegando a la muralla de Jericó.

Y recuerda que siempre hay vida después de una crisis de

deuda. Es pura condición humana: la ilusión monetaria y la codicia de los inversores. Nuestro cerebro está diseñado para sobrevivir, y si no fuera capaz de eliminar las cosas negativas que nos pasan, todos estaríamos depresivos. La depresión genera ansiedad y la ansiedad erosiona la corteza arterial, con lo que aumenta el riesgo de infarto de miocardio. Por esta razón, el cerebro magnifica las cosas positivas y olvida las negativas, y en cuanto la economía vuelve a crecer, los ciudadanos nos olvidamos de la depresión, tenemos menos miedo y volvemos a consumir y a intentar mejorar nuestro nivel de vida y el de nuestros hijos.

# 8

# Una propuesta de solución para la crisis del euro

> Si no te puedes ocupar, ¿por qué te preocupas?,
> y si te puedes ocupar, ¿por qué te preocupas?
>
> SANTA TERESA DE JESÚS

Tras el análisis de la crisis de la deuda en el capítulo anterior, es evidente que la gestión de la crisis del euro no va por buen camino. En los años ochenta, el valor de la deuda externa de los países era inferior a 100.000 millones de euros. En la actualidad, sólo Grecia tiene más de 300.000 millones de euros de deuda externa bruta. Por lo tanto, la estabilidad financiera mundial está en peligro y el riesgo de una segunda Gran Depresión aún no ha desaparecido.

La crisis sería sistémica y global, por lo que debería ir acompañada de medidas en el resto de los países, que deberían coordinarse en el G-20. Por ejemplo, es necesario que el euro se deprecie para sacar a la economía de la Eurozona de la recesión.

En este libro se propondrán acciones que deben tomar los países europeos ya que somos los europeos los que hemos generado el problema y, por lo tanto, debemos ser los principales responsables de la solución.

## Reestructurar las deudas insostenibles

Ya lo hemos apuntado con anterioridad en este libro: no se trata de una crisis estacional, sino de una crisis de balance y de deflación de la deuda; en consecuencia, hasta que no se estabilice la deuda, no saldremos de la depresión.

Gráfico

*Deuda externa bruta*

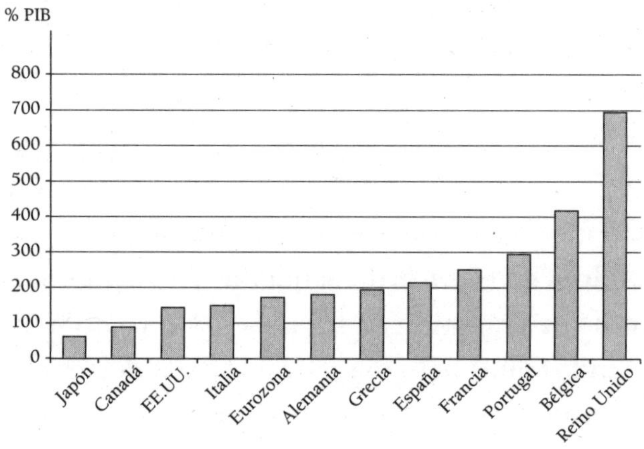


Fuente: Fondo Monetario Internacional.

Si observamos el gráfico, veremos que la deuda externa bruta de la Eurozona no es muy superior a la de Estados Unidos. La mayoría de las deudas de los países europeos son con otros países del euro. Por lo tanto, si estableciésemos una contabilidad conjunta dentro de la Eurozona, Europa estaría mucho menos endeudada que Estados Unidos. Se trata de un problema entre europeos, y a nosotros nos toca resolverlo.

Por consiguiente, la prioridad tendría que ser la reestructuración de las deudas que no pueden pagarse. Después de tres años negando la realidad, es el momento de decir la verdad a los ciudadanos de los países acreedores. Si el acreedor hubiera sido razonable hace dos años, podrían haberse tomado medidas menos drásticas, pero ahora que los inversores han sentenciado a Grecia a la insostenibilidad, ya sólo serán efectivas medidas de solvencia, no de liquidez.

Grecia es el origen del caos y hasta que no exista una solución creíble, no será posible conseguir la estabilidad financiera global. Durante la cumbre extraordinaria de julio de 2011 se aprobó la hoja de ruta para que la deuda pública griega retornara a la sostenibilidad, pero las medidas propuestas han demostrado ser insuficientes hasta el momento. Por lo tanto, hay que concretar las medidas, aprobarlas e implementarlas con la mayor celeridad y eficacia posible.

Es muy importante que la solución sea cooperativa y evitar que Grecia abandone el euro, lo cual requerirá compromisos y cesiones por parte de deudores y acreedores. La clave es reducir a corto plazo el pago de los intereses de la deuda. En 2013 Grecia debe pagar más del 8 % de su PIB y el 25 % de sus ingresos fiscales. Es preciso reducir esta cantidad hasta el 3 % del PIB. Para ello la reestructuración debe ser forzosa y ha de afectar al 100 % de la deuda pública, incluyendo los préstamos de los socios europeos, el FMI y los bonos griegos que el BCE ha comprado desde mayo de 2010.

En 2011 ya se acometió una quita de los inversores privados, pero ha sido claramente insuficiente y las proyecciones vuelven a situar la deuda pública griega próxima al 200 % del PIB, cifra que está claramente fuera de la capacidad de pago del país. También habrá que acometer una reestructuración de la deuda bancaria. El sistema bancario heleno era el principal tenedor de deuda pública y hay que reponer ese capital. Pero además tiene que asumir las pérdidas derivadas de la depresión, con el agravante de que ha padecido una fuga de depósitos superior al 30% desde que comenzó la crisis. Por lo tanto, hasta que no se estabilice la deuda bancaria, no volverán los depósitos y continuará la restricción de crédito y la depresión. Si el sistema bancario griego no se recapitaliza pronto, sucederá lo mismo que en Chipre: corralito y control de capitales. Una actuación como ésta aumentaría las probabilidades de salida forzosa del euro, con el consiguiente contagio al resto de los países afectados, incluida nuestra querida España.

La reestructuración de la deuda griega, al igual que en el caso del Plan Brady de 1987, debe ampliar los vencimientos de los bonos, reducir el tipo de interés, conceder una carencia de intereses los primeros años y aceptar una quita del principal. El problema ahora es que la magnitud de la deuda es significativamente superior a la de los países latinoamericanos en los años ochenta y la quita también tendrá que serlo. El conjunto de medidas propuestas debe suponer una quita en valor presente de los actuales bonos superior al 50% frente al 35% de la crisis de la deuda de los años ochenta.

Los nuevos bonos que emita el país después de la reestructuración deberán llevar una garantía implícita del Mecanismo Europeo de Estabilidad (MEDE), el fondo europeo de reciente creación, que sería el equivalente a la que concedió el Tesoro de Estados Unidos en 1987. Los bonos griegos ya cotizan quitas mayores en el mercado, por lo que si el plan es creíble, habrá muchos incentivos para que Grecia vuelva a financiarse en los mercados en un plazo de dos o tres años.

La siguiente premisa es sacar al país de la depresión. Recordemos a Salinas de Gortari en el capítulo anterior: «Si no crecemos, no pagamos». La reducción de la deuda situaría a Grecia próxima al equilibrio en el saldo primario, por lo que podría reducir significativamente los planes de austeridad. No obstante, su baja tasa de inversión es un hándicap, por eso es urgente concretar el «Plan Marshall» aprobado en la cumbre de julio de 2011 para que los inversores puedan evaluar el impacto que tendrá sobre la actividad y revisar las previsiones de crecimiento futuras. Desde entonces ha habido varias cumbres donde se ha seguido hablando de salvar a Grecia y al euro. Pero tanto el Plan Marshall como los estímulos con apoyo europeo para sacar a la economía de la depresión ni están ni se les espera.

A cambio, los griegos deben demostrar un mayor compromiso en las reformas exigidas por la Troika, profundizar en la lucha contra el fraude fiscal y mantener una gestión prudente de sus finanzas públicas en el futuro. La quita supondrá la quiebra del sistema bancario griego, por lo que las ayudas tienen que priorizar su pronta recapitalización.

La crisis ha agudizado la desconfianza de ambas partes en la negociación, lo cual complica la solución del problema. En estas circunstancias, es necesario que ambas partes se valgan del FMI.

En el país deudor, las instituciones democráticas empiezan a resentirse tras cinco años de depresión. Los dos grandes partidos han pasado de tener el 70% de los votos a menos del 30%. Además, ha surgido un nuevo partido de izquierdas muy populista que propugna incumplir los acuerdos con la Troika y acometer una reestructuración de la deuda de manera unilateral. El problema es que Grecia tiene mucha deuda externa y sigue teniendo déficit por cuenta corriente. Por lo tanto, necesita financiación externa para acometer la reestructuración. Habrá que elegir si el proceso se hace con apoyo de financiación externa, como en México (1994), Brasil (1998) o Islandia (2010), o sin apoyo externo, como en Argentina (2001). Pero eso lo analizaremos en el próximo capítulo, junto con los costes derivados de la no acción y los de una solución desordenada.

Más preocupante es la aparición de la ultraderecha en Grecia, que ya cuenta casi con el 10 % de apoyo de intención de voto en las encuestas. Igual que sucedió en los años treinta, las depresiones son el caldo de cultivo para la aparición del fascismo, y pensemos además que Grecia tiene parte de su territorio en los Balcanes, origen de las guerras mundiales. El fascismo acecha el poder en Hungría y ya es la tercera fuerza política en Francia. Por lo tanto, el huevo de la serpiente ha vuelto a abrirse.

## Frenar el contagio

Tanto si se opta por la reestructuración coordinada dentro del euro como por la salida de Grecia de la Eurozona, el suceso provocará un tsunami financiero. Por esta razón, es urgente tener preparados los cortafuegos. La propuesta europea es que el MEDE sea el que actúe de cortafuegos, bien comprando bonos en el mercado primario o secundario, bien otorgando garantías y avales a emisiones de bonos de los países con más problemas de liquidez. Conceptualmente es un plan correcto y hace dos años habría sido una propuesta viable, pero en la actualidad no es operativa. El MEDE no tiene capacidad a corto plazo para conseguir la financiación necesaria para una empresa de esta envergadura.

La crisis ha alcanzado tal magnitud, que la única posibilidad es que el Banco Central Europeo frene la deflación de activos y la crisis bancaria monetizando deuda. El MEDE debe usarse para absorber pérdidas y para acometer los problemas de solvencia y el BCE, para resolver los problemas de liquidez. La autoridad monetaria ya lo ha hecho desde 2010, pero tan sólo tiene en su balance bonos por valor del 6 % del

PIB de la Eurozona frente al 18% del PIB de Estados Unidos de la Reserva Federal.

En 2008 había dudas sobre las medidas heterodoxas y de expansión cuantitativa del balance, especialmente sobre la inflación. Hoy podemos decir que su impacto sobre la inflación es limitado. Es cierto que el dinero está embalsado en el sistema y que sigue habiendo un riesgo inflacionista. Pero hasta que no se resuelva la trampa de la liquidez bancaria y el crédito fluya con normalidad a las empresas y las familias no habrá inflación, siempre, por supuesto, que el euro continúe en una senda de estabilidad.

En septiembre de 2012, el BCE reaccionó y cambió sus estatutos para introducir una nueva forma de intervención: las Transacciones Monetarias Directas (OMT, por sus siglas en inglés). Es un mecanismo que permite al BCE comprar bonos en los mercados como lo hace la FED, basándose en que su compra ayudará a normalizar el ciclo de crédito, algo que entra dentro de su mandato. El BCE ya estaba comprando bonos anteriormente, pero siempre lo hacía poniendo la coletilla de «medidas extraordinarias y transitorias».

Ahora con la OMT el BCE considera que si el país con problemas está acometiendo reformas y el ajuste fiscal necesario para corregir sus desequilibrios, las medidas tardan un tiempo en surtir efecto. Por lo tanto, con la compra de bonos se concede el oxígeno y el tiempo necesarios para que las medidas tomadas tengan éxito. No obstante, la compra de bonos bajo la OMT está condicionada a que el país pida el rescate, y ya hemos explicado anteriormente que los rescates están fracasando en su objetivo de estabilizar la deuda. En definitiva, la intervención del BCE es necesaria pero será insuficiente si el país no retorna a la senda de la sostenibilidad.

Además de exigir el rescate, el BCE exige que el país tenga acceso a los mercados de financiación. A diferencia de Grecia, Portugal e Irlanda están sometidos a un rescate y la Troika elogia sus esfuerzos. Sin embargo, ambos países siguen sin poder financiarse con normalidad en los mercados; por eso el BCE no los apoya con la compra de bonos. Por lo tanto, la OMT y la compra de bonos estarían diseñadas para Italia y España. Pero cuando el país pide el rescate, las agencias de rating lo sitúan en bono basura y se queda fuera de los mercados de financiación, ¿y también de la OMT del BCE? Una vez más, la maldición europea de llegar siempre demasiado tarde a los problemas y con planes sin la suficiente contundencia para resolverlos.

El BCE también debería ampliar su programa de compra de cédulas hipotecarias. En 2009, con tan sólo 60.000 millones y el 0,6 % del PIB de la Eurozona, consiguió abrir este mercado clave para la financiación del sistema bancario europeo. La tasa de impago de las cédulas en Europa ha sido del 0 %, por lo que el BCE ha obtenido unas enormes plusvalías y ha suavizado los efectos de la restricción de crédito sobre la tasa de paro, el cierre de empresas y, por lo tanto, sobre las finanzas públicas.

La tensión en los mercados dificulta el acceso a los mercados de financiación mayorista de la banca europea, y esta medida sería extremadamente eficaz ya que, en este caso, el BCE sí puede comprar directamente en los mercados primarios y ayudaría a abrir de nuevo la ventana de las emisiones. La clave para estabilizar los mercados secundarios de bonos corporativos es que los mercados primarios comiencen a funcionar.

La reducción de los diferenciales de deuda corporativa tendrá un reflejo inmediato en las bolsas, aumentando la valoración de los bancos y recapitalizándolos de manera indirecta. También provocará una rebaja de los tipos de interés con que los bancos prestan a las empresas. Así pues, habrá más crédito y más barato, y aumentará la inversión y la creación de empleo. Sin duda, la compra de cédulas hipotecarias es el camino más eficaz para vencer la trampa de la liquidez bancaria en la que nos encontramos.

La fobia de la sociedad alemana a la inflación es el principal problema del BCE y explica sus reticencias a monetizar deuda. No podemos olvidar que el euro hereda la soberanía monetaria del marco alemán, y que el BCE se diseñó a imagen y semejanza del Bundesbank.

En la década de 1920, Alemania tenía que hacer frente a las reparaciones pactadas en el Tratado de Versalles después de perder la Primera Guerra Mundial. Su deuda entró en insostenibilidad y el país optó por aumentar el dinero en circulación para financiar los pagos. Aquello provocó una fuga de capitales y una hiperinflación semejante a la de los países de América Latina en los años ochenta.

Ahora su problema principal es el endeudamiento privado y el desapalancamiento, que provoca la contracción de la demanda efectiva, con el consiguiente riesgo de deflación y «japonización». Existe una opción indirecta de monetización que consiste en dar al MEDE licencia bancaria y permitirles acceder a las subastas del BCE para financiar sus operaciones. François Hollande hizo esta propuesta en una cumbre europea nada más llegar a la presidencia de Francia, pero, una vez más, la medida fue vetada por Alemania.

## Cambiar el sesgo de la política fiscal

El esfuerzo de estímulo de la Eurozona se hizo en 2008 para salir de la Gran Recesión, y se retiró muy pronto, antes que en el resto de los países. La evidencia muestra que la retirada de estímulos fue prematura y que ha contribuido a profundizar la crisis del euro. Tanto la demanda privada europea como el consumo privado mundial siguen muy débiles, por lo que la estrategia europea de salida únicamente a través de las exportaciones no es viable. Por esta razón, hay que empezar por resolver la crisis griega y evitar el contagio, pero además es preciso continuar desarrollando medidas para evitar una nueva recesión en Europa. La recesión amplificará la restricción del crédito.

Los países que están sometidos a más tensión en los mercados no tienen margen de estímulo fiscal, pero se debe suavizar sus sendas de consolidación y retrasar el cumplimiento del objetivo del 3% de déficit hasta 2016. Esto supone una tercera parte de la Eurozona; por lo tanto, las otras dos terceras partes deberán aprobar planes de estímulo. De lo contrario, la política fiscal del conjunto de la Eurozona será contractiva y continuará la recesión, la destrucción de empleo y la restricción del crédito.

Los países que se están beneficiando de la recepción de flujos —principalmente Alemania— deben implementar con urgencia el paquete de estímulos. El gobierno alemán ya ha anunciado una rebaja de impuestos en 2013, pero es insuficiente. Sería necesario un plan de inversiones públicas y activar un plan de estímulo para la compra de automóviles como el de 2009 y que fue tan eficaz para reactivar las ventas y evitar la quiebra de buena parte del sector del automóvil europeo. Francia no tiene tanto margen como Alemania, pero ha aprobado un presupuesto ligeramente restrictivo para 2013, lo cual es un error. Este presupuesto intensificará la recesión en Francia y podría ser un acicate más para que sus bonos pierdan la calificación AAA y para aumentar la especulación. Esto provocaría problemas de financiación al Tesoro y la banca francesa, complicando enormemente la resolución de la crisis del euro. Alemania y Francia suponen más del 50 % del PIB de la Eurozona, y junto a España e Italia, el 80 %. Por lo tanto, sus políticas fiscales serán las que determinen las del conjunto del área.

El problema aquí es de nuevo moral, y en este caso está liderado por Angela Merkel. No es la única, ya que Cameron, Sarkozy, Rajoy o Passos Coelho también hicieron suya la bandera de la austeridad como solución a la crisis del euro. Pero Merkel tiene elecciones en 2013 y la austeridad es su única bandera a la que agarrarse para mantenerse en el poder. Steinbrück, el líder del SPD que puede salir elegido canciller con el apoyo de los Verdes, es mucho menos dogmático aunque también esté influido por la moral germana, y sería menos reacio a reactivar la economía mediante estímulos, así como a la creación de eurobonos y avanzar en la unión fiscal europea.

### Corregir los desequilibrios locales

Como hemos explicado anteriormente, el superávit crónico por cuenta corriente alemán y los déficits de otros países fueron una de las causas de la crisis y siguen siendo una amenaza para la estabilidad financiera de la Eurozona en el futuro. Los países con déficit deben acometer políticas que incentiven el aumento de sus tasas de ahorro y adecuar sus tasas de inversión. España ya ha pasado de un déficit por cuenta corriente en 2007 del 10 % del PIB a un ligero superávit previsto para 2013. El resto de los países también han reducido el déficit, pero con menor intensidad.

España tenía una tasa de ahorro similar al promedio europeo antes de la crisis, y el problema ahora es el desahorro público. Por lo tanto, el ajuste fiscal es necesario. La clave es adecuar el ajuste al ciclo y reducir su intensidad hasta que la economía salga de la depresión. España adolecía de sobreinversión, especialmente en vivienda, y el frenazo del boom residencial ha resuelto el problema, a costa, sin embargo, de provocar la depresión y de una digestión prolongada y costosa de los excesos.

La corrección de los déficits de Grecia y Portugal es el caso más problemático y el que llevará más tiempo solucionar. Ambos países necesitan elevadas tasas de inversión para aumentar su productividad y su competitividad, pero parten de unas tasas de ahorro ínfimas, asociadas a sus elevados déficits públicos. Pero sin duda el caso más complejo de resolver es el superávit crónico alemán.

Para los desequilibrios globales es posible emplear los tipos de cambio para favorecer la corrección de esos desequilibrios, pero dentro de la Eurozona no existe esta posibilidad. El problema es similar al que provocó el enfrentamiento en 1944 entre John M. Keynes, asesor del gobierno británico, y Harry D. White, secretario del Tesoro norteamericano, en Bretton Woods. Estados Unidos tenía entonces un superávit por cuenta corriente crónico, como es el caso actual de Alemania, y exigió que se estableciesen sanciones y mecanismos de ajuste forzosos para los países que incurrieran en déficits estructurales por cuenta corriente, igual que ha hecho Alemania.

Keynes exigió introducir la «cláusula de la nación más favorecida» para tomar medidas que corrigiesen el superávit estadounidense ya que conceptualmente es imposible corregir sólo los déficits, y el superávit también refleja desequilibrios. Lo solucionaron convocando la firma del acuerdo una hora antes de que llegara Keynes, y la cláusula no se incluyó. Luego el problema se resolvió con el boom de consumo de Estados Unidos y con sus déficits públicos crónicos para financiar las guerras de los años sesenta.

El consumo en Alemania está estancado desde 2000 y no tiene una fácil explicación. Como Japón, Alemania cuenta con un sector exportador eficiente, pero su consumo privado, su sistema bancario, la productividad en el sector servicios y el envejecimiento de su población también recuerdan al caso japonés. En este escenario, medidas de estímulo fiscal reducen el ahorro público y reactivan el consumo privado, por lo que también ayudan indirectamente a reducir el ahorro privado, que es el principal problema.

Cuando hablas con economistas alemanes, incluso aquellos que han formado parte del Consejo de Sabios que asesoran al canciller, destacan que el ahorro y la austeridad son parte de la cultura alemana. El resto de los europeos hemos tenido que cambiar radicalmente nuestras costumbres desde 2008, pero ya se sabe que para los alemanes «todos somos iguales, pero unos más iguales que otros». A principios de los años ochenta la renta por habitante de un alemán era un 20 % menor que la de un estadounidense. Hoy es un 35 % inferior. O la sociedad alemana reconoce que tiene una economía enferma que incluso con tipos del BCE próximos al 0 % no consigue crecer, o la crisis del euro no tiene solución.

En la Eurozona no hay tipo de cambio, por lo tanto la corrección de desequilibrios con el exterior debe hacerse por la vía de los salarios. En este sentido es igual de importante aplicar la moderación salarial en los países altamente endeudados como medidas de estímulo en Alemania para que aumenten los salarios. Desde 2009, la recuperación de la economía y sobre todo la intensa reducción de su tasa de desempleo han permitido un aumento de los salarios, lo que sería equivalente a una apreciación de la divisa. Pero en 2012 la creación de empleo se ha parado en seco y el proceso de alzas salariales también lo hará en 2013.

Un plan de estímulo fiscal que reactive el crecimiento y la creación de empleo en Alemania pondría en marcha de nuevo el mecanismo de alzas salariales. El BCE, al igual que le sucedía al Bundesbank, tiene verdadera obsesión con los salarios alemanes y ante la menor presión endurece la política monetaria. Ésta fue la principal causa de la subida de tipos de interés en 2008, y también su mayor error desde su creación, puesto que la economía ya había entrado en la peor recesión de los últimos ochenta años.

El BCE debe ser tolerante con el aumento de los salarios en Alemania siempre que no sobrepasen unos incrementos del 5 % anual. Lo mismo que sucede con la política fiscal sucede con la inflación. El BCE tiene como objetivo mantener la inflación de la Eurozona no muy alejada del 2 %. Si utilizamos el deflactor de precios del PIB que incluye en la cesta todos los bienes y servicios y no sólo los de consumo, en 2012 el conjunto de la Eurozona se mantuvo próximo a cero flirteando con la deflación.

En Grecia hay deflación y en España y Portugal el deflactor de precios del PIB, que incluye todos los precios de la economía y no sólo los del consumo, está prácticamente estancado. Por lo tanto, para alcanzar un promedio próximo al 2 % es necesario que los países que no están sometidos a la crisis financiera y son receptores de los flujos de ahorro tengan un aumento de precios por encima del 2 %. Sin embargo, en Alemania el deflactor apenas creció un 1 % y en Francia, próximo al 1,5 %. Por lo tanto, medidas de estímulo en Alemania que permitan que la economía vuelva a crear empleo y subidas salariales por encima del 2 % serían necesarias para corregir los desequilibrios dentro de la Eurozona.

## Recapitalizar el sistema bancario europeo

La reestructuración de las deudas supondrá una erosión de la capitalización del sistema bancario europeo y ya se ha diseñado el MEDE para intervenir. Pero de nuevo su actuación está sometida a la consulta de los diecisiete gobiernos, no se ha concretado cuál será el procedimiento y no tiene financiación, por lo que no es operativo tal como ha quedado demostrado durante la crisis de Chipre en marzo de 2013. En la crisis de los años ochenta se concedió a las entidades tres años de margen a los bancos afectados para sanear sus pérdidas tras la aprobación del Plan Brady. En la actualidad, la crisis de la deuda se junta con las pérdidas derivadas de la crisis financiera y los inversores dudan sobre la solvencia de las entidades y temen la infraestimación de dotaciones.

Hacer tests de estrés y exigir de manera generalizada un 9 % de capital principal no es la solución. Habría que tratar banco por banco, expediente por expediente y bono a bono para identificar las entidades con una capitalización débil y dar una solución integral. Al final el invento de los tests de estrés sólo está sirviendo para eliminar el estrés a los supervisores financieros.

Siempre que se habla de recapitalizar bancos se mira al sur de Europa. Por supuesto que los bancos de los países más afectados por la depresión y la fuga de capitales necesitan ayudas. Pero los que más ayuda precisarán serán los bancos franceses, holandeses y alemanes. Estas entidades fueron muy activas en el sistema bancario en la sombra y están cargadas de activos y de exposición a países periféricos. Se mira con lupa sus tenencias de deuda pública, pero la mayor exposición corresponde a la deuda privada y especialmente la interbancaria. Muchos de estos bancos cuentan con filiales en los países más vulnerables de quitas y el riesgo de pérdidas de capital es elevadísimo, como ha quedado demostrado en Grecia.

La mayoría de los países ya tienen comprometida su deuda pública con su sistema bancario, incluida Alemania. El gobierno de Merkel ha invertido más del 10% de su PIB en ayudas públicas, la mayoría a través de un banco malo. Un informe de Moody's de finales de 2012 sigue pintando un escenario desolador para la banca alemana. La agencia califica a 41 bancos que representan el 85% del mercado de crédito de Alemania. La mitad ya son bonos basura o están a punto de serlo.

Por lo tanto, a pesar de las ayudas públicas, el sistema bancario alemán padece serios problemas de solvencia y necesita más capital. Además, estos bancos tienen la menor rentabilidad de la Eurozona en el negocio tradicional y la peor ratio de eficiencia. Esto significa que, además de recapitalizar, Alemania debe reestructurar su sistema bancario, hacerlo más pequeño y más eficiente. Y aún no han empezado.

En Francia no faltan problemas, por eso Hollande ha sido el gran valedor del proyecto de unión bancaria. Sin embargo, Merkel se ha dedicado a poner todos los palos en las ruedas posibles durante el proceso. Hollande ha conseguido grandes avances, como que el BCE sea el inspector único y que supervise a todos los bancos europeos y no sólo a los grandes, como proponía Alemania.

Sin embargo, Merkel ha conseguido vetar la creación de

un fondo de garantía de depósitos único y una entidad liquidadora también europea. Ambas instituciones necesitarán fondos y, por lo tanto, sería la antesala de la futura unión fiscal. Cada vez que existe la mínima posibilidad de mutualizar las pérdidas, Merkel siente la presión de sus votantes y bloquea cualquier avance. Chipre es un buen ejemplo. Sus bancos han quebrado y el respaldo es la deuda pública de Chipre, que tampoco puede pagar. La existencia de una unión bancaria con un fondo de depósitos y una entidad de liquidación comunes, como en el modelo estadounidense, resolvería este problema. De este modo, el dinero de otros países y un eurobono respaldarían el rescate a Chipre, y eso permitiría que los inversores y los depositantes no temieran por su dinero, evitando la fuga de capitales y de depósitos.

La posición de los alemanes como acreedores es entendible pero también indicativa de que no han leído la historia de las crisis de deuda y no han aprendido ninguna de las lecciones que hemos analizado anteriormente. Les bastaría con leer la cita del Deuteronomio con la que comenzábamos el capítulo 7. En el próximo capítulo analizaremos los costes de la no acción que Merkel o ignora, algo poco probable, o está ocultando a sus votantes.

## Reforzar la agenda de reformas

Conceptualmente, una economía puede generar más actividad con más empleo, con más capital por trabajador, con más innovación y, lo normal, con una combinación de las tres. La historia nos enseña que incluso con una política económica óptima, la crisis tras el sobreendeudamiento colapsa el canal crediticio y la digestión es lenta y se tarda varios años en volver a la normalidad en los mercados de crédito. La limitación del sistema bancario para atender con normalidad la demanda de crédito limita la acumulación de capital de las empresas y el potencial de crecimiento de la renta por habitante.

La reacción natural es que las empresas se desafecten del crédito y autofinancien sus inversiones, pero la solución óptima consiste en una mayor innovación y un uso más eficiente de los recursos. Por esta razón es prioritario que los países europeos pongan en marcha las medidas anteriormente analizadas.

La agenda de reformas en Europa lleva años durmiendo el sueño de los justos, por lo que el compromiso político debe ser firme. Si es creíble y se concreta la hoja de ruta a medio plazo para aplicar los planes de reformas, aumentará la previsión de potencial de crecimiento y ayudará a resolver las dudas sobre la sostenibilidad fiscal.

Alemania comete el mismo error que las comunidades autónomas en España. Madrid defiende que su gestión es eficiente ya que su tasa de paro es muy inferior a la media de España. Sin embargo, ésta es el doble que el promedio europeo. En Alemania la tasa de paro es baja, pero su renta por habitante es inferior a la de Estados Unidos y la distancia, lejos de disminuir, aumenta. Sin embargo, se compadecen y comparan con los países afectados por la crisis financiera donde la situación, como bien sabemos en nuestra querida España, es mucho peor. Europa cada día pinta menos en el tablero de la geoestrategia mundial y necesitamos recuperar un proyecto ambicioso que nos vuelva a situar en la vanguardia.

También son necesarias reformas institucionales para reforzar los puntos débiles del proyecto europeo. El principal es el desarrollo de una política fiscal que complemente la unión monetaria. La crisis ha evidenciado que el proyecto no será el de los Estados Unidos de Europa, pero es necesario ceder soberanía fiscal al centro para que pueda resolver problemas como los que se han planteado en esta crisis. La unión bancaria exige una entidad de liquidación de bancos y un fondo de garantía de depósitos común, y ambos necesitarán el respaldo de un Tesoro único y de un eurobono. La unión bancaria que estamos desarrollando es el camino hacia la unión fiscal y será necesaria más unión política y más cesión de soberanía de los parlamentos nacionales al Parlamento Europeo.

En 2010 era impensable un fondo europeo como el MEDE, que es el predecesor del eurobono. De nuevo Europa vuelve a avanzar en una crisis. No obstante, para seguir avanzando es necesario el compromiso de los gobiernos y reducir la tendencia al nacionalismo que ha surgido desde 2008 y que es el enemigo que en el siglo XX llevó a Europa a su destrucción en dos ocasiones.

# 9

# Los costes de la no acción y el riesgo de que se rompa el euro

> La historia es la suma total de todas aquellas cosas que hubieran podido evitarse.
>
> KONRAD ADENAUER

La Unión Europea es una creación política proyectada para evitar que una nueva guerra se desatara dentro de las fronteras de Europa por tercera vez en el transcurso de un siglo. Los primeros acuerdos de cesión de soberanía se hicieron en torno a órganos supranacionales como la Comunidad Europea del Carbón y del Acero (CECA), destinado al control de la producción de estas materias primas en Francia y Alemania, básicas para la fabricación de armamento. A esta iniciativa le siguieron otras, que culminaron en el área económica común que supone el euro.

El euro es el primer experimento monetario del siglo XXI. No es el primero de la historia y tampoco será el último, pero afecta a una economía como la de la Eurozona que suma el 15% del PIB y el 40% de las exportaciones mundiales.

## Pros y contras de la Unión Europea

Europa nunca ha sido un área monetaria óptima en términos puramente económicos. Si un país sufre una perturbación asimétrica que no afecta al resto de los países miembros y ve variar su tasa de paro, no puede compensarla con trabajadores que migran a otros estados en los que las tasas de desempleo son más bajas. La burbuja en España es un buen ejemplo. Durante los años del boom, España creaba un tercio de los empleos de la Eurozona, pero estos puestos no los cubrían trabajadores provenientes de Alemania, que entonces padecía una tasa de paro histórica, sino que llegaban inmigrantes de fuera del área común. De modo semejante, cuando estalló la burbuja española y nuestra tasa de paro se disparó, el número de trabajadores españoles contratados en Alemania ha sido poco menos que simbólico.

El referente de área monetaria óptima siempre es Estados Unidos. Aunque, por lo general, nos olvidamos de señalar que para conseguirlo, los estadounidenses antes tuvieron que aniquilar a los pobladores originales, pasar por una guerra civil e incumplir los pagos de su deuda externa. Todas ellas acciones poco modélicas.

El proyecto europeo pertenece al siglo XXI, y por este motivo, siempre que en Asia, América o África se inician procesos de integración, miran a Europa para encontrar inspiración. Por desgracia, la crisis del euro ha puesto en cuestión el modelo. Reino Unido ha anunciado un referéndum para salirse de la Unión Europea y muchos países de la Europa del Este que tenían como objetivo entrar en el euro han anunciado que retrasan su incorporación *sine die*.

Dejando a un lado los aspectos positivos de la creación del euro, que son muchos, hay que reconocer que fue una huida hacia delante arriesgada. Desde el final del sistema de Bretton Woods, Europa había intentado evitar la competencia desleal de las devaluaciones dentro de una unión aduanera. Alemania, que contaba con la moneda más poderosa del sistema, el marco, padecía la deslocalización industrial provocada por las devaluaciones en general, y de la lira en particular. Cuando la economía italiana entraba en recesión y necesitaban reactivar el crecimiento, la medida estrella consistía en devaluar el tipo de cambio de su moneda. Por medio de la devaluación, los salarios italianos se reducían instantáneamente en comparación con los alemanes, provocando un éxodo de clientes desde Alemania hasta Italia, pues además la industria italiana se encuentra a pocas horas en autopista de Baviera. España, país muy inflacionista, también contaba con un largo registro de devaluaciones competitivas antes de entrar en la moneda única.

En los años noventa, el debate previo a la creación del euro fue muy intenso. La mayoría de los economistas —Paul Krugman, Paul De Grauwe, Charles Wyplosz, entre otros— señalaban que Europa no era un área monetaria óptima y advirtieron de los déficits institucionales en la creación del euro. Aunque se ha avanzado mucho en la libertad de movimientos de capital y de personas, los mercados de trabajo siguen segmentados, principalmente por diferencias lingüísticas y culturales, y como ya hemos señalado, cuando una región sufre una perturbación asimétrica y aumenta su desempleo, no se compensa trasvasando trabajadores a otra región, como sí sucede en Estados Unidos.

En el escenario de una elevada tasa de paro, como es el caso de nuestra querida España ahora, el país necesita trasvasar capital y trabajo del sector de bienes no transables (los que no se pueden exportar o importar, como la vivienda) al sector de los transables y necesita depreciar el tipo de cambio real. Pero dentro del euro, no es posible devaluar el tipo de cambio, lo cual implica que todo el ajuste debe hacerse por la vía de la inflación o por la vía de la productividad. Cuando el país central, Alemania, tiene inflaciones próximas al 2%, la estrategia debe ser deflacionista, y aquí aparece la complicación que advirtieron muchos economistas antes de la creación de la moneda única, y que tristemente se ha comprobado tras la Gran Recesión. Los españoles la estamos sufriendo en nuestras propias carnes, especialmente las empresas que han tenido que cerrar y los más de tres millones de trabajadores que han perdido su empleo durante la crisis.

La inexistencia de una unión monetaria óptima es claramente un aspecto negativo de la decisión de crear el euro, pero en los años noventa se resaltaron los beneficios. Los europeos ya teníamos una unión aduanera y una elevada integración comercial y, en este sentido, las políticas cambiarias nacionales eran muy desestabilizadoras. Por ejemplo, en la actualidad aproximadamente el 65% de las exportaciones españolas se concentran en la Unión Europea, y el 60% de lo que importamos proviene de nuestros socios.

Los mayores beneficios se concentraban en el ámbito financiero. La integración permitía eliminar el riesgo cambiario y las primas de riesgo, lo que provocaba una bajada de tipos de interés reales de equilibrio y, por lo tanto, aumentaba el crecimiento potencial de la Eurozona y de cada uno de los países. Este fenómeno permitía converger en renta por habitante con Estados Unidos, que registró un fuerte boom de productividad en los años noventa.

Como ya hemos avanzado, en el debate que se produjo antes de la creación del euro, muchos economistas advirtieron sobre los problemas institucionales en el diseño de la unión monetaria. Además de la ausencia de una unión fiscal que compensase las perturbaciones asimétricas, existía una segunda limitación no menos importante, según hemos visto en otros capítulos: la ausencia de un auténtico prestador de última instancia, ya que los estatutos del Banco Central Europeo eran muy restrictivos.

Después de la caída del muro de Berlín en noviembre de 1989, se optó por acelerar la unión monetaria para que se convirtiera en el ariete de la unión política europea. La grave crisis alemana del año 2000 estancó la unión política, y la crisis actual ha provocado que el proyecto de moneda única empiece a resquebrajarse.

## UNA FIRME DEFENSA DE EUROPA

El euro es ante todo un proyecto político, y mi objetivo en este capítulo es hacer un análisis de los costes de su ruptura para que la sociedad europea sea más consciente de los riesgos a los que se enfrenta. Personalmente, siempre he sido reacio a hacer públicos este tipo de análisis, pero las dinámicas desatadas desde el verano de 2011 han hecho aumentar significativamente la probabilidad de que el euro se rompa. A pesar de ser un escenario poco probable, lo cierto es que sus partidarios crecen cada día, quizá por desconocimiento de los elevados costes que acarrearía una decisión de este tipo, y que expongo a continuación.

Para despejar cualquier ambigüedad acerca de cuál es mi postura, vaya por delante esta declaración de principios: para la sociedad española, el proyecto europeo está asociado a la democracia, la libertad y el progreso. Por fortuna, mi generación no tuvo que soportar el franquismo, la censura, el No-Do, la restricción de la libertad intelectual, la prohibición de crear partidos políticos o sindicatos, del derecho de reunión y de huelga, y un largo etcétera de limitaciones a las libertades.

Desde mi infancia he podido viajar por Europa, y aún recuerdo mi primer viaje con ocho años como si fuera hoy. Todo me sorprendía: los coches, las autopistas, el diseño de las tiendas, la limpieza de las grandes ciudades o las playas nudistas. Yo nací europeo y me siento profundamente identificado con el proyecto.

Además, como economista, reconozco que para España la integración europea ha sido una bendición. Nos sacó del ostracismo, modernizó nuestra economía y nos hizo más fuertes y más competitivos. Así pues, escribo este capítulo desde la más profunda convicción europeísta y con el objetivo de ayudar a evitar la ruptura del euro, porque considero que sería un desastre para nuestro futuro y el futuro de nuestros hijos.

Pero al mismo tiempo, también como economista, soy consciente de que la economía es un medio, no un fin. El fin es el bienestar de los ciudadanos. Por este motivo, si el euro no consigue generar crecimiento y eliminar el desempleo que ha generado la depresión, será la propia sociedad la que presione a sus dirigentes para salirse de la moneda única. En este sentido, el ejemplo más obvio es Grecia: en 2007, antes del comienzo de la crisis, menos del 5 % de su población consideraba como una opción estar fuera del euro; las encuestas actuales reflejan que casi la mitad de los griegos creen que su vida sería mejor fuera de la Unión Europea.

Esto demuestra que los riesgos no son sólo económicos, sino principalmente sociales y políticos. La depresión genera pobreza y el sistema económico debe resolverla o la democracia acaba sucumbiendo. Sin dejar de lado el ejemplo de Grecia, un partido de ideología abiertamente nazi como Aurora Dorada se ha convertido en la tercera fuerza política del país, y desde hace dos años es el partido que más sube en todas las encuestas.

Chipre superará a Grecia tras el desastroso plan de rescate al que lo han sometido. Su plan comete los errores de los planes anteriores y además ha obligado a imponer un corralito y una quita a depositantes. Por fortuna, se paró la aberración de hacer una quita a los depositantes de menos de 100.000 euros, protegidos por una directiva europea aprobada por el mismo Eurogrupo que luego propuso incumplirla.

## Dos caminos abiertos para la desintegración del euro

Existen dos caminos posibles para la desintegración del euro. El primero de ellos es que se presione el botón rojo por error y estalle el caos, como sucedió con la quiebra de Lehman Brothers. La salida de Grecia podría ser ese acontecimiento.

Con la misma inconsciencia con la que se gestionó la crisis de Lehman Brothers, encontramos voces que hablan impunemente, sobre todo en alemán, de que es posible gestionar la salida de Grecia de la Unión Europea con unos costes asumibles. Pero la realidad es que no disponemos de precedentes históricos de un experimento de la magnitud del euro y que, por lo tanto, nos enfrentaríamos a escenarios totalmente desconocidos.

Por eso mismo parece increíble que haya economistas que se atrevan a cuantificar tales escenarios, y más increíble aún que haya empresas e inversores comprando productos financieros diseñados por los bancos de inversión, que les protegerían de una hipotética ruptura del euro. Suena a la misma canción que se escuchaba mientras Lehman Brothers se iba a la quiebra y arrastraba consigo a AIG, la mayor aseguradora de Estados Unidos, que había vendido seguros de impago de Lehman. La quiebra de AIG puso en peligro los planes de pensiones de un gran número de familias norteamericanas, y tuvo que ser nacionalizada.

Pero hay un segundo camino para provocar que se rompa el euro, y es la inacción en la que nos encontramos. Como explicaremos a continuación, en Europa existe una dinámica insostenible de balcanización del ahorro y de los flujos financieros. Es la misma historia que sucedió en los años treinta con el patrón oro, y que, al no gestionarla, agudizó la Gran Depresión. La historia nos demuestra que la economía no es entrópica, y que en algún momento encuentra una válvula de escape. En el caso de Grecia, la válvula de escape más probable es que el país en cuestión salga del euro.

## Lo que el gobierno alemán no cuenta a sus ciudadanos

Por el momento, y hasta que no se construyan cimientos más sólidos como la unión política, fiscal o bancaria, el euro no deja de ser un tipo de cambio fijo. La teoría económica nos enseña que la variable determinante para que un tipo de cambio sea estable es que los inversores y los ciudadanos del país lo consideren permanente. Por el contrario, en el momento en que se abre la caja de Pandora sobre una posible ruptura del tipo de cambio, los inversores huyen en estampida, y la fuga de capitales provoca la inestabilidad del sistema. Por su comportamiento y gestación, este tipo de crisis se conocen con el nombre de «profecías autocumplidas».

La balcanización del ahorro que vivimos en Europa, y que ya recuerda a todas las crisis experimentadas por América Latina en los años noventa, es muy preocupante. El euro supone una especie de matrimonio múltiple entre diecisiete países, pero con separación de bienes. Existe un Banco Central Europeo, pero cada país mantiene su banco central nacional y lleva su propia contabilidad con respecto a la federación, que es el Eurosistema, y que el BCE se encarga de coordinar.

GRÁFICO

*Saldos intrasistema de los bancos centrales nacionales*

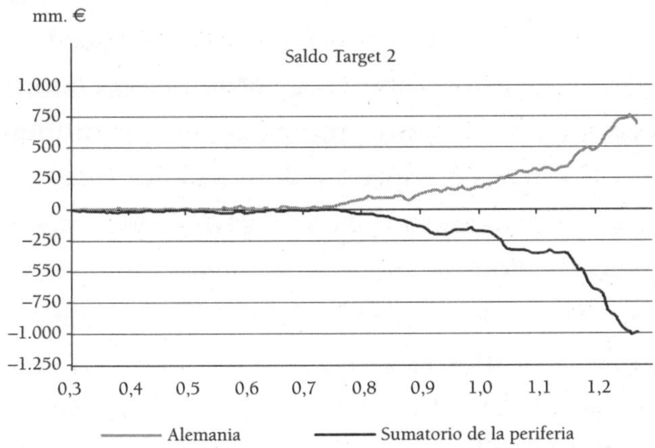


FUENTE: Bancos centrales de la Eurozona y elaboración propia.

El gráfico es un indicador de tensión que nos muestra que hay un alto riesgo de tsunami financiero en Europa, y que éste tendría una mayor fuerza destructiva que el de Lehman Brothers. En él podemos observar cómo, hasta 2007, los bancos centrales nacionales no intervenían en la dinámica de los mercados financieros. Alemania, Holanda, Finlandia y Austria eran países con excedente de ahorro y el resto de los socios de la Eurozona tenían déficit de ahorro. La banca de inversión, con el beneplácito de las agencias de rating y de la regulación y la supervisión bancaria en manos de los bancos centrales, se encargaba de vender emisiones masivas de bonos, sobre todo provenientes de bancos de países con déficit por cuenta corriente, a ahorradores alemanes, holandeses, finlandeses y austríacos, normalmente bancos, aseguradoras y planes de pensiones.

En 2007 la crisis financiera provocó que muchos bancos europeos no tuvieran capacidad para financiar sus inversiones y se vieron obligados a vender los bonos que habían comprado durante la edad dorada del crédito internacional. Como los bancos que habían emitido los bonos no disponían de liquidez para devolverles el dinero, los bancos deudores dejaron de atender la demanda de crédito de las familias y las empresas para devolver sus propias deudas. Simultáneamente a la restricción del crédito, estalló una guerra por el ahorro doméstico en detrimento del consumo. Todos estos factores unidos —restricción del crédito, aumento de los tipos de interés, destrucción de empleo y ahorro de las familias— contribuyeron a la Gran Recesión.

De no haber existido el euro, la llegada masiva de dinero a Alemania, Finlandia, Austria y Holanda habría provocado una intensa apreciación del tipo de cambio de estos países, una pérdida de competitividad, un desplome de las exportaciones y un significativo aumento de sus importaciones. Si tenemos en cuenta que, en 2008, buena parte del sistema bancario alemán, holandés y austríaco quebró, sus economías habrían entrado en una crisis a la japonesa. Conviene recordar que Japón lleva veinte años con una economía estancada y enferma, y aunque no ha aumentado significativamente el desempleo, ha sido a costa de incrementar su deuda pública hasta el 250 % del PIB. En los otros países, mientras tanto, la salida masiva de capitales habría provocado una intensa depreciación, equivalente a una bajada de salarios en dólares, y, por lo tanto, una fuerte subida de las exportaciones. El euro ha actuado como un tipo de cambio fijo y ha evitado estos efectos colaterales.

Asimismo, el gráfico revela cómo se está produciendo una socialización por parte de los contribuyentes europeos, principalmente de Alemania, Holanda, Austria y Finlandia, de deuda puramente privada. Hasta 2007, las deudas eran privadas, y deudores y acreedores se ponían de acuerdo en los mercados. Sin embargo, desde que estalló la crisis, el BCE está actuando de pantalla para que los deudores privados puedan devolver sus deudas a los acreedores privados. Esta intermediación del BCE, que es una institución pública, provoca un trasvase de deuda privada a deuda pública. Es un proceso muy perverso, ya que los contribuyentes, sobre todo los alemanes, no son conscientes de las deudas que están contrayendo porque sus gobiernos no les están diciendo la verdad.

La dinámica, como se puede observar en el gráfico, es explosiva e insostenible. La historia es la siguiente: un ciudadano alemán que depositó sus ahorros en un fondo de pensiones en una aseguradora alemana, compró hace años bonos de otros países de la Eurozona. Ahora que ha llegado el vencimiento del bono, decide repatriar su dinero a Alemania. Como la deuda pública germana paga incluso tipos negativos, opta por dejar su dinero en un depósito o en un pagaré bancario. El banco no tiene demanda de crédito suficiente para atender y tampoco quiere comprar la deuda pública alemana ya que perdería dinero en la operación, de modo que acaba depositando el dinero en el BCE. En el país deudor, el banco que emitió el bono no cuenta con depósitos domésticos suficientes para devolver el dinero al ahorrador, y no tiene capacidad de conseguir financiación en el mercado. Por esta razón, le pide crédito al BCE para devolver la deuda privada. Lo único que le exige el BCE es que presente bonos o préstamos de garantía para concederle el crédito a tipos de interés próximos a cero. Si el banco quebrara, el BCE sería el dueño de los bonos y recuperaría sus deudas. En Europa no existe un mercado financiero y un sistema de liquidación y custodia de bonos único, sino que hay diecisiete. Por esta razón, cada banco central nacional se queda los bonos de garantía en custodia.

Por lo tanto, el país donde el banco solicita crédito al BCE tiene una posición deudora con el Eurosistema (para el lector que siga los debates económicos europeos, es el sistema Target 2) y el país donde el banco deposita su exceso de liquidez tiene una posición acreedora. Esto es lo que refleja el gráfico, y en él se puede comprobar cómo el Bundesbank alemán tiene una posición acreedora con el Eurosistema de 700.000 millones de euros, y financia el 70 % de la posición acreedora de los países periféricos que están sufriendo la fuga de capitales. Es decir, que los ahorradores privados alemanes están recuperando su dinero, pero el banco central germano está asumiendo la deuda. La cifra se aproxima a los 700.000 millones y es equivalente al 30 % del PIB de Alemania.

Cuando nos referimos a los contribuyentes alemanes, asumimos que todos son iguales, pero como reza el clásico: «Algunos son más iguales que otros». No es ningún secreto que la riqueza y el ahorro de un país se encuentran generalmente en manos de las familias con mayor renta, de manera que este sistema perverso y opaco está protegiendo a los alemanes de mayor renta a través de la deuda pública que pertenece a todos los alemanes, lo que está generando importantes problemas de justicia social que es preciso valorar.

Alemania reformó su mercado de trabajo en 2001 para hacer frente a un grave problema de desempleo. Una de las medidas estrella fue la creación de los famosos *minijobs*, trabajos reducidos que han permitido repartir la tarta del empleo, al precio de ofrecer la precariedad salarial a los más jóvenes. No es casual que Alemania haya sido el país de la Eurozona donde más ha aumentado la desigualdad social en la última década.

Si el euro no se rompe, estaremos ante un problema puramente contable. En Estados Unidos hay doce bancos regionales de la Reserva Federal en la misma situación, sólo que allí se lleva una contabilidad única y a nadie le preocupa si la Reserva Federal de San Francisco tiene una posición acreedora con la de Boston provocada por el pinchazo de la burbuja inmobiliaria en California. Pero aquí, si algún país abandona el euro... Berlín: tenemos un problema.

## ¿Es posible que Grecia abandone el euro?

Las encuestas realizadas en Alemania señalan que la sociedad germana en su mayoría prefiere interrumpir las ayudas a Grecia, y se muestran favorables a que abandone la moneda única.

Hay un estado de opinión que considera que la salida del euro es muy complicada, pero es fruto de la ignorancia y del mito asociado a las crisis de la deuda, ya que en realidad es muy sencillo.

Los bancos griegos han perdido un tercio de sus depósitos desde que empezó la crisis del euro en 2010 y no tienen acceso a los mercados para emitir bonos y poder financiar su cartera de créditos. En consecuencia, sobreviven gracias a un respirador automático llamado BCE. Los bancos griegos ya no tienen garantías y el BCE acepta darles préstamos con el aval del Estado griego. Pero el Estado griego es bono basura y el BCE puede dejar de prestarles cuando lo considere oportuno. Los bancos griegos, junto a la Troika, son los únicos que financian el déficit público del gobierno griego y con esos bonos acuden al BCE para conseguir la financiación. Por lo tanto, si un día el BCE deniega a los bancos griegos financiarse, se acabó.

Grecia podría optar por pagar con pagarés del gobierno a sus funcionarios y a los pensionistas. Ya hemos contado que California lo hizo en 2008 con los llamados IOU, o que Argentina, durante la crisis de 2002, puso en circulación hasta catorce monedas, una por región, conocidas vulgarmente como «patacones». Es un remedio temporal que permitiría coger algo de aire, aunque sin ayuda financiera del exterior, Grecia no tendría más remedio que abandonar el euro. Los más cínicos afirmarían que el país abandona voluntariamente la moneda única porque, además, el Tratado no permite la expulsión, pero es obvio que sería un acto tan voluntario como las declaraciones de culpabilidad emitidas ante un tribunal de la Santa Inquisición.

En la semana de pasión de Chipre, el BCE amenazó al gobierno chipriota con cerrar el acceso de sus bancos a la liquidez del banco central. Ésta fue una de las medidas que más influyó para forzar a Chipre a aceptar el rescate. Sin embargo, tal y como está planteado, el rescate les lleva al abismo, y lejos de ganar tiempo, los chipriotas lo están perdiendo.

La salida del euro también es sencilla desde el punto de vista jurídico. En el año 2000, Grecia firmó un decreto de redenominación de dracmas a euros, por lo que bastaría que el Consejo de Ministros griego derogara ese decreto para que el dracma fuera de nuevo la moneda de curso legal. Como Grecia sigue teniendo déficit por cuenta corriente al consumir más de lo que produce, especialmente petróleo y gas, necesitaría aumentar el ahorro interno y reducir la inversión, lo que agudizaría aún más la depresión.

A pesar del cambio de moneda, las deudas con el exterior se mantendrían en euros, de manera que éstas aumentarían en el mismo porcentaje que la devaluación, que estimamos no sería inferior al 50 %. En la actualidad, Grecia tiene una deuda externa de aproximadamente el 200 % de su PIB, por lo que su salida de la moneda única haría que superara el 300 %. La mitad de esta deuda externa es del Estado y la otra mitad, casi en su totalidad, de su sistema bancario. De la deuda bancaria, se estima que deben más de 100.000 millones al BCE, a los que habría que sumar otros 50.000 millones de euros que el BCE puede haber comprado directamente de deuda pública griega. Los depositantes griegos ya han visto en Chipre que en caso de extrema necesidad sus depósitos pueden estar en peligro. Esto intensificará la fuga de depósitos de los bancos y podría acelerar la dinámica de ruptura.

No es necesario un doctorado en Economía para entender que su salida del euro llevaría aparejada un incumplimiento de los pagos de su deuda externa, que abriría un largo y complejo período de renegociación con los acreedores. Las medidas habituales en este tipo de procesos pasan por que los acreedores prolonguen el plazo de los créditos, bajen los tipos de interés, admitan una carencia de varios años en el pago de la deuda e incluso en el pago de intereses, y, en último extremo, quitas. En el caso de la deuda pública, ya ha habido varios procesos de reestructuración y no existe mucho margen para alargar los plazos de los préstamos o bajar los tipos de interés, por lo que sólo quedaría la quita. Dentro del euro, la quita necesaria para que Grecia esté en condiciones de pagar su deuda pública se situaría próxima al 50%. Fuera del euro, y teniendo en cuenta la devaluación, sería superior al 80%.

De modo que si volvemos a las encuestas en las que los ciudadanos alemanes contestan mayoritariamente que ya no quieren dar más ayudas a Grecia, parece que no se han planteado bien ni la pregunta, ni la respuesta. Llegados a este punto, hay una cosa clara: las ayudas no son para Grecia, sino para los bancos, las aseguradoras y los ahorradores alemanes. Nadie les ha dicho a los ciudadanos alemanes que la deuda es de los griegos, pero el problema es suyo, porque han comprado los bonos. Por eso la pregunta que habría que hacer en las encuestas sería: ¿hacemos una quita ordenada de la deuda griega dentro del euro del 50% o les forzamos a salir del euro y que la quita sea del 80%?

La deuda bancaria, especialmente con el Eurosistema, sería el mayor problema. Los bancos griegos le deben al BCE algo más de 100.000 millones de euros, y con una devaluación superior al 50%, la deuda en euros sería la misma, pero en dracmas sería un 50% superior. Por lo tanto, devolver íntegramente las deudas al BCE supondría acabar con todas las reservas del sistema bancario, la quiebra de todos los bancos y un 100% de quita al resto de los acreedores privados de los bancos y también una quita a los depositantes griegos.

## ¿HAY VIDA INTELIGENTE ENTRE LOS LÍDERES EUROPEOS?

La historia nos enseña que estas cosas no pasan nunca. Roosevelt llegó a la Casa Blanca en 1933, y siguió la recomendación de Keynes de sacar al dólar del patrón oro y devaluar el tipo de cambio. Los técnicos del Tesoro afirmaban que la medida era imposible ya que la deuda pública y buena parte de la privada, incluida la del ferrocarril, tenían una cláusula de protección que decía que una onza de oro valía 20 dólares, por lo que si se devaluaba la deuda, ésta aumentaría en la misma proporción de la devaluación. Roosevelt, que por fortuna era un político y no un burócrata, decidió no hacer caso a los técnicos y les ordenó lo siguiente: «Hagamos una nueva ley y eliminemos esa cláusula». Así, Estados Unidos devaluó el dólar un 70 % y redenominó toda su deuda externa a la nueva paridad del dólar con el oro. La quita a los acreedores internacionales fue equivalente al 100 % del PIB estadounidense de la época y similar a la quita que hizo Argentina en 2001. Roosevelt siguió el consejo del libro del Deuteronomio, y dio a su hermano estadounidense lo que estaba en su mano, mientras que al extranjero le cobró hasta el último céntimo. A continuación, inyectó capital en sus bancos, creó un banco malo que compró un millón de créditos hipotecarios, paró los desahucios de esos créditos, creó un fondo de garantía de depósitos con garantía de la deuda pública y un seguro de prestación por desempleo para proteger a las familias norteamericanas de la pobreza extrema. Y de este modo puso fin a la Gran Depresión.

En todas las crisis de deuda se repite la misma dinámica: primero se asusta al país diciéndole que la devaluación es el apocalipsis, pero la devaluación y la quita estabilizan la deuda y permiten finalizar el ajuste fiscal. Tras la devaluación basta con que el país congele los salarios, el gasto público y la inflación se encargan del resto: la inflación permite aumentar los ingresos del Estado y acaba el ajuste fiscal; por su parte, los salarios pierden mucha capacidad adquisitiva, pero a cambio de reactivar la creación de empleo y bajar la tasa de paro. La devaluación posibilita un empobrecimiento ordenado e inconsciente de la sociedad, que vuelve a consumir. Milton Friedman usaba un ejemplo muy ilustrativo: «Si todos nos levantáramos una hora antes en otoño no sería necesario cambiar los relojes, pero cambiar los relojes es más sencillo».

Con la inflación y los salarios ocurre lo mismo, e Islandia es un ejemplo reciente. En 2009 los islandeses dejaron de pagar el 100 % de su deuda externa. Sufrieron una crisis brutal, pero dos años después han regresado a la senda del crecimiento, y los ciudadanos islandeses vuelven a comprarse coches y a irse de vacaciones, señal inequívoca de que ya no temen la depresión. Islandia ya ha conseguido emitir bonos a diez años con un tipo de interés inferior al que emite el gobierno español o el italiano, porque los inversores, codiciosos y desmemoriados, comienzan a tener expectativas de apreciación del tipo de cambio que aumentaría la rentabilidad de sus inversiones y le pierden el miedo a una nueva quita.

Si Grecia saliera del euro, devolvería la deuda al BCE, pero en dracmas, igual que hizo Roosevelt en los años treinta, y por lo tanto el Banco Central asumiría una quita por el porcentaje de la devaluación. El BCE cuenta con recursos propios suficientes para asumir el impacto de la quita de Grecia. El auténtico riesgo, como demostró la mala gestión de la quiebra de Lehman Brothers, sería el contagio.

El cerebro humano no está preparado para escenarios extremos como éstos, y es seguro que el instinto animal (el «efecto rebaño») se apoderaría de las decisiones. La incertidumbre provocaría una estampida al menos en Portugal, Irlanda, España e Italia. Esta nueva crisis afectaría ya a una tercera parte del PIB de la Eurozona. Una parte, además, en la que la banca alemana y la francesa están muy expuestas, del mismo modo que la banca británica y la estadounidense lo están a la banca francesa y la alemana. Por lo tanto, estaríamos ante una crisis sistémica y jugándonos la piel en una segunda Gran Depresión mundial.

En contra de lo que creen los contribuyentes alemanes, mal informados por sus gobernantes, ellos serían los más perjudicados en este escenario, pues su país es el principal acreedor. Los ahorros depositados en fondos de pensiones perderían buena parte de su valor y los bancos y las aseguradoras necesitarían más capital público para evitar su quiebra y garantizar los depósitos de las familias alemanas. El Bundesbank no tendría recursos propios suficientes para cubrir una quita significativa en los 700.000 millones de posición acreedora con los países que entrarían en riesgo de impago. El Estado germano tendría que inyectar capital en su banco central, pero al estar en depresión, le resultaría imposible, por lo que pediría al Bundesbank que le comprara deuda pública para conseguirlo. Y de esta manera volverían a desenterrar el fantasma de la hiperinflación que se produjo en Alemania en la década de 1920. Es cuando menos paradójico que la fobia a la hiperinflación lleve a la sociedad alemana y a su gobierno a la inacción, que es el camino más seguro para provocarla.

Nos encontramos, una vez más, con un escenario que recuerda al de la quiebra de Lehman Brothers: déspotas ilustrados en Alemania con elecciones en el horizonte, que proponen una salida desordenada de Grecia o de Chipre de la moneda única, frente a la visión romántica de los inversores que se refugian en la esperanza de que haya vida inteligente en Europa capaz de frenar un acontecimiento tan catastrófico como el descrito, olvidando que este continente desató las dos guerras mundiales. Ya lo decía Einstein: «Sólo hay dos cosas que tienden a infinito: el universo y la estupidez humana, y de la primera no estoy seguro».

Los economistas que defendemos una propuesta de política económica como la desarrollada en el capítulo anterior somos conscientes de que no proponemos una solución ideal, pues aumenta los costes para los contribuyentes de los países acreedores y los ajustes para los ciudadanos de los países deudores. Pero la evidencia demuestra que esta estrategia es y será infinitamente más barata que la trampa de la no acción en la que nos encontramos.

Konrad Adenauer, político alemán reconocido como uno de los padres de Europa, abre este capítulo refiriéndose a la historia como la suma de aquellas cosas que habrían podido evitarse. Por el momento, no hay ningún indicio de vida inteligente entre nuestros líderes. ¿Alguien se atreverá a ser el Roosevelt europeo?

# 10

# España 1994-2007: euforia y excesos

> España va bien.
>
> José María Aznar

Después de analizar globalmente el fenómeno, ha llegado el momento de centrarnos en el caso español. Tal y como hemos anotado en otros lugares del libro, España se encuentra inmersa en una crisis de deflación de la deuda, como las estudiadas por Irving Fisher. Los españoles hemos padecido un período de sobreendeudamiento, deflación de activos, restricción del crédito, crisis bancaria y ahora, desgraciadamente, nos encontramos en medio de la depresión y con tensiones deflacionistas.

Si durante un período de euforia el mantra es «esta vez es diferente», cuando se alcanza la depresión, inmediatamente es sustituido por «yo ya lo dije». La sociedad considera increíble que nadie pinchara la burbuja y piensa que todo lo que ha ocurrido ha sido un desastre. Las dos visiones extremas son entendibles, pero las generalizaciones y simplificaciones de la realidad construyen el camino más seguro hacia el error, y por este motivo es conveniente describir bien lo sucedido. Si no contamos con un diagnóstico correcto, encontrar las políticas que nos saquen de la depresión será tan probable como acertar en la lotería.

## ¿De dónde venimos?

En 1994, nuestra querida España salía de una dura recesión. Vista desde la perspectiva de hoy, parece que fuera un juego de niños, pero desde el verano de 1992 hasta finales de 1993, 900.000 españoles perdieron su puesto de trabajo, el equivalente al 6,5 % del empleo. A partir de 1994 y hasta 2007, España vivió su fase expansiva más prolongada e intensa desde el conocido «milagro español» de los años sesenta. Fueron catorce años de crecimiento ininterrumpido de la economía. Durante este período el número de personas afiliadas a la Seguridad Social en España pasó de 12 a 19,3 millones, es decir, un aumento de la ocupación del 60 %.

Gráfico

*Ocupados*

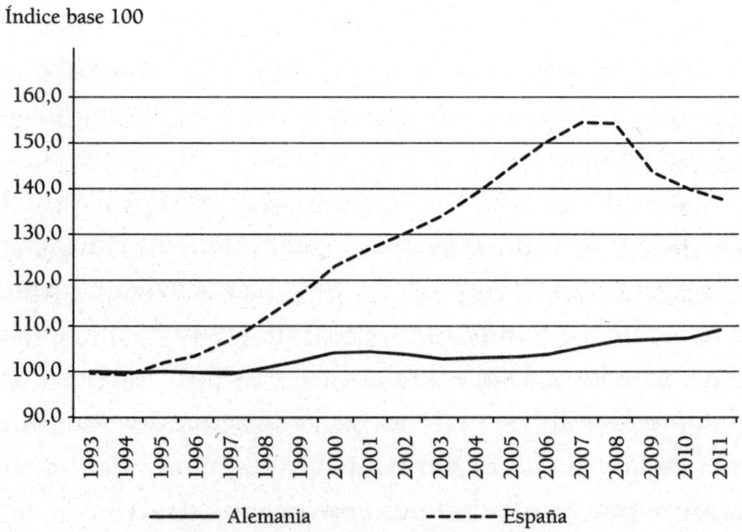


Fuente: Fondo Monetario Internacional.

Es difícil encontrar ejemplos de un fenómeno de tal magnitud en la historia económica mundial, pero podemos afirmar que España fue el país del mundo con un mayor crecimiento del empleo durante ese período.

Desde que comenzó la crisis financiera en el verano de 2007 hasta principios de 2013, en España se han destruido más de tres millones de empleos, el 16 % de la ocupación. Esta cifra define bien la depresión económica que ha arrasado nuestra economía; sin embargo, en enero de 2013, 16,2 millones de personas seguían afiliadas a la Seguridad Social. Es lógico que con la coyuntura actual, toda la atención y preocupación de la sociedad se centre en la destrucción de empleo, pero incluso a pesar de ella, seguimos siendo el país de la Eurozona que más puestos de trabajo ha creado desde que nació la moneda única en 1999. Como puede observarse en el gráfico, desde 1999, en Alemania el empleo ha crecido un 10 %, mientras que en España lo ha hecho casi un 40 %. Por esta razón, es fundamental hacer un análisis riguroso del fenómeno, huyendo de los tópicos habituales sobre nuestra economía.

La recesión de 1992, junto con la intensa depreciación de la peseta, no sólo corrigió nuestro desequilibrio exterior, sino que además provocó una infravaloración de nuestro tipo de cambio que nos hizo extremadamente competitivos. Después de aquella crisis, la elevada tasa de paro favoreció la moderación salarial durante un prolongado período. Alemania se encontraba en pleno festival económico de la reunificación, y su economía era la locomotora de Europa que tiraba con fuerza de las exportaciones del resto de los socios. Hasta 1998, nos hallamos en un ciclo expansivo normal en el que la economía creó 1,5 millones de empleos.

La euforia comenzó en 1998, y sólo se puede explicar por

la entrada de España en el euro. Los sucesivos esfuerzos por reducir el déficit público de los gobiernos González-Solbes (1994-1996) y Aznar-Rato (1997-1998), sumados a una relajación de las condiciones de entrada, facilitaron el acceso a la moneda única en la primera velocidad. Una vez que se confirmó el acceso de España al euro en 1998, nuestros tipos de interés convergieron con los alemanes bruscamente. Esto equivalía a una política monetaria ultraexpansiva y tuvo unos efectos inmediatos sobre la actividad y el empleo.

Era mucho más que una bajada brusca, ya que los tipos de interés se situaron en niveles históricamente bajos para los españoles; este factor también favoreció psicológicamente a que la euforia se desatase. Asimismo, el fenómeno se percibió como permanente. Nadie imaginaba que los tipos de interés de nuestra deuda pública y del crédito a nuestras empresas podrían situarse de nuevo próximos a más de 3 puntos porcentuales por encima de los tipos alemanes, como sucede en el momento de escribir este libro. Si lo hubieran previsto, es evidente que la deuda de nuestras familias, empresas y bancos no habría aumentado tanto.

El Banco de España, gobernado por Luis Ángel Rojo, seguramente el mejor economista español de la historia, había estudiado y preparado este momento desde hacía años y tomó medidas para prevenirlo. El objetivo más difícil de cumplir para entrar en el euro fue reducir nuestro diferencial de inflación, y esto limitó el margen del Banco de España para bajar los tipos de interés antes de 1998. Se contaba con que la bajada de tipos provocaría un fuerte aumento de los precios de los activos financieros, especialmente de la vivienda, y que generaría un boom de crédito. Por eso se aprobaron medidas como el incremento de las provisiones genéricas sobre el total de la cartera de crédito con objeto de que los bancos españoles generaran un granero de capital para prevenir la mayor morosidad y las pérdidas futuras derivadas del boom del crédito.

Parece evidente que todas estas precauciones y prevenciones fueron insuficientes. Además de unos tipos de interés bajos, los bancos españoles accedieron a los mercados internacionales de financiación, lo que no era posible cuando se financiaban en pesetas. Esta abundancia de liquidez global favoreció el auge crediticio que se dirigió principalmente al crédito hipotecario, inmobiliario y constructor y que es la base del boom inmobiliario y de la consecuente burbuja. En los dos capítulos siguientes explicaré en detalle la burbuja inmobiliaria y la crisis bancaria, que son las dos caras de la misma moneda.

## El gran cambio sociológico y demográfico en España

Los economistas sabemos que los consumidores sienten antipatía por el riesgo. No les gustan los cambios bruscos en su nivel de vida y deciden su consumo actual en función de sus expectativas de renta futura. Cuando perciben el futuro con optimismo, aumentan sus expectativas de renta y, por lo tanto, su gasto. Y al contrario, cuando temen por su futuro, como es el caso actual, contraen su consumo y aumentan el ahorro por precaución. El ahorro acumulado se traduce en riqueza y se invierte en activos cuya finalidad es protegerlo de la subida de la inflación y mantener su capacidad adquisitiva.

El ciudadano español concentra el 95 % de su riqueza en la vivienda. El porcentaje de familias con una primera vivienda en propiedad es algo superior al promedio de los países desarrollados. Pero nuestra diferencia radical con el resto del mundo está relacionada con la inversión en la segunda residencia, normalmente en la playa o en la montaña para las vacaciones y el ocio de los fines de semana. La bajada de los tipos de interés, el boom del crédito y de creación de empleo, así como el aumento de los precios de la vivienda, provocaron un auge del consumo privado y la inversión en vivienda que retroalimentaba el boom crediticio.

En la década de 1980, fruto de los cambios que estaba viviendo el país, se produjo la universalización real de la educación a todos los niveles. Esto se ha notado mucho en la educación superior, ya que casi un tercio de las personas que trabajan en España tienen estudios universitarios.

Las mujeres son, casi con toda seguridad, las que han experimentado el cambio más significativo, pues del modelo católico y romano, en el que la mujer se quedaba en casa y cuidaba de los hijos, hemos pasado a ser una sociedad moderna donde las mujeres jóvenes se incorporan con igualdad al mercado laboral. El 40 % de las mujeres que trabajan tienen estudios universitarios y, de media, mejores currículos que los hombres. El mínimo porcentaje de mujeres en los consejos de dirección de las grandes empresas españolas que cotizan en bolsa nos indica que aún queda mucho para alcanzar la igualdad plena, pero no puede negarse que el cambio sociológico ha sido espectacular.

Este doble proceso —la integración de la mujer al trabajo cualificado y el mayor acceso a los estudios universitarios— provocó una gran escasez de trabajadores de menor cualificación, sobre todo para cubrir la demanda que el boom había creado en la construcción, y que de paso arrastró a otros sectores como la agricultura, el servicio doméstico, el comercio o la hostelería.

Más de cinco millones de inmigrantes llegaron a España

en busca de esos empleos. Muchos análisis hacen hincapié en los aspectos negativos de la inmigración, seguramente sin caer en la cuenta de que más de medio millón de europeos eligen la costa española para pasar sus años de jubilación, y también son inmigrantes.

Esta llegada masiva retroalimentó el boom, ya que muchos de ellos generaron su propia demanda, principalmente de viviendas. Pero conviene destacar que sin la llegada de mano de obra, la escasez habría provocado una intensa subida de los salarios, penalizando la capacidad de nuestras empresas exportadoras para vender en el exterior y favoreciendo la compra de importaciones, en detrimento del empleo doméstico. Este proceso inflacionista habría provocado una recesión mucho antes de 2008 y, seguramente, habría complicado la recuperación. Dentro de una moneda única sin capacidad para devaluar, la depuración de esos procesos inflacionistas son muy lentos y también costosos en términos de desempleo.

Por otro lado, la inmigración ha mitigado el problema del envejecimiento de la población, que suponía una amenaza para nuestro sistema público de pensiones. Tras el *baby boom* de los años sesenta, la natalidad se desplomó, y ese escalón demográfico es complicado de modular. Los inmigrantes vienen mayoritariamente en edad de trabajar y tienen una tasa de fertilidad mayor que los nativos.

Cuando comenzó la destrucción de empleo en 2008, el gobierno endureció las condiciones de entrada e incentivó a los que ya estaban para regresar a sus países. Su tasa de paro está próxima al 35 % y esto supone un foco potencial de inestabilidad social. No obstante, cuando pase esta maldita crisis, y no hay mal que cien años dure, nos daremos cuenta de que la llegada de inmigrantes fue un fenómeno muy positivo.

Los dos grandes cambios que favorecieron la creación de ocho millones de empleos fueron la bajada de los tipos de interés y el acceso de nuestros bancos a los mercados de financiación mundiales. Sin la burbuja inmobiliaria, jamás habría sido posible tal exuberancia, pero parece evidente que no todo lo que ha ocurrido en España en los últimos quince años puede explicarse sólo a través de aquélla.

A partir de 1994, España se convirtió en una economía dual: existía la economía del ladrillo, y después el resto. Aunque lo explicaré con más detalle en el capítulo 16, es importante destacar aquí que desde que entramos en el euro, nuestras exportaciones han tenido el mismo crecimiento que las alemanas y francesas, y han superado holgadamente a las italianas o portuguesas.

El problema de la economía española ha sido que nuestra demanda interna ha crecido muy por encima de nuestra capacidad de producir bienes y servicios. Esto nos convirtió en una economía muy dependiente de las importaciones y nos ha llevado a acumular un déficit recurrente con el exterior y una deuda externa neta acumulada próxima al 100 % del PIB. Tener un déficit con el exterior equivale a endeudarse y a vivir por encima de nuestras posibilidades, lo cual no es ni bueno ni malo *per se*. La clave radica en qué se ha invertido el dinero, si el rendimiento de la inversión supera al coste de la financiación, y si se puede refinanciar la deuda en buenas condiciones. Hoy en día, la elevada prima de riesgo ha aumentado los costes de financiación y ha dificultado la refinanciación de nuestra deuda. Es un problema muy serio, como veremos en los siguientes capítulos.

En cuanto a la rentabilidad de las inversiones, el caso español presenta luces y sombras, aunque ahora las sombras sean más evidentes. Nuestros promotores inmobiliarios se endeudaron para invertir en el lucrativo negocio del suelo y construyeron las casas necesarias para la demanda de 2020, a precios de 2020. Esas inversiones han sido ruinosas y ellos son los responsables de sus propios errores. Los bancos financiaron dichas operaciones y ahora la crisis bancaria ha colapsado el crédito y nos ha metido en la depresión. Los bancos incumplieron su misión de gestionar el riesgo con los préstamos a promotores y también son corresponsables del desastre. Un tercio de nuestras familias se endeudó para comprar viviendas, y en la actualidad sus bancos tienen problemas para financiar esas hipotecas; esto intensifica la restricción del crédito y la depresión.

Muchas de esas familias financiaron, junto con la hipoteca, la compra de un coche o de mobiliario. En una hipoteca a veinticinco años, los primeros años apenas se reduce la deuda, y la mayor parte de la cuota corresponde al pago de intereses. El coche y el mobiliario ya se han gastado, pero la deuda sigue intacta.

Los ayuntamientos pensaron que los ingresos por la venta de suelo durante la burbuja serían permanentes y se comprometieron a gastos y deudas insostenibles. Por su parte, muchas comunidades autónomas creyeron que los ingresos por impuestos ligados a la burbuja, como la formalización de hipotecas o la venta de viviendas usadas, serían eternos y comenzaron a gastar un dinero que ahora no pueden financiar. Del mismo modo, muchas empresas importantes se endeudaron a lo grande para construir autopistas y hospitales que hoy en día no tienen el uso esperado. Y también muchas pequeñas empresas lo hicieron con arreglo a unas previsiones de negocio que no se han cumplido.

## El gobierno de los mejores

Un ciclo eufórico tan prolongado acaba generando problemas de funcionamiento de una sociedad, como estamos comprobando. La demanda de empleo era enorme y eso permitió a la generación que controla el poder desde la Transición prolongar su vida profesional más de lo deseable. Durante la burbuja, el talento era un bien escaso, y muy caro. Las empresas siempre tenían prisa por sustituir a sus gestores, y muchas no cuidaron lo suficiente sus procesos de gerencia. Las administraciones públicas también se contagiaron de este fenómeno.

Aristóteles y Platón defendían que la clave del éxito de una sociedad es ser gobernados por los mejores. La depresión ha puesto de manifiesto que la burbuja y el prolongado ciclo expansivo han situado en puestos de responsabilidad a personas inadecuadas. Cuando bajó el nivel de las aguas, pudimos comprobar quién se bañaba desnudo. Muchos de nuestros líderes políticos, empresariales, judiciales o periodísticos no han estado a la altura de la grave crisis que asola nuestra querida España. Habitualmente, la crítica se centra casi en exclusiva sobre la clase política y deja a un lado otros sectores sin reparar en que la democracia tiene sistemas de depuración de responsabilidades programados cada cuatro años, mientras que en el sector privado esta depuración es siempre más lenta de lo deseable.

La solución a esta crisis debe ser meritocrática, y a los puestos de responsabilidad tienen que llegar los mejores «independientemente de su sexo, raza o religión», como dice la Constitución. Hay que terminar con los dobles apellidos y el nepotismo que tanto daño hace a una sociedad, y premiar el esfuerzo de nuestros mejores universitarios, confiando en ellos para regenerar el país. Siempre hay vida después de una crisis, pero la regeneración será clave para determinar qué tipo de vida y con qué calidad.

La transición generacional en los años setenta fue un proceso natural. Todo el mundo asumió que había que sustituir a la élite franquista y los que continuaron tuvieron que adaptarse a los nuevos valores de la democracia. Ahora nos toca reinventar el país y nuestras instituciones, y definir un nuevo proyecto para España, la que queremos para nuestros hijos. La generación dirigente ha fracasado y debe dejar paso a una nueva generación. Y aquellos que continúen, deberán adaptarse rápido a los nuevos valores. Un cambio traumático y con fricciones será muy perjudicial para resolver la depresión y dejará muchas más cicatrices en la sociedad.

La corrupción es otro de los males que ha emergido con fuerza. El suelo catalogado como rústico tiene un valor, generalmente bajo. Este mismo suelo, si se convierte en urbanizable, puede llegar a multiplicar por cien su precio. Obviamente, el suelo es el mismo, y su cambio de uso es una decisión puramente administrativa en manos de los ayuntamientos. Un ciclo tan largo, centrado en una burbuja de suelo de dimensiones colosales, ha sido el caldo de cultivo ideal para las prácticas corruptas.

## Arrancar los cardos de raíz

Mi amigo y admirado colega Antón Costas siempre me recuerda, desde que empezó la crisis, que las depresiones comienzan como una crisis económica y terminan como una crisis política y social.

No puede decirse que espectáculos nada gratificantes

como el «Barcenasgate» nos pillen por sorpresa, ya que el caso Gürtel no ha parado de generar escándalos desde 2009; sin embargo, la sensación que deja es desoladora, y muy preocupante.

Mi abuelo fue un humilde agricultor en Tierra de Campos. Los que hayan vivido en el campo saben que, desde la siembra hasta la primavera, la tierra necesita pocos cuidados. A pesar de ello y siempre que la meteorología lo permitiese, mi abuelo iba todos los días del invierno a cuidar sus tierras. Una de sus obsesiones era arrancar los cardos, pues decía que consumían recursos hídricos y nutrientes a sus plantas de cebada. A sus setenta años, mi abuelo seguía doblando el espinazo para arrancar los cardos de raíz y se justificaba: «El cardo volverá a salir, pero si no lo arrancas de raíz saldrán cinco». La cosecha por hectárea de mi abuelo siempre se encontraba entre las más fecundas del pueblo. Puede que fuese casualidad, aunque yo no lo creo.

Sabemos que la corrupción es universal e intrínseca a la condición humana. Sin intención de hacer un repaso exhaustivo, podemos citar ejemplos de escándalos de corrupción asociados a multitud de políticos de la máxima responsabilidad: Helmut Kohl en Alemania, François Mitterrand o Jacques Chirac en Francia, Richard Nixon en Estados Unidos... Lo que diferencia a unos de otros es que los países más democráticos y con mayor renta por habitante son aquellos que arrancan los cardos de raíz cada vez que salen.

Es inaceptable esa actitud que generaliza diciendo: «España es corrupta». Tengo claro que yo no soy corrupto, y tampoco mis hijos. El país pertenece a los ciudadanos, y los políticos no son más que unos representantes transitorios que se encargan de gestionar el país. Por descontado, me niego a aceptar generalizaciones del tipo: «Todos los políticos son iguales» o «Todos los políticos son corruptos»; se trata de arrancar los cardos para beneficiar la cosecha, no para quemarla, y para ello necesitamos que los mejores políticos nos gobiernen.

La cosecha de 2013 seguramente no será buena; por este motivo, los españoles tendremos que doblar el espinazo y arrancar los cardos de raíz. Para ello no necesitamos la ayuda europea ni un rescate; es mucho más sencillo: la justicia debe actuar y demostrar que todos somos iguales ante la ley.

A menudo, y no sin justificación, tenemos la sensación de que la corrupción lo ha manchado todo. El presidente del Gobierno es el máximo responsable de la administración de la justicia, y uno de estos casos de corrupción lo señala a él directamente. Su partido, implicado también en el escándalo, cuenta con la mayoría absoluta en el Congreso de los Diputados. La condición humana a la que antes me refería, podría llevarles a no querer arrancar los cardos de raíz, o al menos no todos; por eso la Fiscalía debe actuar con todo el peso de la ley, y los jueces han de demostrar su independencia; sobre todo porque la corrupción tampoco es ajena al Consejo General del Poder Judicial.

Y, por supuesto, también es necesario erradicar las empresas que corrompen, amasan fortunas que después se llevan a Suiza y a las que premiamos con amnistías. Lo que España necesita son empresarios innovadores que generen empleo y nos saquen de la crisis, no toda esa élite extractiva que se ha acomodado al abrigo del poder y a la que debemos arrancar de raíz.

Este economista observador no es partidario de revoluciones. Nos ha costado casi cuarenta años instaurar una democracia, y ahora ha llegado el momento de cuidar el terreno sobre el que tendremos que cultivar la cosecha de 2014 y las futuras. Los sistemas y las instituciones deben regenerarse, y los ciudadanos, con la ayuda de los medios de comunicación y la libertad de prensa que les ampara, exigir tolerancia cero con la corrupción y no mostrar piedad con estos casos.

Es muy importante aprender de las democracias más longevas. En el verano de 1998, me encontraba en Estados Unidos ampliando mi tesis doctoral. Por entonces, el Congreso estadounidense tenía que decidir si se destituía al presidente Clinton por haber mentido en el caso Lewinsky. Recuerdo una charla que mantuve con uno de mis vecinos, un bostoniano ya jubilado, votante demócrata. La tasa de paro del país era entonces del 5%, y aquella crisis institucional podía poner en riesgo el crecimiento económico. Le pregunté si tenía miedo a las consecuencias, y él me respondió: «El presidente nos mintió; le sustituye el vicepresidente, y no pasa nada».

Aquel verano de 1998 comprendí que había que perder el miedo a estos procesos de limpieza y regeneración del sistema. Sólo hay dos opciones: o la democracia acaba con la corrupción, o la corrupción acaba con la democracia. El país es tuyo, mi querido lector observador, y es nuestra responsabilidad arrancar los cardos de raíz.

Mi abuelo, como tantos otros, nació pobre a principios del siglo XX. Con diez años, iba a las tierras a trabajar y así poder llevar algo de dinero a casa, aunque no siempre lo consiguiera. Trabajó sin descanso para mejorar la vida de sus hijos y sus nietos. Gracias a gente como mi abuelo, hemos logrado avanzar, somos un gran país, y debemos sentirnos orgullosos. La generación de mi abuelo merece que nosotros también hagamos todo lo que esté en nuestra mano para dejar un país mejor a nuestros hijos y nietos.

Es preciso vencer el pesimismo. Si arrancamos los cardos, descubriremos que la cosecha es buena y que no sólo ha dado frutos podridos.

Cuando en 1992 yo aún estudiaba en la universidad, recuerdo que nos enseñaban que uno de los problemas de este país era su incapacidad para generar proyectos rentables en entornos competitivos, de ahí la ausencia de multinacionales españolas. Durante este largo período de excesos, algunos han aprovechado para hacer las cosas bien, y hoy, muchas de nuestras empresas son líderes en sectores tan diversos como el textil con Inditex, la banca con Santander y BBVA, concesiones con Ferrovial, energía con Iberdrola, ingeniería con Técnicas Reunidas, escuelas de negocios con IESE e IE, etcétera.

España aprovechó el boom para formar a varias generaciones. Es posible que ahora estén sobreformadas y haciendo trabajos que requieren una menor cualificación técnica, pero la educación es como montar en bicicleta, nunca se olvida, y sólo necesita reciclarse.

La euforia de los mercados globales nos ha servido para cerrar la brecha de capital físico, principalmente en infraestructuras. Es cierto que se han cometido errores en el diseño de las infraestructuras, que hemos construido aeropuertos sin aviones y autopistas sin coches. Pero ésa es la excepción. España ha renovado toda su red aeroportuaria, ferroviaria, viaria, de comunicaciones electrónicas, y nos hemos situado en la vanguardia mundial.

Sin estas inversiones no sería posible explicar la competitividad actual de nuestras exportaciones y que continuemos siendo líderes mundiales por pernoctaciones turísticas. Estas inversiones han generado rendimientos superiores a los costes de financiarlas.

Es evidente que si pudiéramos volver atrás haríamos muchas cosas de otra manera, tanto en el sector privado como en el público. Pero el pasado no se puede cambiar y hay que vivir el presente con la mirada puesta en el futuro. Si miras mucho el retrovisor, acabas estrellándote. Las ideas son libres pero los hechos son sagrados. Desde 1994 hasta 2012 hemos recortado 12 puntos de renta por habitante con nuestros socios de la Eurozona y hemos creado cinco millones de empleos. Este libro pretende aportar una hoja de ruta para salir de la crisis y la clave está en aprovechar las virtudes más que en pulir los defectos, aunque ambas estrategias son necesarias. A esta misión nos dedicaremos en los siguientes capítulos.

# 11

# La burbuja inmobiliaria

> Este tipo de crisis no se resuelven siendo políticamente correcto.
>
> ROBERTO LAVAGNA

A finales de 2009, el premio Nobel de Economía George Akerlof visitó España y tuve el privilegio de cenar con él. Compartíamos mesa con altos representantes del equipo económico del gobierno socialista de la primera legislatura, de 2004 a 2008, y en un momento de la cena Akerlof formuló la pregunta del millón de dólares a los políticos allí presentes: «¿Por qué no pinchasteis la burbuja inmobiliaria?». Fue un momento tenso, y las respuestas que se dieron no fueron convincentes. Sin embargo, yo aproveché para abordar al Nobel con mis dudas conceptuales acerca de las burbujas.

En primer lugar, le pregunté por una definición de burbuja, y él no contestó. A continuación, quise saber cuáles eran, en su opinión, las causas de la burbuja, y él argumentó que se debía a los bajos tipos de interés. Con esta respuesta en mente, volví a preguntar: «¿Cómo es posible hablar de burbuja inmobiliaria y bursátil en Brasil si los tipos de interés oficiales eran del 10%? O, como puede observarse en el gráfico, ¿con tipos del 15 % en España en los años ochenta?», «Y ¿cuál es la forma de frenar una burbuja en una unión monetaria donde el Banco Central bajó los tipos al 2 % tras el atentado de las Torres Gemelas de Nueva York para evitar una depresión en Alemania después del estallido de su crisis bancaria de los noventa?». Tampoco hubo respuesta para estas cuestiones.

GRÁFICO

*Evolución de los precios reales de la vivienda*

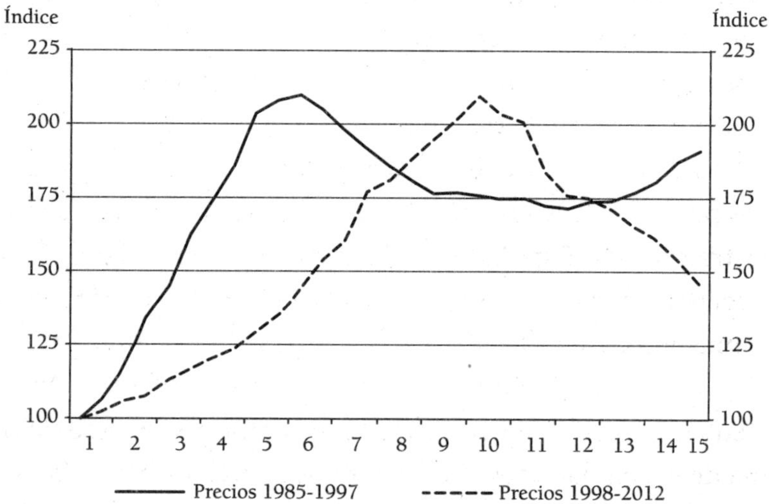


FUENTE: Sociedad de Tasación.

## LA EVOLUCIÓN DE LOS PRECIOS DE LA VIVIENDA

El gráfico muestra la evolución de los precios de la vivienda en términos reales. Con «real» queremos decir que están corregidos por la inflación, y, por lo tanto, el gráfico indica cuánto ha subido el precio de la vivienda en relación con el coste de la vida y cuánto está cayendo ahora. Tengamos en cuenta que estamos usando un índice de tasaciones. Sería mejor utilizar un índice de precios de compraventa, pero lamentablemente no disponemos de series comparables con los años ochenta.

Dado que los precios de compra pueden diferir de las tasaciones, conviene ser cautelosos cuando empleamos este tipo de indicadores. En los años ochenta, la subida fue similar aunque por un período menor. La corrección fue pequeña pero muy prolongada. En aquella ocasión los precios de la vivienda apenas cayeron, pero como la inflación estaba próxima al 5%, los precios en términos reales bajaron un 15% en un período de unos cinco años, y se mantuvieron estancados varios años más hasta que empezó el boom en 1998.

La inflación es mucho menor en esta ocasión. De hecho, salvo por los impuestos y los precios del petróleo y la energía, nuestra querida España se hallaría cerca de la deflación. En consecuencia, el ajuste tendría que ser sobre los precios de la vivienda y no vía inflación. Por desgracia, esto supone que el ajuste sea más traumático no sólo en términos del precio de la vivienda, sino también en términos de empleo y de pérdida de renta de los ciudadanos. Desde 2007, los precios han caído un 30%. El problema es que, como se observa en el gráfico, los precios siguen en caída libre. ¿Cuánto más deben bajar? Intentaremos contestar a esta pregunta en el próximo capítulo.

Después de varios intentos frustrados de obtener respuestas concluyentes de Akerlof, le expliqué que, durante la burbuja, España elaboró un presupuesto equilibrado, e incluso gozó de superávit en los cuatro últimos años, que supuso un 2% del PIB en 2007. ¿Acaso tendría que haber alcanzado el 10%? Aún quise hacer un par de preguntas más: «¿Quién asume la responsabilidad si se comete un error al pinchar la burbuja?», «¿Es culpa de los economistas que lo recomiendan o es una decisión en solitario del gobierno en el poder?». Tampoco esta vez Akerlof fue capaz de dar respuestas convincentes, pero la razón es simple: no existen.

## El éxito está en el origen de cualquier burbuja

Antonio Torrero, uno de mis maestros en la universidad, me enseñó que los economistas debemos ser humildes ya que tenemos un conocimiento muy limitado del fenómeno financiero. Y esto lo decía el economista español que más y mejor ha estudiado las burbujas financieras internacionales desde la Gran Depresión hasta la crisis de Japón. Es una reflexión muy sabia, y así lo ha puesto de manifiesto la realidad. No se trata de que los economistas no tengamos nada que decir, ni mucho menos, sino de reconocer que no sabemos tanto como quisiéramos. Anteriormente en este libro comparé el trabajo de un economista con el de un médico; ellos tampoco tienen todas las respuestas, pero gracias al avance de sus investigaciones, la esperanza de vida mundial se ha doblado.

Después de siglos de estudio dedicados a los distintos tipos de crisis de la deuda, lo que sabemos los economistas es que las burbujas suelen ir asociadas a unas dinámicas económicas de éxito. En algún momento, el precio de los activos que la provocan se aleja de sus fundamentales y se asume que el éxito será eterno. Pero todos sabemos que en economía nada es para siempre, estamos sometidos a ciclos, y en algún momento la burbuja pincha. Igual que el vino espumoso, la burbuja provoca euforia mientras se está disfrutando, y resaca y malestar después.

Los economistas también hemos llegado a la conclusión

de que las burbujas y las depresiones están muy relacionadas con el ciclo de crédito. Durante la burbuja, el aumento del precio de los activos incrementa el valor de la riqueza de las empresas y las familias. Esta riqueza se usa como garantía de los créditos. Al subir su valor, aumenta también la capacidad de endeudamiento y acaba provocando un boom del crédito. El boom del crédito y la subida del precio de los activos se retroalimentan y acaban generando burbujas. En algún momento la dinámica es insostenible y cualquier evento acaba provocando el pinchazo de la burbuja. Entonces, la caída del precio reduce el valor de las garantías, los bancos comienzan a restringir el crédito y se activa la dinámica depresiva.

Inventos tan determinantes como el ferrocarril, la electricidad aplicada o internet también experimentaron burbujas, pero no cabe duda de que sirvieron para mejorar el bienestar de la humanidad. Las burbujas, igual que los ciclos, son intrínsecas a la dinámica capitalista. Cuando pinchan, causan serios problemas de estabilidad que impiden a la economía de mercado crecer y resolver la escasez que tanto malestar genera a los seres humanos. A través de la fijación de precios por ley, el comunismo y las economías planificadas acaban con las burbujas, pero también con el crecimiento y el bienestar.

## ¿Es posible controlar una burbuja a punto de estallar?

Los economistas nos encontramos sin herramientas precisas de diagnóstico, y sin métodos que sirvan para pinchar burbujas ordenadamente. Supongamos que tenemos un globo lleno de aire y queremos vaciarlo utilizando un alfiler. Si introducimos con cuidado el alfiler en la terminación del globo, es posible conseguirlo. Lamentablemente, en economía nunca se sabe dónde está la terminación de la burbuja para pincharla sin que estalle. Los bancos centrales suben los tipos de interés, detienen el ciclo expansivo, los precios de la vivienda y de los activos caen, y cuando caen, lo hacen a plomo. Nuestra única recomendación, igual que en medicina, es prevención y buenas prácticas.

Los economistas prescribimos un uso prudente del crédito, adecuar el pago de las deudas a los ingresos, endeudarse para comprar bienes que vas a consumir durante años (como una vivienda) y no para los gastos corrientes o para irse de vacaciones. Son consejos que no evitan las burbujas, pero sí reducen la probabilidad de que existan, y mitigan sus efectos tan perniciosos. En este sentido, la educación financiera y económica en edades tempranas ayudaría a esta concienciación social. Por desgracia, los ajustes y la nueva reforma educativa eliminan horas que podrían dedicarse a la formación económica.

No es un trabajo estéril, ni mucho menos. En Estados Unidos, después de la Gran Depresión, se impusieron fuertes restricciones a la actividad bancaria estadounidense, especialmente a su vertiente más especulativa. Estas medidas evitaron que existieran burbujas de crédito durante cuatro décadas. Canadá, por su parte, también sufrió una grave crisis bancaria que obligó a imponer muchas limitaciones a la actividad bancaria. El resultado fue muy positivo: hoy en día, Canadá se encuentra entre los países menos afectados por la Gran Recesión.

En nuestro país, la burbuja inmobiliaria llegó asociada a un período de bonanza. Al principio había fundamentos para explicar la subida de los precios de la vivienda, luego los precios y el número de viviendas proyectadas se alejaron de la realidad. En el año 1993 había 12 millones de hogares en España, y en la actualidad hay 17,5 millones. Se trata de un boom demográfico con escasos precedentes en la historia de los países desarrollados, en el que se mezcla el *baby boom* de los años sesenta con la llegada de inmigrantes y con notables cambios en nuestros modos de vida y los modelos de hogar, ya que cuestiones como el divorcio, las familias monoparentales o el matrimonio homosexual han reducido significativamente el tamaño de los hogares y han aumentado la demanda natural de vivienda.

No todas las sociedades que viven un boom demográfico están condenadas a un boom inmobiliario; hay otros factores que debemos considerar. La vivienda es un bien de primera necesidad y su demanda depende del número de hogares, de las viviendas deseadas por hogar, del nivel de renta, de las expectativas de renta futura, de la accesibilidad al crédito y del precio alternativo del alquiler. Desde 1993, nuestra renta por habitante ha crecido casi un 50 % a pesar del fuerte aumento de la población. A pesar de que el reparto del crecimiento de la renta ha sido muy desigual, y que la mayor parte de los inmigrantes se han situado en los tramos más bajos de renta; aun así, ésta es una variable imprescindible para explicar el boom.

A los consumidores les gusta mantener un nivel de vida estable a lo largo de su ciclo vital, y por eso las expectativas de su renta futura influyen en su consumo presente. En las épocas de expansión, las expectativas son muy positivas y tendemos a creer que nunca acabarán los días de vino y rosas. Más allá de que estas expectativas justifiquen la disposición a pagar precios más altos, es necesario que existan otros factores que susciten cambios profundos en el nivel de vida y en la exuberancia racional, que es el caldo de cultivo de toda burbuja. La entrada en el euro creó esas condiciones en España.

El resto, ya lo hemos explicado en los capítulos anteriores: con la moneda única, nuestros bancos pudieron acceder a los mercados internacionales de financiación, principalmente con la emisión de cédulas hipotecarias. Se emitían bonos cuya garantía eran las hipotecas ya contratadas. El dinero se usaba para conceder más hipotecas, que después servían para emitir nuevos bonos. El círculo virtuoso funcionó hasta el verano de 2007, cuando la crisis de las *subprime* secó por completo este mercado de financiación para nuestros bancos.

## ¿Por qué los españoles compramos vivienda en lugar de alquilarla?

Además del crédito abundante citado, los tipos de interés eran históricamente bajos para los españoles y los plazos de las hipotecas, muy largos. Hasta 1998, las hipotecas solían ser de un máximo de quince años y con tipos próximos al 10%. Muchos redujeron la cuota mensual de su hipoteca a la mitad beneficiándose de la bajada de los tipos de interés, y aumentando el plazo.

Thomas Schelling, premio Nobel de Economía, señala que los individuos tomamos decisiones fundamentadas en el objetivo inmediato, a pesar de que deberíamos prestar más atención a nuestra renta permanente, teniendo en cuenta el endeudamiento y la menor renta futura. En la planificación financiera, los individuos manifestamos un comportamiento similar al que tenemos con las dietas; siempre acabamos cediendo a la tentación de comer un postre o un dulce y luego pensamos: «Mañana lo recupero». Al final la mayoría de los individuos fracasamos en el objetivo de perder peso, salvo que lo hagamos por prescripción médica y esté en juego nuestra salud. En las hipotecas, la caída de las cuotas se tradujo en que estábamos dispuestos a comprar casas más caras simplemente porque diferíamos su pago en el tiempo y no lo notábamos en nuestro presupuesto mensual.

El sustituto natural de la vivienda en propiedad es el alquiler, pero históricamente en España el mercado del alquiler ha sido muy estrecho e ineficiente. Desde que la burbuja pinchó en 2007, las condiciones se han vuelto más favorables: ha aumentado mucho la oferta disponible de viviendas y los precios son más asequibles. En cualquier caso, el alquiler se enfrenta a un poderoso enemigo, y es el problema cultural español que asocia alquilar con tirar el dinero, y que tanto ha contribuido a la burbuja.

Yo lo he sufrido personalmente. Cuando me independicé, me fui de alquiler, y durante cinco años tuve que aguantar a mi madre presionándome en cada comida familiar para que me comprara una casa. Al final me compré una casa cerca de la de mi madre, y ahí terminó la presión familiar. Soy afortunado, pues casi la tengo pagada y todavía podría venderla por encima del precio de compra, pero, por desgracia, son muchos los que merced a esa presión social se endeudaron hasta las cejas y ahora han visto derrumbarse el precio de su inversión.

Esta cierta fobia social al alquiler, junto al mito de que los precios de la vivienda nunca caen y la obsesión de los españoles de adquirir una segunda vivienda en propiedad y concentrar la práctica totalidad de su riqueza en el ladrillo, explica que España registre burbujas recurrentes desde la década de 1960. En los últimos años he tenido que explicar la burbuja inmobiliaria a inversores, gobiernos, bancos centrales y organismos internacionales, y cuando les cuentas estas costumbres te miran con cara de incredulidad. Por ejemplo, en Estados Unidos las familias sólo tienen el 50% de su riqueza invertida en la vivienda, el resto lo concentran en bolsa y en bonos.

## El precio del suelo como factor determinante

Por lo tanto, hubo condiciones de demanda para explicar el boom inmobiliario; pero para entender la dinámica de cualquier precio, además hay que analizar conjuntamente la oferta y la demanda. En España, el sector de promoción de viviendas está muy atomizado. Cuando estalló la crisis, se creó un lobby formado por las catorce mayores inmobiliarias, que sólo controlaban el 8% del mercado. La burbuja atrajo a muchos nuevos promotores al sector pensando que ganar dinero vendiendo casas era tan sencillo como plantar champiñones.

Esto no significa que los grandes promotores no fueran responsables de esta burbuja. Fueron pocos personajes con escasos escrúpulos los que se hicieron con el control de las grandes compañías y que, lamentablemente, se convirtieron en referentes sociales. Recordemos aquella célebre frase de Paco el Pocero: «Yo soy multimillonario y no tengo ni estudios primarios». En esa época resultaba complicado ir a mis clases en la universidad y decir a mis alumnos de economía que estudiar mejoraba sus perspectivas profesionales y su renta permanente. Más complicado aún era que te creyeran. Muchos jóvenes abandonaron sus estudios para trabajar en la construcción y ahora, tras el pinchazo de la burbuja, han tenido que retomarlos y volver a formarse para poder reincorporarse al mercado laboral.

Producir viviendas supone un ciclo muy largo. Hay que comprar el suelo y se tarda al menos cuatro años en conseguir todas las licencias necesarias para poder empezar a construir. Diseñar y levantar las casas puede llevar otros dos años, y después hay que comercializarlas. Por lo tanto, estamos hablando de un ciclo normal de producto mínimo de siete años.

Con ciclos tan largos hace falta disponer de músculo financiero para producir viviendas y financiarlas hasta su venta. Así pues, lo normal es que el sector promotor estuviera muy concentrado en pocas empresas y muy vinculadas al sector financiero. En España la atomización sólo fue posible por la facilidad con que el sector bancario concedió préstamos a los promotores. El préstamo promotor pasó de representar el 5 % del PIB en la crisis de 1992 al 40 % del PIB en 2007, si sumamos préstamos a empresas promotoras, préstamos personales a los socios de esas empresas, participaciones de los bancos en el accionariado de éstas y activos adjudicados ante la capacidad de hacer frente a los pagos. Sin este boom del crédito promotor no sería posible explicar la burbuja. Por esta razón, la burbuja afectó principalmente al precio del suelo.

Desde el año 2000 hasta 2004, me encargué de la dirección financiera de Estudio Lamela Arquitectos. Era un gran estudio, con ciento cincuenta arquitectos en plantilla, especializado en grandes proyectos internacionales como la T4 de Barajas, el estadio Santiago Bernabéu o el aeropuerto de Varsovia, el concurso para el estadio olímpico de Pekín o la T3 de Shangai. Pero también contábamos con una división que diseñaba viviendas. Recuerdo que mis arquitectos se quejaban de que cada vez tenían menos dinero para la construcción y, por ello, debían elegir materiales más baratos y también de peor calidad. Se daba la paradoja de que la normativa obligaba a utilizar mejores calidades en las viviendas de protección pública de lo que se utilizaba en viviendas de promoción libre sin regular.

La causa era que el precio del suelo subía exponencialmente y cada vez representaba una mayor parte del coste total de la promoción. En los estudios teóricos de arquitectura, el suelo nunca debería superar el 30 % del coste para producir una vivienda de calidad. En ciudades como Madrid, el suelo llegó a suponer el 50 % del coste total de la vivienda al final de la burbuja. Además, los promotores exigían una rentabilidad a la inversión nunca inferior al 20 %. Por lo tanto, del precio final de venta de una vivienda, el porcentaje destinado a los costes de diseño y construcción cada vez era menor.

En los manuales de buenas prácticas de supervisión bancaria se enseña que el promotor debe poner el dinero para comprar el suelo y el banco sólo debe financiar el coste de la construcción. Esto permite que la pérdida principal la asuma el promotor, lo cual reduce significativamente el riesgo de impago del crédito. Durante la burbuja, nuestros bancos financiaron la compra de suelo, lo cual era como almacenar queroseno en una zona con elevado riesgo de incendio. Los promotores podían promover viviendas sin apenas inversión inicial, lo cual explica que llegáramos a construir más de 700.000 en un año. Esto suponía que en España se construían más viviendas que en Alemania, Francia e Italia juntas.

No obstante, sin tener en cuenta el componente de expectativas tampoco sería posible explicar la burbuja. Los compradores de una vivienda pensaban que el precio nunca dejaría de subir y que cuanto antes compraran, menos les costaría. Los promotores también pensaban lo mismo y no tenían ninguna prisa por vender. Ocurría la siguiente paradoja: si las licencias de construcción se retrasaban y algún cliente se daba de baja en la compra sobre plano, el promotor podía vender el piso mucho más caro. Esto llevó a que se comprasen suelos valorados a precios de venta de viviendas proyectados sobre precios ya inflados, con la esperanza de que siguieran creciendo a tasas de dos dígitos hasta la venta de las viviendas. Las empresas de tasación fueron corresponsables. En las tasaciones también se hacían supuestos de expectativas y se estimaban los precios del suelo o de la vivienda en función de las expectativas de precios futuros.

## ¿Quién se atreve a pinchar una burbuja?

¿Se podría haber evitado la burbuja? Las burbujas son un fenómeno monetario y los tipos del BCE eran muy inferiores a los necesarios para que España hubiera tenido un crecimiento equilibrado. Además, el exceso de ahorro, principalmente en una economía deprimida como la alemana, hacía que el dinero llegara a España y desbordara. En tales circunstancias es muy difícil romper una dinámica de expectativas autorrealizables. La gente no cambia sus expectativas hasta que los precios empiezan a caer. En este escenario sólo cabía una posibilidad, que el Banco de España hubiera impuesto limitaciones cuantitativas al crecimiento del crédito.

En 1990, siendo Luis Ángel Rojo gobernador, se limitó el crecimiento del crédito por normativa del Banco de España y frenó en seco la burbuja inmobiliaria. El problema es que también provocó una recesión. ¿Quién le pone el cascabel al gato? En la última década vivíamos en un mundo dominado por el paradigma liberal en el que la intervención del Estado era mala por naturaleza. Una de las ideas que sustenta el paradigma es que ningún funcionario del Banco de España tenía mejor información y criterio que los ejecutivos bancarios, los mercados financieros y las fuerzas de la oferta y la demanda para imponer limitaciones cuantitativas.

Ahora el *Financial Times* y *The Economist* critican la burbuja inmobiliaria, pero ¿qué habrían dicho si España hubiera establecido limitaciones cuantitativas al crédito? A buen seguro habrían comparado a España con la Cuba castrista. Jaime Caruana y Miguel Ángel Fernández Ordóñez, que fueron los máximos responsables del Banco de España durante la burbuja, eran unos convencidos defensores del paradigma liberal y de la no intervención de los gobiernos en la economía. Del mismo modo que Greenspan fue el gran apóstol de la libertad en la Reserva Federal, y Trichet, en el Banco Central Europeo, un converso del liberalismo extremo.

No podemos cambiar el pasado, pero tenemos que construir el mejor futuro posible. En el próximo capítulo analizaré cuánto más puede caer el precio de la vivienda y qué medidas se pueden tomar para frenar este deterioro. Hasta que el precio de la vivienda no deje de caer, la riqueza de nuestras familias y empresas seguirá disminuyendo y, con ello, su capacidad de endeudamiento. Nuestros bancos se han convertido en las mayores inmobiliarias europeas. En consecuencia, si continúa bajando el precio de la vivienda, seguirán teniendo pérdidas, por lo que consumirán su escaso capital y proseguirá la restricción del crédito y la depresión.

Habrá cada vez más familias con alguno de sus miembros sin trabajo, impidiéndoles poder pagar sus hipotecas, y acabarán viviendo el drama social de los desahucios. Como consecuencia, el número de viviendas en manos de los bancos aumentará, y vuelta a empezar. Es preciso romper este círculo vicioso que nos lleva al abismo. En los próximos capítulos propondremos medidas para conseguirlo, pero, como dirían los Beatles, *«all we need is growth»*. Necesitamos crecer y, para conseguirlo, necesitamos a su vez que Europa crezca y acabar con la crisis del euro. No obstante, en nuestra querida España hay muchas medidas que se deben tomar para que podamos crecer cuando nuestros socios europeos remonten el vuelo.

En los próximos capítulos detallaremos las medidas necesarias para salir de la crisis. El enfermo está muy débil y costará que se recupere, pero nunca debemos olvidar que hay vida después de una crisis de deuda.

# 12

# ¿Cuánto más puede caer el precio de la vivienda?

Todo necio confunde valor y precio.

ANTONIO MACHADO

La burbuja inmobiliaria es la principal variable que nos empujó al caos; por lo tanto, hasta que no consigamos poner orden, no resolveremos la crisis.

## LOS RESPONSABLES DE LA BURBUJA INMOBILIARIA

Los gobiernos de Aznar fueron complacientes con la burbuja. De hecho, cuando toda Europa se encontraba en recesión, su lema era «España va bien», y se apoyaron políticamente en ella. El Partido Socialista, que en numerosas ocasiones había denunciado la burbuja cuando estaba en la oposición, una vez llegó al poder, sus gobiernos no hicieron lo suficiente para frenarla, como el mismo José Luis Rodríguez Zapatero ha reconocido. Por último, el ejecutivo de Rajoy generó en poco tiempo expectativas recesivas y deflacionistas, al afirmar que sus decretos de saneamiento bancario provocarían caídas del precio de la vivienda. Esto ha detenido en seco la demanda natural de vivienda y complica la solución de la crisis.

Pero al margen de la responsabilidad política, estamos en una crisis privada y es injusto culpar de ella al Estado. Nadie nos forzó a comprar, construir o financiar viviendas, y ahora todo el mundo debe asumir su parte de responsabilidad. Los economistas, los primeros. Es cierto que advertimos de la sobrevaloración de los precios y del desequilibrio, pero viendo los resultados, personalmente me arrepiento de no haber sido más agresivo en la denuncia con el objeto de evitar generar alarma social, como sí hicieron algunos colegas.

Recuerdo perfectamente los años de la burbuja. Desde 2004, escribo todos los meses una columna en *Cinco Días* coincidiendo con la reunión del Banco Central Europeo. Al comprobar cómo nuestra economía estaba desbocada, con una demanda que crecía el doble de lo sostenible, este economista pedía cada mes que el BCE subiera los tipos de interés. La subida de tipos desincentiva la demanda de crédito, lo cual habría restringido el oxígeno necesario para que se formase la burbuja. Las críticas fueron muy duras, acusándome de querer hundir a las familias que estaban con el agua al cuello para pagar sus hipotecas. Ahora que nos hemos sumergido en la depresión, la sociedad culpa a los gobiernos y, sobre todo, a los bancos, algo que, además de injusto, es falso. Hemos oído hasta la saciedad que conceder hipotecas con tasaciones por el 120 % del valor de la vivienda es una estafa. Desde luego fue una irresponsabilidad, pero el comprador era consciente de ello y sólo se ha quejado cuando las cosas le han ido mal. Si acierto es porque yo lo valgo, y si me equivoco, es culpa de una conspiración.

El tema de las tasaciones ha sido un despropósito compartido: del tasador, por dejarse llevar por la burbuja y hartarse a ganar dinero rápido; del banco, por no cumplir el principio de prudencia y dejarse llevar por los beneficios fáciles; del Banco de España, por no exigir a los tasadores estimaciones realistas y al banco un control de riesgos más estricto; del gobierno, por desarrollar una Ley del Suelo a finales de los años noventa que era permisiva con la especulación, y también del comprador, que se dejó llevar y muchos de ellos compraron casas muy por encima de su capacidad de pago. En 2005 se cambió aquella Ley del Suelo y se obligó a los tasadores a valorar el suelo en su justa medida, sin incorporar expectativas de revalorización, pero ya era muy tarde.

## En busca del equilibrio perdido

El precio de equilibrio de cualquier mercado, también el de la vivienda, es el precio que la demanda considera atractivo para la compra y el precio al que la oferta está dispuesta a vender. En 2013 las expectativas de empleo y de aumento de renta siguen siendo negativas y la mayor parte de los compradores esperan que los precios de la vivienda caigan aún más, así que nadie sabe calcular con precisión cuál es el precio actual de la vivienda.

Se habla de un mercado de la vivienda, pero los mercados son infinitos en función de la localización, el diseño, las calidades, la orientación, etcétera, que segmentan enormemente el mercado y hacen que muchas viviendas no sean comparables. Por lo tanto, se puede dar el caso de un gran exceso de oferta de viviendas en muchas zonas de la periferia urbana y fuertes caídas de precios aún por llegar, junto con una escasez de oferta en el centro y precios atractivos para los compradores. De hecho, en 2010 la economía entraba en una fase de recuperación y el empleo se estabilizó. La demanda dejó de caer, se vendían las mismas viviendas nuevas que se finalizaban y los precios encontraron un suelo. Luego comenzó la crisis griega, la restricción del crédito se intensificó y España ha vuelto a entrar en recesión. En este nuevo escenario, tanto la demanda de vivienda como los precios han vuelto a caer.

Robert Shiller es seguramente el economista que más y mejor ha estudiado las burbujas financieras e inmobiliarias, y ha diseñado algunos indicadores cuantitativos como la rentabilidad de una vivienda. Su cálculo se obtiene de dividir los ingresos por su alquiler. La vivienda puede ser un activo de inversión, y la pregunta de cualquier inversor debe ser: ¿por qué voy a comprarme una casa en vez de invertir en deuda pública? La respuesta se complica porque la vivienda es un activo muy particular y resulta difícil saber cuál es su precio de equilibrio.

En 2011 tuve la oportunidad de comer con Shiller en Madrid y aproveché para preguntárselo: «Si nuestros bonos del Tesoro a diez años pagan el 6%, ¿qué rentabilidad le deberíamos exigir a una vivienda?». Shiller me contestó que dependía de las expectativas a largo plazo. Como los bonos siempre tienen un precio fijo y el de la vivienda es variable, además de la rentabilidad del alquiler, hay que considerar nuestras expectativas sobre la evolución del precio. Si pensamos que los precios van a subir un 10% y la rentabilidad del alquiler es del 4%, la rentabilidad esperada de la inversión sería el 14%. En este caso invertiríamos en la vivienda antes que en la deuda pública. Si esperamos que los precios caigan un 10%, la rentabilidad sería del –6% y entonces invertiríamos en deuda pública.

Shiller cometió en sus respuestas el pecado original de los economistas. Alguien plantea una duda, y el economista le genera aún más incertidumbre de la que ya tenía. Yo he desarrollado mi vida profesional en la empresa privada, y hace muchos años aprendí una valiosa lección: si alguien crea dudas sobre un problema y no aporta soluciones, se convierte en parte del problema. Por eso volví a preguntar a Shiller: «Yo necesito tomar una decisión a corto plazo; si tú tuvieras que comprar una vivienda en España, ¿qué rentabilidad le exigirías?». Conseguí que concretara y me dijo que una similar a la del bono a diez años, o sea, del 6 %.

GRÁFICO

*Ratios de precios de la vivienda*

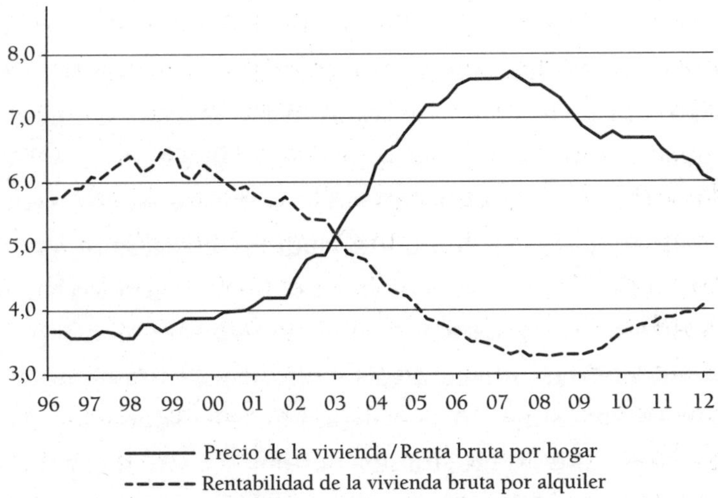


FUENTE: Banco de España.

Aunque habría que analizar caso por caso, en este gráfico el Banco de España calcula la ratio de Shiller y estima que la rentabilidad media de una vivienda en España en función del precio del alquiler es del 4 %. Teniendo en cuenta que la renta de las familias está cayendo y que los precios de los alquileres también caerán durante un período, los precios de la vivienda deberían caer un mínimo del 30 % para que la rentabilidad fuera del 6%. Es más o menos la estimación que hacen los portales inmobiliarios para poder vender una vivienda. El otro indicador usado para estimar la sobrevaloración de los precios de la vivienda es el precio de ésta dividido por la renta del hogar. En el gráfico se observa que para volver a niveles de 4 veces, previos a la burbuja, los precios también deberían caer un mínimo del 30%.

Pero éstos son cálculos en media. En la costa y en el segundo cinturón de las grandes ciudades, el exceso de oferta es superior, la demanda es menor y la caída del precio ha sido mucho mayor. Sin embargo, en el centro de las grandes ciudades, donde la oferta disponible es menor, los precios han caído menos. El problema es que estos cálculos corresponden a precios teóricos de equilibrio y, como dice Machado al comienzo de este capítulo, «todo necio confunde valor y precio». El estado natural de las economías y de los precios es el desequilibrio. Mientras siga la depresión y aumente la tasa de paro, el riesgo es que los precios sobrerreaccionen. Según los manuales de economía, la sobrerreacción en algún momento provocaría expectativas inflacionistas y esto reactivaría de nuevo la compra de viviendas. Primero acudirían inversores muy arriesgados, conocidos como «fondos buitre», y cuando el precio se estabilizara, entrarían en escena el resto de los compradores potenciales que llevan años retrasando su decisión de compra.

## El equilibrio de los precios y el equilibrio social

Después de leer este análisis, podría parecer que lo que necesita la economía española es que los precios de la vivienda se desplomen cuanto antes para que se reactive la demanda. Ésta fue la tesis del actual gobierno cuando llegó al poder. Sin embargo, la economía es como el cuerpo humano, y algo que puede ser bueno para reactivar las articulaciones puede destrozarte el hígado o el corazón y agravar tu estado de salud.

No podemos olvidar que España tiene un gravísimo problema de sobreendeudamiento, en su mayoría privado y concentrado en la compra de suelo y vivienda. La deflación de activos —en este caso, la caída del precio de la vivienda— hace que la deuda sea más insostenible cada día. Los inversores internacionales temen que no podamos devolver nuestras deudas y por eso no nos compran más bonos. Como nuestros bancos a su vez no pueden emitir bonos, no pueden dar crédito. Como no dan crédito, muchas familias que piensan que los precios de la vivienda ya son suficientemente atractivos no pueden conseguir una hipoteca. Entonces, la demanda y los precios de la vivienda caen más, los inversores temen el impago, y vuelta a empezar con el círculo vicioso.

Por este motivo, es necesario que los precios caigan hasta un nivel atractivo para la compra, pero evitando la sobrerreacción. La creación del banco malo para sanear los activos inmobiliarios del sistema bancario, que puede acabar gestionando más de 100.000 viviendas, supone el mayor riesgo de sobrerreacción. Sería mucho más apropiado crear un banco bueno y poner la mayor parte de esas viviendas en alquiler. Esto evitaría que en un momento de expectativas negativas sobre la evolución futura, de restricción de crédito y de demanda de vivienda muy débil, la salida al mercado de esa inmensa cantidad de pisos a la vez desplome los precios.

El otro gran riesgo de sobrerreacción de los precios de la vivienda son los embargos hipotecarios. Los bancos tardan más o menos dos años en embargar una casa. Por lo tanto, en la actualidad están embargando los impagos de hipotecas de 2011. La destrucción de empleo en 2012 fue muy intensa, con lo que aumentará la mora hipotecaria. Esto significa que los bancos continuarán ejecutando embargos al menos hasta 2015, y eso seguirá presionando a la baja los precios de la vivienda. En consecuencia, es necesario aprovechar el préstamo de la Troika para estabilizar la deuda de las familias. Aunque la mora hipotecaria es muy baja, aproximadamente el 25 % de las hipotecas tienen el riesgo de acabar en impago. Muchas de esas familias podrían seguir pagando si se redujese el tipo de interés o se prolongase el plazo de su préstamo, algo que los bancos están haciendo directamente. El problema es que en muchos casos es insuficiente y es preciso hacer una quita a la deuda.

Desde la crisis financiera de agosto de 2011, mi preocupación aumentó significativamente. Una doble recesión no estaba en la hoja de ruta, sacaba a nuestra querida España de la senda de la sostenibilidad de la deuda y nos metía en arenas movedizas. Entonces fui consciente de que la depresión iba a generar muchos desahucios y bolsas de pobreza extrema, y que teníamos que hacer algo para evitarlo. No en vano, organismos como el FMI y personalidades como Martin Feldstein, nada sospechosas de estar en contra del libre mercado, habían propuesto una serie de medidas encaminadas a estabilizar la deuda de las familias que contemplaban incluso la posibilidad de hacer quitas sobre el préstamo hipotecario.

## Propuestas para parar los desahucios

A pesar de la gravedad del asunto, las iniciativas para frenar los desahucios, tanto de nuestro gobierno como de nuestros bancos, han sido puro maquillaje para contrarrestar la alarma social creada en la opinión pública. El decreto de buenas prácticas pactado por el gobierno y la banca a principios de

2012 fue un insulto a la inteligencia de los españoles y una falta de respeto a los cientos de miles de familias que han perdido sus viviendas o corren el riesgo de perderlas. El pacto unos meses más tarde entre gobierno y bancos para parar 6.000 desahucios fue asimismo fallido.

En febrero de 2013, el gobierno tuvo que aceptar *in extremis* una iniciativa popular con 1,4 millones de firmas que contaba con el apoyo de la práctica totalidad de los españoles en las encuestas. De nuevo se cumple la máxima de que la economía no es entrópica. Cuando la tensión de un problema económico supera un nivel de sufrimiento, en democracia la sociedad se expresa y se cambian las políticas para resolver el problema. El gobierno dio sensación de pánico y, si no aprueba todas las medidas solicitadas, provocará aún más la ira de la población afectada.

También se cumple la máxima de que hay un tiempo precioso, desde que los economistas detectamos las causas de un problema económico hasta que se ven los efectos, para que la política actúe y se anticipe. Si se hubiera actuado a finales de 2011, cuando algunos economistas alertamos del problema, se habría evitado el drama de muchas familias y parte de la frustración que impera hoy en la sociedad. Ahora la clave es acertar en el diagnóstico y en la medicación.

La Plataforma de Afectados por la Hipoteca (PAH) promovió esta iniciativa popular, que no es una cuestión sólo de solidaridad para detener el avance de la pobreza extrema, sino también de eficiencia económica que argumenta y demuestra el FMI con casos de éxito ya contrastados en otros países.

Sin embargo, la otra propuesta, la de la dación en pago con carácter retroactivo que hace la PAH, sería uno de los grandes errores de política económica de la historia de nuestra querida España, ya que si estamos sufriendo a causa de la debilidad de nuestro sistema bancario, la dación generalizada y con carácter retroactivo provocaría un nuevo aluvión de casas en manos de nuestros bancos; casas que habría que financiar y que restarían nuevos créditos para nuestras pymes, lo cual provocaría el cierre de más empresas, más depresión, una mayor caída del precio de la vivienda, más pérdidas para el sistema bancario, más déficit y deuda pública, más prima de riesgo, más depresión... y vuelta a empezar. La dación en pago, además de complicar la salida de la crisis, no resuelve el problema a la familia que pierde su vivienda.

Otro aspecto técnico poco conocido por la opinión pública, pero no para el lector de este libro, es que el principal instrumento de financiación de nuestros bancos son los bonos con garantía hipotecaria, llamados «cédulas hipotecarias». Éste es el único instrumento que nuestros bancos consiguen emitir en los mercados de capitales desde 2008 y es el principal instrumento que han usado de garantía para solicitar créditos al BCE y evitar el colapso del sistema financiero español.

Si se acepta la dación en pago con carácter retroactivo y de manera generalizada, la calidad crediticia de esos activos sufriría un grave deterioro. Las cédulas hipotecarias suman la escalofriante cifra de 425.000 millones de euros emitidos, más del 40% de nuestro PIB. La dación reduciría su valor como garantía para el BCE, provocando más restricción de crédito, más destrucción de pymes, más destrucción de empleo, más depresión y más desahucios.

Ya lo decía Eugeni d'Ors: «Los experimentos, con gaseosa». Y aprobar la dación en pago con carácter retroactivo y generalizado sería como activar una bomba nuclear. La sociedad piensa que hemos llegado al límite del sufrimiento, pero la realidad es que estamos al 50% de posibilidades, tal como nos han enseñado los portugueses y las crisis en países emergentes.

La clave en el proceso de estabilizar la deuda de las familias y parar los desahucios es conseguir que las familias se queden en las casas. Conviene no olvidar que somos el país de Lazarillo de Tormes. Por lo tanto, el proceso debe hacerse bajo tutela judicial. Cuando el juez considere la buena fe del deudor y que hay causas objetivas para el impago de la hipoteca, se activa el plan. Se sientan a tres bandas el deudor, el banco y el gobierno, y se calcula cuál es la cuota mensual que puede pagar. Con esa cuota se estima la deuda que supondría un préstamo a treinta o cuarenta años a tipos de interés razonables. Y, a continuación, se condona la deuda pendiente que supere esa cifra.

Este plan fue uno de los pilares que Roosevelt puso en marcha con su banco malo para sacar a Estados Unidos de la Gran Depresión. Y Obama lo implementó con éxito en 2009 cuando llegó a la Casa Blanca. El FMI ha recomendado a los países con alta deuda hipotecaria, como es nuestro caso, que lo pongan en práctica, por lo que sería sencillo contar con el apoyo de la Troika para financiarlo. Se trataría de la primera medida de ayuda al sistema bancario que la sociedad percibiría como una ayuda a los ciudadanos en lugar de a los bancos desde 2008. Es seguro que contaría con el respaldo social.

En el caso extremo que contemplaba el decreto de las buenas prácticas en el que la familia no tiene ningún ingreso, además de la condonación de la deuda habría que tener un plan de vivienda social. Nadie entendería que con un millón de casas vacías la democracia no pudiera resolver este caso de pobreza extrema.

La propuesta contempla la dación en pago pero sólo para las familias vulnerables de exclusión financiera y de quedar atrapadas en la pobreza. Este plan va a necesitar ayudas públicas en los bancos ya nacionalizados, que son los que concentran la mayor parte de las hipotecas vulnerables. En el momento en que escribo, están a disposición 60.000 millones del rescate europeo. Por lo tanto, no hay excusas y sería la primera ayuda que recibirían nuestros bancos desde 2007 que realmente redunda en los ciudadanos y, desde luego, la opinión pública aceptaría el sacrificio.

Lo que no debemos permitir es que este plan proteja a personas que asumieron riesgos, se equivocaron y que no están en riesgo de exclusión social, a costa de la deuda pública que tendrán que pagar nuestros hijos. Imaginemos que un individuo como Luis Bárcenas tiene inversiones inmobiliarias sujetas a hipotecas, y que sus abogados le recomiendan declararse insolvente para aprovecharse de una ley como la propuesta. No podemos consentir que un individuo que dispone de millones de euros aparcados en paraísos fiscales se beneficie de la dación en pago y lo paguemos todos los españoles en términos de más deuda pública, más restricción de crédito, más desempleo y más desahucios.

El sistema estaba diseñado para crisis normales, y esta depresión ha desbordado nuestros sistemas de protección. Pasó lo mismo en la central nuclear de Fukushima; el muro de protección contra tsunamis era de cinco metros, pero la ola que arrasó la central medía más de diez metros. Autoflagelarse y llamar criminales a los banqueros en la tribuna del Congreso ayuda a liberar rabia y frustración, pero no garantiza que paremos los desahucios y el drama social de miles de familias españolas. Como dice un amigo inglés: «*It's very easy to be nice, but it's difficult to be good*». Apoyar la dación en pago con carácter retroactivo es *very nice*, pero, como he intentado demostrar anteriormente, no es *good*. Y el camino del infierno está empedrado de buenas intenciones.

*Be good, my friend.*

# 13

# La crisis bancaria

> Cuando un gobierno te dice que una crisis bancaria no tendrá coste para los contribuyentes es que no está resolviendo el problema.
>
> ARISTÓBULO DE JUAN

Cuando en 2007 la crisis hizo su aparición en el horizonte, la amenaza de una tempestad cayó sobre todo el sistema financiero. En muchas quinielas se apostaba por el colapso de nuestra banca, aunque debemos reconocer que se comportó mejor que la del resto de los países desarrollados, hasta la quiebra de Lehman Brothers. La presión de los mercados sobre nuestro sistema bancario fue enorme, y obligó al Banco de España y al gobierno a una defensa numantina de la solvencia de nuestra banca y a alardear de la eficacia de nuestra supervisión. Esta defensa se apoyaba en dos pilares: los bancos españoles no tenían *subprime* y había una provisión extraordinaria que los inmunizaba del virus de la crisis financiera.

## LOS PILARES DE LA BANCA ESPAÑOLA

El primer pilar efectivamente existía y era robusto. El Banco de España había prohibido la banca en la sombra. Si nuestras entidades querían comprar activos, tenían que incluirlos en su balance y poner el capital regulatorio necesario en función del riesgo asumido. Ya sabemos que la banca internacional había sacado de su balance la banca de activos y estaba operando en paraísos fiscales sin exigencias de capital regulador. Por lo tanto, la medida tomada por el Banco de España evitó que la crisis pudiera llevarse por delante al 100 % de nuestro sistema bancario, como sucedió en Irlanda. La banca irlandesa, que sí hizo banca en la sombra, con el pinchazo de su burbuja inmobiliaria tuvo cuantiosas pérdidas por la crisis *subprime*.

Los contribuyentes irlandeses ya han aportado ayudas públicas a su sistema bancario por valor del 40 % de su PIB, lo que seguramente supone la peor crisis bancaria de la historia. En España, incluso en el supuesto de que gastásemos íntegramente el préstamo de 100.000 millones de la Troika en el saneamiento de nuestros bancos, su coste estaría próximo al 15 % del PIB, una cifra similar a la que se ha gastado Alemania, y tres veces menor que la de los irlandeses.

Sin embargo, el segundo pilar era más débil y sólo una verdad a medias. En el capítulo dedicado a la burbuja financiera hemos explicado que, en la época en que Luis Ángel Rojo estaba al frente del Banco de España, se anticipó un escenario donde la entrada en el euro y la brusca bajada de los tipos de interés podría provocar una burbuja inmobiliaria y de crédito, por eso se obligó a los bancos a hacer provisiones extraordinarias para proteger futuras pérdidas. El conjunto del sistema bancario español reservó 30.000 millones de euros de sus beneficios para afrontar futuras pérdidas, una cantidad equivalente al 3 % del PIB.

Esta provisión anticíclica es una medida excelente que todos los organismos internacionales alabaron, e incluso se incorporó a Basilea III y a la nueva regulación bancaria internacional. En el caso español, sin embargo, esta provisión creó una seguridad ilusoria que llevó a los bancos y a su supervisor a una cierta relajación de las provisiones específicas sobre créditos problemáticos.

La tenue efectividad de esta vacuna se puso de manifiesto en el último ejercicio de estrés al que se sometió nuestro sistema bancario en el verano de 2012. En un escenario estresado, la estimación de las pérdidas de nuestros bancos serían superiores a los 250.000 millones de euros. De modo que, aun reconociendo el acierto de la provisión anticíclica, parece demostrado que la existencia de esa provisión relajó en exceso tanto a las entidades como al supervisor.

## La debilidad de nuestros bancos

Nuestros bancos adolecen de una patología clásica en las crisis bancarias, similar a la que padecieron en los años setenta. En este caso, la entrada en la moneda única y la globalización financiera permitieron a nuestros bancos endeudarse con el exterior, lo cual, unido a la Gran Recesión y la crisis del euro, multiplicó su vulnerabilidad.

Debido a la burbuja inmobiliaria, los créditos se concentraron en este sector. Cuando quebró Banesto en 1992, el crédito hipotecario, a constructores y a promotores inmobiliarios, sumaba el 35 % del crédito total concedido por nuestros bancos. En 2007, esas mismas partidas ya suponían el 60 % del total. Esta cifra corresponde a la media del sector, porque las entidades que han sido intervenidas llegaron a acumular el 80 % de sus créditos en la burbuja.

El préstamo a los promotores inmobiliarios constituye el

problema principal. En 1992, este tipo de préstamos eran el 3% del PIB de la época. En 2007 alcanzaban ya el 30%. Como hemos explicado en capítulos anteriores, en la mayoría de los casos estaban destinados a la financiación del suelo, y el mismo suelo era la única garantía. Se estima que esos créditos pasaban de los 100.000 millones de euros, más del 10% del PIB. Buena parte del suelo está sin calificar y alejado de zonas urbanas con presión de demanda, y ha perdido la mayor parte de su valor. Aunque el suelo calificado en zonas urbanas tiene valor, en la actualidad no tiene demanda y su precio está próximo a cero. Éste es el principal cáncer de nuestro sistema bancario y el que mayor coste va a suponer a los contribuyentes.

El cálculo es muy sencillo. La burbuja pincha, los promotores dejan de vender viviendas y no pueden pagar sus créditos, los bancos embargan las garantías, pero éstas han perdido la mitad del valor en el caso de las viviendas y el 90% en el caso del suelo. La diferencia entre la deuda existente y el valor de la garantía son pérdidas que debe asumir el banco. Primero se usan los beneficios para sanear, pero cuando las pérdidas son muy elevadas, éstos ya no son suficientes. Entonces el banco usa el capital y los accionistas asumen las pérdidas. Si el capital es insuficiente, entonces las entidades son intervenidas por el Estado y somos los contribuyentes quienes aportamos el capital.

## Qué pasa cuando los bancos quiebran: el caso islandes y el caso chipriota

Llegados a este punto, una de las preguntas más repetidas es la siguiente: ¿por qué no se deja quebrar a los bancos, como sucede con otras empresas? La respuesta es también sencilla: más de la mitad del balance de nuestro sistema bancario son depósitos, que constituyen la principal base de ahorro de las familias españolas. Y la práctica totalidad de estos depósitos están garantizados por el Estado. Por lo tanto, en caso de quiebra, si la liquidación de la entidad es menor que lo que valen los depósitos, la diferencia la pone el Estado.

En Chipre, en marzo de 2013, la Unión Europea cometió el error gravísimo de aceptar una quita a los depositantes de menos de 100.000 euros. Más tarde se retractaron, pero el daño sobre la confianza en los fondos de garantía de depósitos en Europa ya estaba hecho. Hubo además un segundo error: imponer un corralito. Ésta es una medida de extrema necesidad que sólo se usa cuando se ha producido una fuga de depósitos y el sistema bancario se está desangrando. Imponer un corralito sin necesidad, y provocar con ello una fuga de depósitos posterior, es un error de manual con escasos precedentes en la historia.

El seguro de depósitos lo creó Roosevelt durante la Gran Depresión. Eliminarlo sería como regresar al siglo XIX. Cuando el fondo de garantía no existía, las crisis bancarias eran más frecuentes y las depresiones económicas, más profundas. No hay ningún país que haya dejado quebrar a su sistema bancario. Ni los argentinos en la crisis de 2001 —una crisis mucho peor que la que nosotros padecemos— ni los islandeses, cuyo mito se expande por la galaxia.

Chipre es un paraíso fiscal con un sistema bancario demasiado grande para ser salvado por sus ciudadanos. Sus problemas comenzaron cuando pinchó la burbuja inmobiliaria en la isla, pero sobre todo cuando empezó la crisis griega en 2010. Los bancos chipriotas dependían de los préstamos de los bancos griegos para financiarse y habían comprado mucha deuda pública del país heleno. Cuando empezó la tragedia griega, sus bancos ya no podían financiar a los chipriotas. Y cuando Grecia hizo una quita del 50 % en 2012 a su deuda pública, la banca de Chipre quebró.

Encontrar una solución para Chipre no era sencillo, pero el plan aprobado por la Troika tiene lo peor de los rescates anteriores a los que se ha unido el corralito y el temor provocado a los depositantes. El rescate aumentará la deuda pública del país hasta el 150 % del PIB y no podrán pagarlo. Se condena al país al *austericidio* y a la depresión. Sería necesario un Plan Marshall de inversiones para que el país volviera a crecer, combinándolo con los ajustes necesarios. La decisión menos traumática para Chipre, viendo las condiciones que ha impuesto la Troika, sería la salida del euro o la reestructuración de toda su deuda externa a la islandesa.

Islandia es el ejemplo extremo de la desregulación y de la banca en la sombra. Con sólo 300.000 habitantes, su sistema bancario suponía once veces el PIB del país. La mayor parte de sus deudas eran con no residentes, sobre todo británicos, que depositaban sus ahorros en los bancos islandeses por internet, ya que éstos pagaban una rentabilidad mucho mayor. La burbuja de crédito internacional fue muy duradera, y los inversores consideraron que sus expectativas eran estables cuando en realidad la situación era insostenible por naturaleza.

Como sucede en toda burbuja, llegó el momento en que los inversores se asustaron y sobrerreaccionaron. Retiraron los depósitos de las entidades islandesas y éstas quedaron al margen de la financiación internacional. Los bancos cayeron como castillos de naipes y entonces entró en escena el Estado islandés. La situación que encontraron es que si asumían todas las deudas de los bancos, su deuda pública aumentaría hasta el 1.000% del PIB. De modo que Islandia no tuvo más opción que incumplir los pagos a los inversores internacionales.

Aun en esta tesitura, Islandia no dejó que sus bancos quebraran y protegió los depósitos de sus ahorradores, lo que les ha costado a los contribuyentes islandeses el 25% de su PIB en ayudas para salvar a aquéllos. Además, el gobierno tuvo que imponer un corralito y limitar la cantidad de dinero que los ciudadanos podían sacar de sus cuentas.

Los islandeses tenían un déficit exterior del 25% del PIB, y cuando los ahorradores huyeron de Islandia, el país se paró en seco. El anuncio del impago de su deuda externa intensificó la fuga de capitales y se creó una dinámica de bola de nieve que aumentó el frenazo de la economía. El PIB islandés y el empleo cayeron el 10%, el consumo privado el 25% y la inversión un 50%. El Estado, que tenía un superávit fiscal del 6% del PIB, vio cómo se desplomaban sus ingresos y pasó a tener un déficit del 6%. Doce puntos de déficit, algo similar a lo sucedido en España. Esto demuestra que no pagar no sale gratis, especialmente en términos de deuda pública y de desempleo, y por esta razón, como en todas las decisiones, hay que hacer un análisis coste-beneficio.

Islandia no tuvo opción, y al ser un país muy pequeño, el préstamo internacional fue ridículo. Pero España es un país muy grande y, como explicaremos más adelante, un suceso de estas características provocaría otra Gran Depresión mundial. No obstante, evitar la quiebra de nuestro sistema bancario no significa que los contribuyentes nos hagamos cargo del 100% de las deudas y que los inversores que infravaloraron los riesgos no asuman ningún coste. La virtud, como nos enseñó Aristóteles, estará en un punto intermedio.

## LA «MANO INVISIBLE» NO REGULA LA RESTRICCIÓN DEL CRÉDITO

El sistema bancario español tiene otro grave problema y es su elevada dependencia de la financiación externa. Hasta nuestra entrada en el euro, nuestros bancos tenían una posición equilibrada entre los créditos concedidos y los depósitos de los clientes. Las familias españolas ahorraban, depositaban su dinero en las entidades bancarias y éstas se encargaban de asignar ese crédito entre las empresas y las familias que necesitaban hipotecas.

La entrada en la moneda única rompió ese equilibrio. Nuestros bancos accedieron a mercados organizados e internacionales, lo cual no era posible con la peseta. El crédito crecía por encima de los depósitos y los bancos emitían cédulas hipotecarias para captar ahorro, principalmente en Europa y mayoritariamente en Alemania.

GRÁFICO

*Deuda externa española*

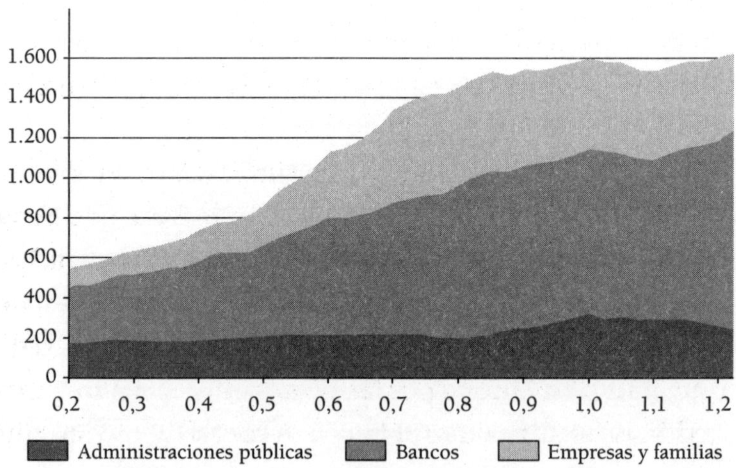


FUENTE: Banco de España y elaboración propia.

En el gráfico puede observarse cómo los bancos españoles deben a los inversores extranjeros un billón de euros, casi el 60 % del total de nuestra deuda externa y el 100 % del PIB. El principal acreedor de nuestra banca es el BCE, al que nuestros bancos debían a finales de 2012 la escalofriante cifra de 350.000 millones de euros, el 35 % del PIB. Conviene matizar que la mayor parte de la deuda bancaria con inversores extranjeros corresponde a nuestras dos grandes entidades y es fruto de su expansión internacional. La deuda pública en manos de extranjeros es de 200.000 millones, tan sólo el 15 % del total, y la de empresas y familias se sitúa por debajo de 400.000 millones. Como ya hemos indicado, estamos ante una crisis de deuda privada, aunque ya ha contaminado a la deuda pública y ha provocado una crisis fiscal.

Con el colapso de 2007 se acabó la financiación y, con ella, el crédito. A menudo se culpa a los bancos de empeorar la crisis por no dar crédito, pero esta acusación refleja el desconocimiento más absoluto de las causas de la crisis. También es cierto que los bancos, sus asociaciones patronales y el Banco de España han contribuido a este mito al negar la restricción de crédito y su ridícula tesis de que no existe una demanda solvente.

En 2013, después de seis años sufriendo la peor restricción de crédito de nuestra historia, tanto el Banco de España como las entidades siguen negando la realidad. Y la realidad es que, según la encuesta realizada por el BCE, las pymes españolas son las que denuncian una mayor restricción de crédito, sólo superadas en Europa por las pymes griegas. La restricción de crédito no significa que el banco te niegue el crédito directamente; significa que te impone unos tipos de interés, unas condiciones de acceso y un nivel de garantías que deja fuera del canal crediticio a la mayor parte de la demanda potencial.

Especialmente dramática es la restricción de crédito a las pymes, que tienen una mayor dependencia bancaria que las grandes empresas. Y a los jóvenes, donde la reforma laboral y los contratos basura han hundido sus salarios y han empeorado su perfil de riesgo, lo cual dificulta que puedan conseguir una hipoteca. En este caso no se cumple el rollo moral de «la mano invisible» que contamos los economistas.

Ahora que los bancos son la mayor inmobiliaria del país, es cierto que sí dan crédito cuando el comprador opta por una casa de su cartera inmobiliaria. Pero es muy complicado conseguir un crédito hipotecario para una casa de un particular. El exceso de oferta provoca otro círculo vicioso: la restricción de crédito disminuye la demanda de casas, y los dueños se ven obligados a rebajar aún más el precio si quieren deshacerse de ellas. Las casas en propiedad de los bancos se contagian y pierden más valor, las entidades vuelven a necesitar más capital, los contribuyentes vuelven a asumir más deuda pública, los inversores no nos compran bonos, la prima de riesgo aumenta, la depresión se intensifica, y vuelta a empezar.

## Quiénes pudieron evitarlo

La crisis bancaria y el colapso de los canales crediticios son la principal causa de la depresión en la que estamos inmersos. Es evidente que los principales culpables de la crisis son los agentes privados, empresas, familias, bancos e inversores que provocaron el sobreendeudamiento. Pero también es evidente que la Guardia Civil —en este caso, el Banco de España— no montó los suficientes controles de alcoholemia.

Aunque el boom inmobiliario y crediticio comenzó en 1998, la burbuja se formó más tarde. Para los economistas es muy difícil determinar cuándo se generan y cuál es el momento óptimo para pincharlas, o, en su defecto, cómo desinflarlas gradualmente. En el verano de 2006, el crédito a empresas promotoras ascendía a 200.000 millones. En la actualidad, la cifra se ha doblado hasta los 400.000 millones. Si en ese momento el Banco de España hubiera endurecido las condiciones para conceder crédito (por ejemplo, la financiación de suelo o hipotecas por encima del 80 % del valor real del precio de las casas), no se habría evitado una crisis bancaria pero su magnitud sería mucho menor. Asimismo, podrían haberse establecido límites cuantitativos al crecimiento del crédito, como hizo el Banco de España presidido por Luis Ángel Rojo en 1990, aunque esta medida tiene efectos más devastadores y hubiera sido menos eficaz.

En todo caso, parece evidente que, dadas las circunstancias, hubiera sido deseable tomar medidas que apagasen el incendio de la burbuja. ¿Por qué no se hizo? Como decía uno de mis profesores cuando le hacía alguna pregunta comprometida: «Doctores tiene la madre Iglesia que le sabrán responder».

No obstante, conocemos algunas circunstancias que pueden ayudarnos a comprenderlo. En el verano de 2006 hubo relevo al mando del Banco de España. Jaime Caruana, que había sido el mayor responsable de la falta de supervisión durante la burbuja, dejó el cargo para convertirse en el nuevo responsable de la estabilidad financiera en el FMI en Washington. Le sustituyó Miguel Ángel Fernández Ordóñez. Es evidente que el nuevo gobernador no tenía ninguna responsabilidad en los errores de supervisión y de regulación que cometió su antecesor; no obstante, venía de ocupar un puesto de responsabilidad en el Ministerio de Economía desde el que había negado oficialmente la existencia de una burbuja.

Fernández Ordóñez es un liberal reconocido, e imponer restricciones cuantitativas a la concesión de crédito habría ido en contra de los postulados morales que él ha defendido toda su vida.

La frase que ha trascendido a la prensa en el marco de su declaración como testigo ante el juez por el caso Bankia, define bien las ideas de Fernández Ordóñez y ayuda a explicar la inacción: «La intervención de una entidad bancaria es una medida radical que no se usa». Los manuales de supervisión bancaria nos enseñan que, cuando un banco tiene problemas de solvencia, la intervención es la solución que antes resuelve el problema y minimiza los costes para los contribuyentes. Todos sabemos que en el cáncer, un diagnóstico precoz y una intervención rápida son determinantes para la curación. Por desgracia, las dos personas que han dirigido el Banco de España durante la peor burbuja y crisis bancaria de la historia de nuestra querida España no eran oncólogos, sino homeópatas.

Tras la quiebra de Lehman Brothers en 2008, todos los países se embarcaron en planes de recapitalización de su sistema bancario. En la Eurozona, Alemania y Francia lideraron la recapitalización, y la Comisión Europea anunció que quedaban en suspenso las limitaciones impuestas por la regulación. Se cumplió de nuevo aquella máxima de que «los países grandes no incumplen las reglas, simplemente las cambian». En ese momento España perdió su gran oportunidad para reconocer la crisis bancaria y recapitalizar sus bancos.

Aquí optamos por defender que nuestros bancos estaban sanos y que nuestros problemas eran de liquidez y no de solvencia. La tesis de no intervención defendida por Fernández Ordóñez desde el Banco de España fue respaldada por Pedro Solbes, vicepresidente económico del gobierno de Zapatero.

Uno y otro argumentaban que la recesión era necesaria para depurar excesos, pero que ésta sería suave y no haría falta inyectar capital en el sistema bancario. En el equipo económico surgieron voces discrepantes. Al final, siempre que se trata del dinero de los contribuyentes, tanto para los aciertos como para los errores, la máxima responsabilidad corresponde al jefe del Gobierno.

El presidente Zapatero, consciente de la dificultad de explicar a la sociedad la necesidad de inyectar dinero en el sistema bancario, optó por la versión del Banco de España. Son muchas las críticas que ha recibido por su inacción en cuanto a las reformas y también por sus medidas de estímulo. Sin embargo, el gran error de Zapatero en el plano económico fue no aprovechar la ventana política abierta en otoño de 2008, como sí hicieron Merkel y Sarkozy, lo que le supuso la salida temprana del poder y el peor resultado de su partido desde las primeras elecciones de la democracia.

El presidente Rajoy había formado parte de los gobiernos de Aznar en los que se gestó la burbuja inmobiliaria, si bien no estaba en el equipo económico. Sin embargo, en 2008 era el máximo responsable del partido de la oposición y apoyó todos los decretos del gobierno socialista relacionados con las ayudas al sistema bancario, exceptuando el último de 2011. Es evidente que la responsabilidad del líder de la oposición es muy inferior a la del presidente del Gobierno. Pero Rajoy es presidente desde diciembre de 2011 y nada más tomar posesión dijo la frase maldita: «La crisis no costará ni un euro a los contribuyentes».

Como refleja la cita de Aristóbulo de Juan que encabeza este capítulo, fruto de su experiencia en la resolución de crisis bancarias en varios continentes durante cuarenta años: «Cuando un gobierno te dice que la crisis no tendrá coste para los contribuyentes es que no está resolviendo el problema». El gobierno aprobó un decreto en febrero de 2012 que obligaba a las entidades a hacer una provisión de fuertes pérdidas asociadas a los activos problemáticos inmobiliarios, especialmente los del suelo con la adjudicación de créditos a los promotores.

Cuando leemos la prensa internacional tenemos la impresión de que los políticos españoles están incapacitados para gestionar bien las crisis bancarias, pero la evidencia demuestra que el problema es universal. Merkel ha concedido ayudas al sistema bancario alemán por valor de unos 300.000 millones, más del 10% de su PIB, sin apenas reconocer pérdidas en el déficit, y sigue diciendo a sus contribuyentes que serán los bancos, y no ellos, los que pagarán las ayudas. En 2008, Bush nacionalizó Fannie Mae y Freddie Mac, cuyo activo suponía el 30% del PIB de Estados Unidos, y Obama no ha finalizado la recapitalización de las entidades y aún las mantiene zombis. En 1982, después del impago de la deuda externa de cuarenta países emergentes, los grandes bancos estadounidenses estaban en quiebra. Reagan no asumió ese año la recapitalización de sus bancos, tras la crisis de la deuda de los países emergentes, y no puso en marcha el Plan Brady para solucionar la crisis hasta 1989.

## Crónica de un rescate anunciado

Aunque el Partido Popular no dio detalles de su plan de saneamiento bancario, el actual equipo económico hablaba de él impunemente en los medios de comunicación, tanto nacionales como internacionales, durante la campaña electoral. Entonces este economista observador advirtió que aquel plan suponía poner en situación de quiebra a la mayor parte de nuestro sistema bancario, que provocaría una fuga de capitales y nos abocaría a un rescate de la Troika. Mi plan era atacar las entidades insolventes con dinero público y no cuestionar mediante un decreto la solvencia de todo nuestro sistema bancario. En aquel momento el BCE abrió una ventana de préstamos a tres años para los bancos, y tanto el Tesoro como el Fondo de Reestructuración Ordenada Bancaria (FROB) podrían haber conseguido esos 50.000 millones sin necesidad de un rescate de la Troika. Recuerdo cuál fue la respuesta de un alto cargo del gobierno actual a mis advertencias: «Los inversores son razonables y, si el plan es creíble, nos comprarán los bonos».

El decreto de saneamiento bancario —apodado como «Guindos I»— obligaba al sistema bancario a provisionar 50.000 millones de euros. Para solucionar el problema, antes es necesario reconocerlo, pero el decreto colocaba en situación de insolvencia a varias entidades financieras y el error del gobierno fue no intervenirlas inmediatamente e inyectarles capital público. El caso más evidente ha sido el Banco Financiero y de Ahorros, la matriz del grupo Bankia. En los meses siguientes, el decreto provocó un fuerte período de inestabilidad en los mercados y España sustituyó a Italia como el principal riesgo sistémico de la Eurozona y mundial.

Aquello ocasionó una crisis en Bankia que forzó la dimisión de su presidente Rodrigo Rato, ex vicepresidente económico de los gobiernos de Aznar y, posteriormente, director gerente del FMI. Se estaba gestionando la nacionalización de un banco con 300.000 millones de euros, el equivalente al 30 % del PIB, y cuestionaba la solvencia del Reino de España. La intervención provocó un aluvión de bajadas de calificación y colocó al país y la mayor parte de su sistema bancario a un nivel próximo al bono basura. Al final, cuando llega el caos pierdes el control, y la fuga de capitales de inversores no residentes se intensificó. El ejecutivo se vio forzado a solicitar un rescate a nuestros socios europeos con el objeto de recapitalizar el sistema bancario.

Durante aquella semana trágica de Bankia se produjeron fuertes retiradas de depósitos y muchos españoles, sobre todo con rentas altas, sacaron el dinero del país para depositarlo en cuentas en Luxemburgo, Suiza, Panamá o las islas Caimán.

Esa semana trágica, este economista observador recibió unas cien llamadas diarias. Muchas de ellas eran de medios de comunicación internacionales. Sólo atendí a los medios españoles con una elevada audiencia, ya que una corrida de depósitos es un asunto muy serio que pone en riesgo no sólo la estabilidad económica, sino también la política, la social y la propia democracia. Ni el gobierno, ni el Banco de España, ni la Comisión Nacional del Mercado de Valores (CNMV), ni la Asociación Española de Banca, ni la Confederación de Cajas de Ahorros, ni las propias entidades atendieron a los medios. Lo que ocurrió aquella semana ayuda a explicar por qué la crisis ha sido más dura y prolongada en España que en el resto de los países desarrollados. Dediqué íntegramente dos días de mi vida a atender a medios de comunicación para desactivar el pánico y explicar a la sociedad que, dentro del euro y con acceso ilimitado de nuestros bancos, la probabilidad de un corralito en nuestra querida España era muy reducida. El ejemplo eran los bancos griegos: desde 2009 han perdido el 30 % de sus depósitos y, sin embargo, en Grecia no ha habido corralito.

Tuvo que ser un economista observador, que no cobraba por ello y que arriesgaba su puesto de trabajo, ya que la mayoría de los bancos son clientes de su empresa, quien se pusiera delante de una manada de búfalos asustados que pensaban que sus ahorros no estaban seguros en el banco. El impacto mediático fue brutal y la gente me paraba por la calle para darme las gracias por explicarles lo que estaba pasando. La semana siguiente, fui invitado por el gobierno a una reunión a la que acudí con mi coche particular. Yo tenía un coche azul con los cristales tintados. Normalmente los policías, al verme tan joven, siempre piensan que soy el chófer y me piden la documentación de mi acompañante. En esa ocasión el policía se cuadró y me dijo: «Señor Díez, ¿me podría explicar por qué está subiendo hoy tanto la prima de riesgo?».

Varias editoriales me llamaron y este libro es, en parte, resultado de aquella semana. Yo lo hice por responsabilidad y por mi obsesión de dejar a mis hijos un país mejor que el que me encontré. Agradezco todas las muestras de cariño de la gente; aunque creo que lo mejor es que este economista observador no salga por televisión porque eso significará que ya estamos saliendo de la crisis y que la gente empieza a perderle el miedo a la depresión.

Aquella semana trágica acabó en el rescate de 100.000 millones de euros por parte de nuestros socios europeos. El Estado avalaba el préstamo, lo cual suponía socializar 10 puntos de PIB de deuda privada por deuda pública e intensificó aún más la fuga de capitales hacia el exterior. Sólo la intervención *in extremis* del BCE en agosto, con el anuncio de la compra de bonos españoles, evitó que colapsara nuestro mercado de deuda pública, como había sucedido anteriormente en Grecia, Irlanda y Portugal.

Entre enero y agosto de 2012, nuestro sistema bancario aumentó la apelación al BCE desde 175.000 millones hasta 428.000 millones. Los inversores dejaron de refinanciar los vencimientos de bonos y el BCE se convirtió, no en el prestador de última instancia, sino en el único prestador. No obstante, el mayor problema fue el colapso de la financiación en los mercados de repos de deuda pública. El repo es un préstamo interbancario en el que los bancos se prestan dinero con la garantía de deuda pública. En caso de impago del banco deudor, el banco acreedor se quedaría con el bono de deuda pública en propiedad.

En enero de 2012, según datos del Tesoro público, los inversores internacionales tenían invertidos 80.000 millones en repos de deuda pública. Siete meses después, tan sólo tenían 18.000 millones y, seguramente, la mayoría con sus filiales o sucursales de los bancos extranjeros en España. Estas filiales (las principales son de Deutsche Bank y de Barclays) también son dependientes del ahorro externo y necesitan dinero de su matriz para financiar las hipotecas que concedieron durante la burbuja.

El contagio también llegó a la deuda pública. Los inversores internacionales dejaron de acudir a las subastas del Tesoro público y redujeron su exposición neta a la deuda pública en 2012. Los bancos españoles fueron los principales financiadores del Tesoro, pero sin capacidad para hacer frente a sus elevadas necesidades de financiación. La intervención del BCE evitó el colapso, pero ahora exige que España solicite un rescate completo al Fondo Europeo. Lamentablemente, los dos precedentes de Irlanda y Portugal no permiten ser optimistas al respecto.

El objetivo de este libro es proponer medidas para resolver la crisis, sabiendo de antemano que el pasado no se puede cambiar. Por lo tanto, lo mejor que podemos hacer es analizar en qué situación estamos y hacia dónde nos dirigimos. El principal enemigo de nuestro sistema bancario es la depresión, y tanto la crisis del euro como las dificultades para acceder a los mercados mayoristas de financiación complican en exceso la solución. Así pues, hasta que no acabe la recesión y la crisis del euro, no sabremos qué coste supondrá para los contribuyentes la crisis bancaria. También sabemos que el pinchazo de la burbuja inmobiliaria colapsó el mercado de crédito y provocó el caos y la depresión. En consecuencia, hasta que no resolvamos la crisis bancaria, no volverá el orden y no estaremos en condiciones de bajar la tasa de paro, que debe ser el principal objetivo del gobierno y de la sociedad en su conjunto.

## Qué debemos hacer con el dinero del rescate

Es una perogrullada, pero el escenario es incierto. De momento, nuestros tres grandes bancos —Santander, BBVA y La Caixa— no han necesitado capital público. Aunque no es verdad eso que cuentan de que no han recibido ayudas públicas: si lo desean, el BCE les permite acceder a una financiación ilimitada a tipos próximos al 0 %, algo que el resto de las empresas y las familias no podemos hacer. ¿Cuántas empresas y familias no habrían dejado de pagar sus créditos si hubieran gozado de una financiación ilimitada al 0 %?

Estas tres entidades suponen ellas solas la mitad del tamaño de nuestro sistema bancario. A ello hay que sumar el Banco Popular, el Sabadell, Bankinter o la Banca March, la entidad con mayor solvencia de Europa. Por su parte, las cajas de ahorro han sido estigmatizadas durante la crisis. Es cierto que la mayor parte de las entidades intervenidas han sido cajas de ahorro y que, de media, su gestión ha sido más deficiente que la de los bancos. La realidad es que La Caixa suponía la mitad del tamaño del sistema de cajas, y se unen Kutxa Bank y Unicaja, que han podido sobrevivir a la peor crisis financiera en ochenta años mejor que muchos bancos y sociedades anónimas.

Las cajas de ahorro fueron entidades creadas hace doscientos años para atender la represión financiera y la ausencia de crédito. Es evidente que la indefinición legal de quienes eran sus accionistas generaba conflictos de gobierno corporativo y problemas para ampliar capital. Pero la generalización siempre conduce al error y la realidad se ha encargado de demostrar que asociar ineficiencia a cajas de ahorros es muy injusto. La mayor parte de las entidades que han quebrado en el mundo han sido bancos, desde Lehman Brothers hasta todos los bancos irlandeses o islandeses.

Las cajas lideraban la concesión de crédito en sus regiones o provincias y su estigma ha contribuido a la depresión. Además, al no tener accionistas privados, distribuían la mayor parte de sus beneficios en obra social, desde los bancos de los parques públicos, hasta bibliotecas, residencias de ancianos y múltiples actividades culturales. Además de llevarse por delante millones de empleos y de deuda pública, esta crisis ha arrasado ese capital social y todos nos hemos empobrecido sin ser conscientes de ello.

Hay una cierta obsesión por conocer la cifra del coste de la crisis bancaria. Pero, como señalamos anteriormente, este dato no se sabrá hasta que acabe la crisis. La prioridad no es saber la cifra; la clave es hacer uso de los escasos recursos de que disponemos para optimizar el saneamiento de las entidades insolventes. En los años setenta, la crisis bancaria también supuso la nacionalización de la mitad del sistema bancario. En aquella ocasión, el coste para los contribuyentes en concepto de inyecciones de capital para los bancos nacionalizados supuso el 6% del PIB de la época. No obstante, el Banco de España concedía créditos subvencionados a las entidades quebradas, lo que supuso otro 6% del PIB. Hoy en día, la Comisión Europea exige contabilizar esas subvenciones de tipos de interés como déficit. Por lo tanto, el 12% del PIB en la actualidad supondría 120.000 millones de euros.

La exposición al ladrillo es mucho mayor ahora, y nuestros bancos apenas tienen acceso a los mercados de financiación. Puesto que el rescate bancario permite a España disponer de 100.000 millones de euros, hay que usar ese dinero eficientemente y solucionar el principal problema de la economía española para retornar a una senda de estabilidad y crecimiento económico que nos permita bajar nuestra tasa de paro.

¿Cómo deben usarse esas ayudas públicas? Las tenemos de dos tipos. Las ayudas de capital que son a fondo perdido. Una entidad debe cumplir un capital mínimo regulador, y si está nacionalizada, debe ser con dinero de los contribuyentes y aumentará el déficit y la deuda pública. El otro problema es financiar los activos problemáticos. Para esto último se ha creado un banco malo, la Sareb.

La prioridad en una depresión provocada por una burbuja inmobiliaria, y con sobreendeudamiento de las familias en las hipotecas, es estabilizar la deuda de las familias y atajar la sobrerreacción del ajuste del precio de la vivienda. El plan para parar los desahucios y reestructurar la deuda de las familias vulnerables que no pueden pagar su hipoteca, que ya expliqué en el capítulo anterior, supondrá costes para el contribuyente en los bancos ya nacionalizados y es urgente acometerlo cuanto antes. Para poner fin a esta maldita crisis y para evitar sacrificios en vano a miles de familias, no podemos seguir arrastrando los pies.

## Bancos buenos, banco malo

La otra acción prioritaria es mejorar el diseño del banco malo que ya se ha creado y conseguir que sea efectivo. El primer banco malo de la historia lo creó Roosevelt durante la Gran Depresión y fue determinante para retornar a la economía al crecimiento. Posteriormente, en la mayor parte de las crisis bancarias que se han resuelto con éxito se ha acabado usando la figura del banco malo. Incluso en España durante la crisis de los años setenta, cuando el Fondo de Garantía de Depósitos fue clave para su resolución.

El banco malo es un instrumento que consume muchos recursos al principio, todos los cuales serán pérdidas para el contribuyente. El banco compra activos a las entidades insolventes, principalmente créditos y activos inmobiliarios. El Banco de España ha reconocido ya una cifra de activos problemáticos de promotores próxima a 200.000 millones y la segunda recesión hará que aumente. Si la mitad de nuestro sistema bancario tiene problemas de solvencia, el banco malo no debería ser inferior a los 100.000 millones de euros. Los créditos tendrán garantías y los activos se acabarán vendiendo por un precio, con lo que se reducirán las pérdidas para los contribuyentes.

Este proceso suele durar al menos una década. Durante esos años los bancos harán aportaciones al fondo de garantía de depósitos a razón al menos de 2.000 millones anuales. Este dinero se acabará usando en el saneamiento del sistema, reduciendo también el coste para los contribuyentes. La condicionalidad del rescate de los socios europeos exige la recapitalización de las entidades insolventes y la creación de un banco malo. Por lo tanto, la reforma avanza por la senda adecuada. El problema es que estamos cometiendo los mismos errores que han cometido los irlandeses.

Después del rescate, el presidente Rajoy sigue diciendo a los contribuyentes que el Estado no inyectará dinero público a los bancos. La realidad es que sólo en 2012 hemos tenido que reconocer en el déficit público más de 30.000 millones por ayudas a la banca. Esto supone ayudas a fondo perdido que ya no recuperaremos. Con esta restricción, el banco malo se ha diseñado como un fondo con mayoría de capital privado con el objetivo de que no compute como deuda pública. El problema es que tendrá que comprar activos que apenas generarán rentabilidad hasta su venta y deberá soportar unos costes financieros elevados. Por lo tanto, el banco malo es un negocio que genera pérdidas (para eso fue creado) y, por definición, los inversores privados huyen de este tipo de fondos. Por este motivo, los accionistas privados van a ser españoles y bancos, principalmente. Es curioso que las empresas que han entrado justifiquen su inversión por motivos patrióticos.

La situación se agrava porque en 2013 la depresión aumentará la cantidad de activos problemáticos y reducirá el precio de la vivienda, incrementando los costes de la recuperación. El banco malo tendrá que asumir y ampliar capital. Si no consigue capital privado, tendrá que hacerse con capital público, y entonces el 100 % del fondo computará como deuda pública y parte como déficit. En Irlanda, los accionistas fueron bancos nacionales, y cuando fueron intervenidos, el Estado tuvo que hacerse cargo del banco malo. La deuda pública aumentó en unos 30 puntos de PIB y la mitad de esa deuda fueron pérdidas a fondo perdido y pasaron por déficit.

En una crisis bancaria se necesita tiempo y dinero. Nuestro dinero disponible se limita a los fondos europeos de rescate y el tiempo lo estamos despilfarrando una vez más. La historia nos enseña que el paso del tiempo deteriora aún más los activos, y la depresión y los costes para los contribuyentes crecen exponencialmente.

Las proyecciones del FMI y la Comisión Europea ya anticipan que en 2014 nuestra querida España tendrá una deuda pública por encima del 100 %, y no hay mucho margen para seguir socializando deudas de nuestro sistema bancario. Si la economía no sale de la recesión en 2014 y no se ha normalizado el acceso de nuestros bancos a los mercados financieros, las deudas no se podrán pagar. En ese caso, sería la sociedad la que exigiría al gobierno el impago de la deuda externa bancaria, como sucedió en Islandia.

En este escenario resulta poco probable que el Estado pueda vender todas las entidades públicas nacionalizadas. Parece que la solución óptima sería la creación de un nuevo holding público bancario como se hizo con Argentaria en los años noventa. Esta operación mejoraría la gestión. Además, ayudaría a concentrar la actividad y la concesión de nuevo crédito en los segmentos que el resto de los bancos no cubren, principalmente hipotecas para jóvenes y créditos a pymes.

No tenemos mucho tiempo ni mucho dinero para resolver la crisis bancaria, por lo tanto es clave actuar con diligencia y eficiencia. La resolución de la crisis bancaria es la decisión más determinante de la política económica en España. Como nos recuerda el título de este libro, hay vida después de una crisis de deuda. Pero la gestión de la crisis bancaria será determinante para la calidad de vida de los españoles en la próxima década. También será determinante la gestión de la crisis fiscal, a la que dedicaré los dos próximos capítulos.

# 14

# La crisis fiscal: una explicación

> Lo más difícil de comprender en el mundo es el impuesto sobre la renta.
>
> ALBERT EINSTEIN

Antes de comenzar la Gran Recesión en 2007, España ocupaba el quinto puesto de los países europeos con las finanzas más saneadas ya que disfrutaba de un superávit próximo al 2% del PIB y una deuda pública cercana al 35% del PIB. En aquel momento, la deuda pública de Francia y Alemania se acercaba al 65% del PIB, y la de Italia superaba el 100%. Por lo tanto, tras uno de los períodos más intensos del crecimiento mundial, España era el único de los cuatro grandes países de la Eurozona que cumplía el compromiso adquirido al entrar en el euro de tener una deuda pública inferior al 60% del PIB. Fuera de la Eurozona la situación no era mucho mejor: Estados Unidos y Reino Unido tenían un déficit próximo al 3% y la deuda pública en el 67 y el 43%, respectivamente.

España ha finalizado 2012 con una deuda pública del 85% del PIB, y un déficit público cercano al 10%, el mayor de la Eurozona. En las proyecciones de deuda pública realizadas por el FMI y la Comisión Europea, España superará el

100% del PIB en 2014, situándose entre las más altas de los países de la Eurozona. La pregunta que cabe hacerse es: ¿qué nos ha pasado? La respuesta evidente es que nos ha pasado por encima un huracán llamado Gran Recesión. Ya hemos explicado que las recesiones bajan la recaudación, aumentan los gastos de prestaciones por desempleo, provocan déficit y suben la deuda pública. Y cuando son tan duras como la que estamos padeciendo, más aún.

## Cómo ha afectado la Gran Recesión a Irlanda y España

Sin embargo, y como de costumbre, no es el único motivo. Todos los países del mundo han sufrido los efectos de la recesión y han visto cómo aumentaba su deuda pública. En Francia, Alemania e Italia, ésta ha aumentado 20 puntos de PIB desde 2007. En países como Finlandia, todo un referente en la gestión de sus finanzas públicas, la deuda pública también ha subido casi 20 puntos desde 2007. Pero en España estamos hablando de incrementos de más de 50 puntos de PIB desde 2007 hasta 2012; por lo tanto, hay que preguntarse qué más cosas han ocurrido para que lo haya hecho de este modo. España no es una excepción. También Irlanda ha pasado de una deuda pública del 45% del PIB en 2007 a una próxima al 120% en 2012. Hagámonos, pues, otra pregunta: ¿qué les ha sucedido, *además*, a España e Irlanda? Y en este caso la respuesta es: burbuja inmobiliaria, crisis bancaria y crisis de la deuda externa.

El caso irlandés es un buen reflejo del daño que hizo el paradigma ideológico dominante durante la época de la burbuja. Por ejemplo, Jean-Claude Trichet, presidente del BCE en 2005, dio un discurso en Dublín en el que destacaba a Irlanda por la gestión de sus finanzas públicas y aconsejaba seguir su ejemplo. Por descontado, no habló de la burbuja inmobiliaria, ni del excesivo riesgo que estaba asumiendo el sistema bancario nacional.

Desde hace muchos siglos los economistas sabemos que la inflación es un fenómeno monetario que depende del dinero en circulación. Por este motivo se crearon monopolios públicos de emisión de dinero, y los economistas recomendamos que fuesen bancos independientes para evitar la tentación de los gobiernos de manipular el precio de los bienes y la capacidad de compra de los ciudadanos. Por desgracia, la independencia de los bancos centrales no inmuniza a las sociedades del poder de las ideas. Así, en 2005, el máximo responsable del monopolio de la emisión de moneda en la Eurozona, y, por lo tanto, con una responsabilidad directa en la creación de las burbujas, se vio inmerso en una de las peores burbujas y crisis bancarias de la historia de la humanidad y pasó por ella como las maletas por los aeropuertos.

Recuerdo que a finales de los ochenta hice un viaje a Irlanda para aprender inglés. Vivía en una agradable casa en medio de una granja de vacas y a la puerta paraba un autobús que en media hora me dejaba en el centro de Dublín. Irlanda era uno de los países con menor renta por habitante de Europa y se produjo el milagro. La clave residió en su sistema tributario, que suponía la práctica exención del impuesto de beneficios para empresas extranjeras. Esta ventaja, unida a la seguridad jurídica que suponía formar parte de la Unión Europea, atrajo una enorme inversión extranjera, que explica el 10% del empleo en Irlanda.

Como ya hemos visto en otras ocasiones, detrás de una historia de éxito surgen las burbujas; en este caso fue la inmobiliaria, y a ella se sumó el crecimiento desmedido y desequilibrado del sistema bancario irlandés. Sus bancos alcanzaron un tamaño de siete veces el PIB nacional. Y como éstos, además de replicar las patologías de la crisis bancaria española, también hicieron banca en la sombra, la práctica totalidad del sistema bancario quebró y el Estado tuvo que inyectar más de 40 puntos de PIB en ayudas bancarias. Lo peor es que la crisis no ha terminado aún.

Ya hemos comentado que el Banco de España no permitió la banca en la sombra, por eso nuestra situación es menos crítica, y más de la mitad del sistema bancario español no ha necesitado ayudas públicas. No obstante, el FMI nos imputa unos 10 puntos de PIB de deuda pública a causa del rescate bancario. A pesar de que las pautas de la crisis financiera en España e Irlanda son muy similares, el hecho de que los bancos irlandeses practicaran la banca en la sombra ha agravado su situación, lo que explica la diferencia de nuestra deuda pública.

## La evolución del gasto público en España

Las depresiones hacen que las economías descarrilen de su senda de crecimiento a largo plazo, y la crisis del crédito reduce la capacidad para crecer en los años posteriores debido a la dificultad del Estado, las empresas y las familias para financiar sus inversiones. En la recesión de 1992, el PIB cayó menos del 2 % y duró un año. En la actual depresión, el PIB ya ha caído un 5 % desde 2007 y aún es difícil precisar dónde está el suelo.

La depresión provoca déficit público, el déficit público necesita financiarse y aumenta la deuda pública. En el gráfico podemos observar cómo la depresión de 2007 hundió los ingresos estatales y aumentó el gasto público. No obstante, gastos e ingresos están sujetos a dinámicas diferentes, y es recomendable analizarlos por separado con el objetivo de hacer un diagnóstico realista del problema y proponer medidas para resolverlo.

GRÁFICO

*Ingresos y gastos públicos en España*

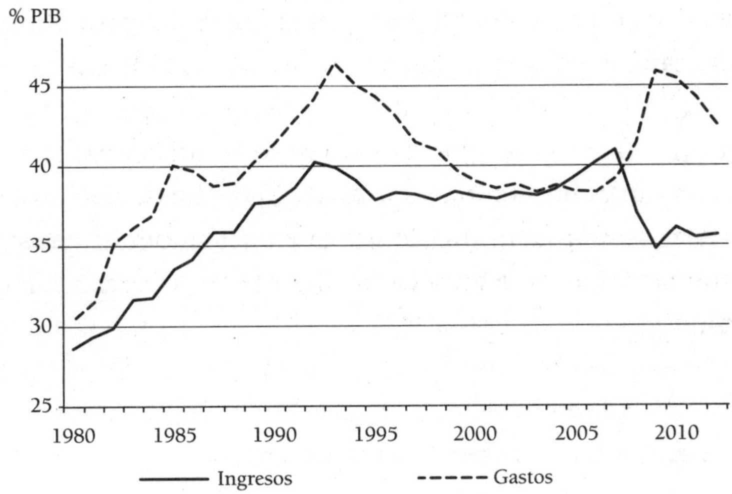


FUENTE: Fondo Monetario Internacional.

En 1978 se aprueba la Constitución y España se incorpora por fin a las sociedades democráticas, después de haber sufrido una guerra civil y treinta y seis años de dictadura. A consecuencia de la excepcionalidad política del régimen anterior, la recién estrenada democracia heredaba una estructura fiscal pésima. Si bien el país no se encontraba muy endeudado con el exterior, no es menos cierto que el nivel de recaudación era bajo y limitaba mucho su capacidad de actuación. Para hacernos una idea, en 1975, año en que muere el dictador, el *stock* de capital público por habitante en España era tan sólo un 30% del promedio de la Eurozona. Treinta y cinco años después hemos conseguido converger con el promedio europeo. También hemos convergido con nuestros socios europeos en capital privado por habitante, pero como partíamos del 60% en 1975, el proceso no es tan espectacular. Muy pocos países en el mundo han logrado dar este gran salto en tan poco tiempo. Esta capacidad de la sociedad española para superar sus problemas es lo que le permite a este economista observador tener la confianza de que hay vida después de esta maldita crisis.

En 1978 se puso en marcha la reforma fiscal que tenía como principal pilar la introducción de un impuesto sobre la renta comparable con el del resto de los países desarrollados. Nuestro retraso era notable, ya que en Estados Unidos esa figura había nacido a principios del siglo XX. Durante la década de los ochenta se produjo la normalización y nuestros ingresos fiscales se aproximaron a los de nuestros socios europeos. También lo hizo el gasto público, pero en la recesión de 1992, que también vino acompañada por una crisis financiera provocada por nuestra pertenencia al Sistema Monetario Europeo, sobrerreaccionó.

En la década de los noventa nos costó sangre, sudor y lágrimas reducir el déficit público. Para entrar en la moneda única era necesario tener un déficit inferior al 3%, y ésta fue una de las prioridades de la política económica tanto del último gobierno socialista de 1993 como del primer gobierno del Partido Popular de 1996. Y en el gráfico se puede comprobar que fue un éxito. En 2007 España tenía un gasto público equivalente al 39% del PIB, el quinto más bajo de la Eurozona. Esto situaba a nuestro país muy lejos del 43% de Alemania, del 47% de Italia o Finlandia y del 52% de Francia.

Esta reducción espectacular del déficit público no se debió a una política fiscal muy contractiva, sino que, hacia 1997, ante la previsión de los inversores de que España entraría en el euro en la primera velocidad, los tipos de nuestros bonos de medio y largo plazo disminuyeron bruscamente hasta niveles próximos a los de Alemania. Esto permitió que el pago en intereses de la deuda bajara del 5 % del PIB en 1996 al 2 % en 2003.

El déficit se mide en función del PIB, y el español creció mucho más que el de nuestros socios. Desde 1998 hasta 2007, lo hizo en un promedio anual próximo al 8 %, lo que ayudó a reducir la ratio de deuda pública hasta el 35 % del PIB. Por otro lado, el gasto público nominal creció, en las mismas fechas, a una tasa promedio del 7 %. Una regla de gasto debería fijarse sobre el crecimiento del PIB más la inflación, usando en ambos casos la tasa de crecimiento a largo plazo. Las estimaciones de la época calculaban el crecimiento a largo plazo en el 3-3,5 %, mientras que el objetivo de inflación del BCE era del 2 %. Por lo tanto, el límite de gasto tendría que haber sido del 5,5 % aproximadamente. Aunque la desviación no fue muy elevada, intensificó los dos principales desequilibrios de la economía española desde su entrada en el euro: el diferencial de inflación y el déficit por cuenta corriente.

En el año 2000 concluyó la cesión de competencias como la sanidad y la educación a las comunidades autónomas. España superaba en porcentaje de descentralización de gasto a países federales como Estados Unidos o Alemania, donde la Administración central sigue gestionando la sanidad y por este motivo el gasto manejado por sus *länders* es inferior al de nuestras comunidades autónomas.

La descentralización acerca las decisiones de gasto a los ciudadanos, y esto es, en principio, positivo. Sin embargo, durante el boom, la Administración central mantuvo su crecimiento del gasto en línea con la regla fijada, mientras las comunidades autónomas y los ayuntamientos fueron los que protagonizaron la desviación y los excesos. El comportamiento no fue lineal. Madrid, Cataluña, Andalucía y Valencia explican el 80 % del PIB y una proporción similar del gasto autonómico. Cataluña y Valencia tuvieron crecimientos de gasto muy superiores a la media y no es casual que ahora su deuda pública sea más del doble que la de Madrid y Andalucía.

En los ayuntamientos también hubo excesos, especialmente en los consistorios de las zonas costeras y los segundos cinturones de las grandes ciudades donde se concentró la burbuja inmobiliaria y más aumentó la población. El Ayuntamiento de Madrid merece una mención especial, ya que con tan sólo el 7 % de la población española, explica la mitad de la deuda de todos sus municipios. Un ciudadano de Madrid debe 2.000 euros de deuda municipal, mientras uno de Barcelona debe 700 euros y uno de Sevilla, 650 euros. El ayuntamiento de la capital tuvo adicción al endeudamiento y, con Alberto Ruiz Gallardón como alcalde, se embarcó en proyectos faraónicos. Tras la borrachera, ahora toca pagar las deudas; por eso los madrileños pagamos los mayores impuestos de nuestra querida España al tiempo que somos los que más hemos visto recortadas nuestras prestaciones y servicios públicos. Cada vez que alguien dice que el futuro de la derecha española es Alberto Ruiz Gallardón, los economistas sentimos sudores fríos.

A partir de 2007 se invirtieron las tornas, y fue la Administración central la que lideró el incremento del gasto. La principal partida fue el aumento de la prestación por desempleo. En 2008, cuando estalló la burbuja, el sector de la construcción comenzó a destruir empleo con la misma intensidad con que lo había creado. Se estima que cada vivienda daba trabajo directo a dos personas en la construcción, o indirecto en otros sectores como las agencias inmobiliarias. El gasto público pasó del 39 % del PIB en 2007 al 46 % en 2009 y casi la mitad se explica por la subida de las prestaciones por desempleo. Esta partida ha superado los 30.000 millones anuales, el equivalente al 3 % del PIB.

La otra partida de gasto que más ha crecido desde 2007 ha sido el pago de intereses de la deuda pública, que pasó de representar entonces el 1 % del PIB a casi el 3 % en 2012. La principal causa ha sido el fuerte incremento de la deuda pública que provocó la depresión. La crisis del euro y unos diferenciales de tipos de interés elevados con respecto a Alemania también han favorecido el aumento del gasto, aunque cabe recordar que en 2007 los tipos del BCE estaban al 4 % y los de nuestra deuda pública eran altos. No obstante, en 2012 la fuerte subida de los tipos de interés de nuestras letras del Tesoro y bonos a corto plazo sí tuvieron una mayor influencia en el aumento del gasto.

## El satanizado «Plan E» y otras medidas de estímulo

De los 6 puntos de aumento del gasto público, 4 se debieron directamente a la dinámica de la depresión. Los otros 2 puntos se reparten entre la subida del consumo en el conjunto de las administraciones públicas y el satanizado Plan E. Es difícil encontrar una medida de política económica con peor percepción entre la opinión pública que el Plan E. Lo que ha quedado en la memoria de la sociedad son proyectos absurdos en el plan de municipios.

Recuerdo que en la primavera de 2009 coincidí con Robert Solow, premio Nobel de Economía y uno de mis maestros y economistas de referencia. Se encontraba de paso en España camino de Alemania donde iba a firmar un manifiesto como medida de presión a Merkel para que aprobara un paquete de estímulos fiscales. Comí con él y luego estuvimos grabando un reportaje para la televisión. En los descansos de la grabación charlamos y me preguntó por España y por nuestra política económica. Yo le expliqué el Plan E y él me dijo que eso es lo que necesitaba la economía española, planes de gasto y de rápida ejecución y dirigidos a evitar la destrucción de empleo.

En primer lugar, conviene aclarar que el Plan E supuso en su conjunto un gasto público ligeramente superior al 1 % del PIB (la deuda pública ha aumentado el 50 % del PIB). También hay que contextualizar y recordar que en 2009 el gobierno no contaba con mayoría absoluta en el Congreso y tuvo serias dificultades para encontrar apoyos desde que comenzó la crisis. Esto le obligaba a llevar a la Cámara leyes convoy, y el Plan E fue una más.

Por esta razón, el Plan E, además del plan de actuaciones en los ayuntamientos, incluía un plan de apoyo al sector turístico, al sector del automóvil y al sector de bienes de equipo o de equipamiento ferroviario. Recordemos que en esas mismas fechas Obama tuvo que evitar la quiebra de General Motors, Sarkozy la de Renault y el grupo PSA, y Merkel la de Opel. España no tiene empresas de automóviles en propiedad, pero sí es uno de los mayores productores de coches del mundo y posee muchas empresas de componentes que dependen de este sector. El Plan E favoreció que Renault, Peugeot, Citroën, Ford, Opel, Nissan o Volkswagen sigan produciendo sus coches en España y den empleo a miles de trabajadores y a miles de empresas auxiliares.

El plan para el sector turístico permitió la rehabilitación de cientos de hoteles, que son nuestra principal fuente de entrada de divisas (cabe recordar que es un sector que genera el 10 % del PIB). En 2009 la llegada de turistas extranjeros se desplomó y, una vez más, se cuestionó la viabilidad de nuestro modelo de turismo de sol y playa. Sin embargo, en 2012 volvimos a registrar un récord histórico de llegada de turistas, y algunos deben de pensar que aparecen por generación espontánea. Nuestras empresas hoteleras son líderes mundiales y el Plan E contribuyó a mantener la inversión en nuestro principal activo en medio de una caída de las pernoctaciones que habría provocado también un desplome en la inversión.

El plan incluía un mayor esfuerzo del ICO para compensar la restricción de crédito que padecían las pymes españolas. El ICO no puede sustituir a todo el sistema bancario, pero sin este plan muchas empresas habrían tenido que cerrar y la destrucción de empleo habría sido aún peor. Además, el plan entró en vigor en la primavera de 2009, cuando el comercio mundial salía de la Gran Recesión, y dio un impulso adicional para poner un suelo a la recesión a finales de ese mismo año.

En todo caso, si queremos entender la crisis fiscal en España e intentar solucionarla, es importante fijarse no sólo en el gasto, sino también en el comportamiento de los ingresos públicos. En el gráfico anterior podemos observar cómo tras el período de normalización de la década de los ochenta, en los noventa y hasta 2007, los ingresos tuvieron un comportamiento bastante estable. En ese período España acometió varias reformas tributarias y todas ellas supusieron una bajada de los tipos marginales del impuesto sobre la renta y del impuesto de sociedades. Sin embargo, a pesar de la supuesta bajada de impuestos, la recaudación aumentaba. ¿Cuál era el enigma?

Suele señalarse la burbuja y el boom inmobiliario como el origen de ese aumento de la recaudación, pero aunque es cierto que se vendían muchas viviendas, se hacía a tipos muy bajos: la compraventa de viviendas nuevas estaba gravada con el tipo superreducido del IVA del 4%, y la de las viviendas usadas, con el 7%. Es decir, que la vivienda no explica la situación por sí sola.

El IVA es un impuesto sobre el valor añadido, y el PIB mide el valor añadido, por lo que el crecimiento y la evolución de ambas variables deberían ser muy similares. Sin embargo, el IVA llegó a tener crecimientos del 15% anual mientras el PIB nominal crecía al 8%. El IVA es un registro y es dinero real; en cambio, el PIB es una encuesta y está sujeto a errores de estimación. Lo más probable es que el Instituto Nacional de Estadística infraestimara el crecimiento del PIB. Es lógico si miramos también las cifras de creación de empleo y otras variables. Asimismo, tiene sentido si acudimos a las cifras de competitividad, ya que la infraestimación del PIB supone también un menor crecimiento de productividad y una pérdida de competitividad que no se ha visto reflejada en las cuotas de mercado de nuestras empresas en los mercados internacionales.

Si nos salimos de las principales figuras impositivas, sí vemos los efectos de la burbuja. Cada vez que se registraba una hipoteca, había que pagar el impuesto de actos jurídicos documentados que cobraban directamente las comunidades autónomas. Por su parte, los ayuntamientos vendieron suelo a precio de oro durante la burbuja y en muchas ocasiones se contabilizaba como ingresos corrientes. A esto tenemos que sumar todas las solicitudes de licencia de obra asociadas al boom de la construcción de viviendas. Sin duda, todos estos impuestos explican que, a pesar de la bajada de los tipos impositivos, la recaudación aumentara cada año.

Cuando la burbuja pinchó, dejó al descubierto una estructura fiscal muy frágil y los ingresos se desplomaron. Desde 2007 hasta 2009, España perdió 5 puntos de PIB de recaudación. Es cierto que se tomaron medidas discrecionales que incluían una rebaja de impuestos para frenar la dureza de la recesión y de la destrucción de empleo. Algunas de ellas fueron muy criticadas. A diferencia del Plan E, donde hubo mucho maniqueísmo, la polémica medida de los 400 euros sí fue ineficaz y desafortunada.

La medida se anunció en plena campaña electoral a finales de 2008 y suponía una rebaja de 400 euros para todos los contribuyentes que cotizaban en el IRPF. Conceptualmente, era equivalente a aumentar el mínimo exento del impuesto por debajo del cual los ciudadanos pagamos cero euros por el impuesto. El Estado había tenido un superávit fiscal del 2% del PIB en 2007 y la deuda pública estaba en el 35% del PIB. Por lo tanto, se pensó en devolver ese superávit a los contribuyentes para suavizar su recorte de gasto y los efectos de la recesión y el frenazo en seco de la construcción de viviendas que estaba destruyendo mucho empleo.

A pesar de que medidas como ésta tienen su lógica en una crisis estacional, no son eficaces en una depresión como la que estamos viviendo. De hecho, en Estados Unidos también se aplicó esta medida, y fracasó en sus objetivos igual que sucedió en España. En primer lugar, se implementó mal porque no se anunció como una rebaja permanente del mínimo exento del impuesto sino como una rebaja transitoria y excepcional, y ya sabemos que los consumidores prefieren mantener sus niveles de gasto estables, y sólo modifican sus decisiones de gasto cuando sus expectativas de renta permanente aumentan o disminuyen. Esta medida se vendió como transitoria y la mayor parte fue a aumentar el ahorro y no a reactivar el consumo. Además, el dinero les llegó a las familias como una menor retención en sus nóminas del verano de 2008 y nadie se enteró, lo cual contribuyó a que no cambiaran sus decisiones de gasto. En Estados Unidos, el gobierno lo intentó entregando un cheque físico; aun así, no consiguió frenar la contracción del consumo privado y la mayor parte del dinero se destinó al ahorro.

Hubo otra medida que tuvo muy poca difusión en los medios, pero que sí fue muy adecuada: los cambios en las devoluciones del IVA en 2009. Hasta 2008 las devoluciones del IVA se hacían anualmente, pero en 2009 empezaron a hacerse mensuales. Esto permitió que ese mismo año las empresas con derecho a devolución recibieran el dinero correspondiente a 2008 y a 2009. Esta medida hundió la recaudación del impuesto en 2009, pero supuso una inyección de dinero directamente a las empresas para compensar la caída de ventas y la restricción del crédito, que en aquellos momentos era muy intensa. Con ello se salvaron muchas empresas del cierre y ayudó a compensar la destrucción de empleo.

## POR QUÉ EL *AUSTERICIDIO* NO AUMENTARÁ LOS INGRESOS PÚBLICOS

Por desgracia, la obsesión política por presentar unas cifras de déficit menores que las del año anterior, y de este modo justificar el éxito de las medidas de ajuste y los recortes, ha llevado al gobierno actual a hacer justo lo contrario. Además de anunciar una subida del 3 % en septiembre de 2012, cuando el déficit estaba desbocado y sin control, el ejecutivo retrasó las devoluciones de IVA. Esto ha supuesto no reflejar aproximadamente medio punto de PIB de déficit en 2012, que se acabará reflejando en 2013. Las empresas afectadas han visto cómo un dinero con el que contaban no les ha llegado, precisamente cuando sus ventas están desplomándose y sus bancos les recortan sus pólizas de crédito. En el mejor de los casos, esta medida habrá obligado a las empresas a parar sus inversiones; en el peor, al cierre y al despido de todos sus trabajadores.

Resulta cuando menos llamativo que el gobierno lleve varios meses dedicado a anunciar cambios sustanciales en el sistema a partir de 2014, que permitirán a las empresas pagar el IVA cuando cobren la factura y no cuando la emitan. Sería mucho más serio y eficaz cumplir primero los compromisos y obligaciones adquiridos antes de avanzar otras medidas.

En 2007 se recaudaron más de 60.000 millones de euros en concepto de IVA. En 2009 la recaudación cayó en casi 20.000 millones. Por lo tanto, el anticipo de las devoluciones explicó casi las tres cuartas partes de la caída. La recaudación del IRPF cayó en esos dos años casi 10.000 millones y la rebaja de los 400 euros explicó la mitad. En impuestos ligados a la burbuja, las caídas fueron mucho más intensas. La recaudación por actos jurídicos correspondientes a la formalización de hipotecas cayó un 50 % entre 2007 y 2009. Se perdieron 10.000 millones de recaudación, el equivalente al 1 % del PIB y la misma cantidad que en el IRPF incluyendo la medida de devolver los 400 euros.

La mayor caída de la recaudación se ha producido en el impuesto de sociedades, el que grava los beneficios empresariales. Ya hemos señalado con anterioridad que la burbuja se reflejó principalmente en los precios, pero el boom generó mucha actividad en sectores relacionados con la construcción, la promoción y el sector bancario. Aquello provocó una fuerte subida de los beneficios, y en 2007 el Estado recaudó 50.000 millones. En 2012 la recaudación de este impuesto estuvo próxima a los 15.000 millones. En el próximo capítulo haré una propuesta para solucionar la crisis fiscal, y es evidente que aumentar la recaudación del impuesto de sociedades debe ser un pilar fundamental de aquélla.

Como decíamos al comienzo de este capítulo, hemos pasado de tener una deuda pública del 35 % del PIB antes de la crisis al 85 % en 2012. Como el déficit público sigue siendo muy elevado y la depresión continúa, las proyecciones sitúan la deuda pública española más allá de la línea roja del 100 % del PIB. El hecho de que la deuda pública española fuese muy inferior al promedio europeo era un motivo de peso para el optimismo. Por desgracia, tras la recaída en la recesión de 2011, la deuda pública ha dejado de ser un argumento de fortaleza para convertirse en uno de vulnerabilidad.

El gasto público tiene que ser eficiente y debe poder financiarse con cierta normalidad. La principal fuente de financiación son los impuestos y España tiene un serio problema de capacidad de recaudación. Esto lo ha provocado la depresión, pero también un déficit estructural próximo al 6 % del PIB, que no desaparecerá aunque aumenten los ingresos y caigan los gastos de prestación por desempleo provocados por la mejora de la actividad y la disminución de la tasa de paro.

Es necesario que el gobierno tome medidas discrecionales que permitan reducir ese déficit público. En el próximo capítulo haré una propuesta para solucionar el problema, que es uno de los objetivos de este libro.

# 15

# Crisis fiscal: una propuesta de solución

> Una nación no debe juzgarse por cómo trata a sus ciudadanos en buena posición económica, sino por cómo trata a los que tienen poco o nada.
>
> NELSON MANDELA

En el capítulo anterior hemos explicado que el gasto público debe ser eficiente y financiarse de manera estable. Inmersos en una crisis como la del euro, los problemas de financiación pasan a ser prioritarios y perentorios. En 2012, nuestra deuda pública alcanzó el 85 % del PIB y el déficit público superó el 10 %. Esto significa que el Tesoro público necesita que los inversores que nos compraron bonos en el pasado vuelvan a hacer lo mismo cuando llegue el vencimiento, además de otros 75.000 millones de euros adicionales para financiar el déficit. A esto hay que añadir que las comunidades autónomas y los ayuntamientos apenas tienen acceso a los mercados financieros y que la recapitalización del sistema bancario también exige financiación pública. Lo más preocupante es que la Comisión Europea, responsable de evaluar la estabilidad de nuestras finanzas públicas, pronostica que sin medidas adicionales de ajuste, nuestro déficit será del 7 % en 2014 y nuestra deuda pública superará el 100 %.

## Qué es la prima de riesgo y cómo se calcula

A pesar de que actualmente la prima de riesgo es la protagonista de nuestros telediarios y comparte el día a día con los españoles, es posible que muchos no sepan exactamente de qué estamos hablando. La prima de riesgo es la diferencia entre el tipo de interés que paga un bono español de deuda pública (habitualmente, bonos a diez años) y el que paga un bono emitido por el gobierno alemán. Dentro de la unión monetaria, al bono alemán se lo considera el activo de referencia. En la actualidad, el bono alemán a diez años cotiza próximo al 1,5 %. Supone el nivel más bajo desde que hay estadísticas, y tiene que ver con la depresión y con que los tipos oficiales del BCE estén próximos a cero.

La diferencia entre ambos bonos nos indica el grado de preocupación de los inversores. Su temor, fundado o no, se ve compensado por un tipo de interés mayor. En el caso español, el miedo de los inversores está vinculado a dos escenarios posibles, aunque improbables: la salida del euro y el regreso a la peseta, que provocaría pérdidas para el inversor cercanas al 50 %, y la posibilidad de reestructuración de la deuda pública, si ésta superase el 100 % del PIB. Es obvio que no existen fundamentos sólidos para que estos escenarios lleguen a producirse; de hecho, si hubiera algún tipo de certeza al respecto, los inversores tratarían de vender todos sus bonos.

En realidad, la dinámica es muy sencilla: si las dudas sobre nuestra continuidad en el euro o sobre el riesgo de impago crecen, los inversores exigen una mayor rentabilidad que proteja su inversión y entonces la prima de riesgo sube; por el contrario, si los rumores se disipan, la presión se relaja y la prima de riesgo se reduce.

La teoría económica no es muy concluyente al respecto. Nos dice que el tipo de interés que se paga por la deuda debe ser inferior al crecimiento nominal del PIB, que incluye la inflación. Si el tipo de interés es superior al crecimiento, la deuda aumenta sin control. Se trata de una regla aritmética de tal simpleza, que resulta increíble que haya gente que se la crea, pero la realidad es que la mayoría de los sesudos informes que analizan si una deuda es sostenible y recomiendan o no la compra de bonos de un país, se basan en dicha regla.

Cuando explico esta regla a mis alumnos de la universidad, les advierto de que deben ser muy cuidadosos, ya que está plagada de trampas. La primera de ellas es que el tipo de interés es una variable determinante para el crecimiento económico. Si probáramos a hacer estos cálculos en un fichero Excel, nos encontraríamos con un problema de referencia circular y no podríamos seguir trabajando. Una segunda trampa es que la regla sólo es cierta en el largo plazo y cuando la economía está en su estado estacionario. El concepto de estado estacionario se deriva de los modelos matemáticos de equilibrio que usamos los economistas, y viene a ser aquél en que la economía puede crecer sin generar inflación y desequilibrios; lo que ocurre es que las condiciones son tan estrictas que es casi imposible que exista. Incluso considerando que existiera, se trata de una variable no observable y, por lo tanto, no se puede contrastar. Como tantas veces en economía, es el analista el encargado de hacer la estimación, y en función de ésta la deuda es sostenible o no sostenible.

Ante variables no observables como las comentadas, tenemos que admitir que usamos un método no científico, muy vinculado a la habilidad y a la honestidad del analista que lo realiza. A mis alumnos les pido que analicen si la deuda pública de un país es sostenible para que se enfrenten a la regla y comprendan por sí mismos la subjetividad de su análisis. Yo siempre recomiendo hacer uso de la experiencia de otras crisis y ver casos de éxito y fracaso con el fin de adaptar medidas para salir de ella.

La clave no se encuentra en los tipos de interés ni en las primas de riesgo elevadas. La prima de riesgo es como la fiebre, no es más que un mecanismo de autodefensa ante la existencia de una infección o de algún virus o bacteria. La fiebre puede controlarse con paracetamol, pero para erradicarla hay que acabar con la infección. A principios de los años noventa, en medio de otra crisis fiscal y financiera, España pagaba por su deuda pública tipos del 15 %, y tuvo diferenciales con los bonos alemanes de 500 puntos básicos. La regla decía que aquella situación era insostenible, pero salimos del atolladero sin acometer una reestructuración de la deuda.

La historia de las crisis de deuda nos enseña que cuando un país paga en intereses de su deuda pública por encima del 7 % del PIB, está cruzando la línea roja que hace que los países se vean abocados a reestructurar su deuda e incumplir los pagos. España pagará en 2013 casi el 4 % de su PIB, por lo que aún está lejos de traspasar esa línea roja. La historia nos enseña también que hay una segunda línea roja, y es que la deuda pública se encuentre por encima del 100 %. En este caso, España estará muy cerca de esa situación el próximo año.

En estos casos, los bonos a diez años, que son los que sirven de referencia a la prima de riesgo, no son muy importantes en una crisis de deuda. Son mucho más relevantes los tipos de interés a los que emite el Estado la deuda pública a corto plazo, especialmente las letras del Tesoro, a menos de un año. En estas emisiones el Estado tiene que refinanciar la deuda anualmente, y si los tipos de refinanciación aumentan, aumenta proporcionalmente el pago de los intereses. El anuncio de que el BCE intervendrá en el mercado comprando deuda pública a corto plazo es fundamental. En los países intervenidos hasta la fecha, los tipos a corto plazo superaron el 15 % tras la intervención, quedando fuera de los mercados de financiación. La intervención del BCE puede bajar la prima de riesgo, igual que el paracetamol baja la fiebre, pero exige que el país pida el rescate, lo cual estigmatiza y espanta a los inversores. Es esencial no limitarse a bajar la fiebre y actuar sobre la infección para que los inversores compren bonos.

## Qué hacer cuando la deuda de un país se vuelve insostenible

Parece evidente que los fundamentales no justifican que España haya llegado a esta situación tan crítica en la que ha necesitado un rescate de sus socios europeos. En julio de 2011, discutía este asunto con Charles Wyplosz, uno de los economistas europeos más prestigiosos. Mi tesis es que los fundamentales de España no justificaban su elevada prima de riesgo y los comparaba con los del Reino Unido. Wyplosz, sabio y pragmático, me dijo: «Da igual si está justificado o no; la realidad es que España ha entrado en una senda de insostenibilidad de su deuda». Wyplosz tenía razón y se ha confirmado la máxima de Keynes: «Los mercados pueden permanecer más tiempo irracionales que usted solvente».

En julio de 2011 se fundieron los plomos del mercado de deuda pública español. El BCE volvió a conectarnos gracias a su intervención, y esto ha permitido al Tesoro público emitir de nuevo a tipos razonables, pero con la condición de que el país pida un rescate al fondo de ayuda europea y se someta a los requisitos de sus socios, como ha sucedido en Grecia, Irlanda y Portugal y Chipre.

Volviendo a las lecciones históricas sobre las crisis de deuda, una vez inmersos en una dinámica insostenible, sabemos que los países que han salido de ella lo han hecho generando un superávit fiscal primario. Esto significa que los ingresos públicos tienen que ser mayores que los gastos públicos excluyendo el pago de intereses. Como España cerró 2012 con un déficit primario próximo al 4% del PIB, el ajuste fiscal debe continuar.

La cuestión no es si hay que reducir el déficit, sino a qué velocidad hay que hacerlo y cuál es la dosis de medicación que puede soportar el enfermo. En 2009, España tenía un déficit primario del 10% del PIB, y lo ha rebajado un 60% en tres años. Hay pocos ejemplos de austeridad tan extrema en países desarrollados, a excepción de los países europeos que también están intervenidos por la Troika. Sin embargo, parece paradójico que Alemania sea un ejemplo de austeridad teniendo en cuenta que nunca ha cumplido el objetivo del límite del 60% de deuda pública que estipulaban los tratados desde que nació el euro, y que ha superado el 3% de déficit público en siete ocasiones desde entonces. Pero así se escribe la historia.

En el año 2000, Alemania tenía un superávit primario del 4% del PIB. Su política fiscal había sido muy expansiva durante los años noventa pero se había producido una burbuja de crédito tras la unificación y los ingresos fiscales crecieron significativamente. En el año 2001 estalló la crisis y el superávit se convirtió en un déficit del 0,2% del PIB. El déficit primario siguió creciendo hasta el 1,5% del PIB en 2003.

Alemania cumplió otra de sus máximas: los países nunca incumplen las normas, simplemente las cambian. No rebajaron su déficit total, incluyendo el pago de intereses, por debajo del 3% hasta 2006, seis años después de la crisis. Y el ajuste de su déficit primario fue apenas de 2 puntos de PIB. O sea, un juego de niños comparado con el ajuste en España, en Irlanda o en Portugal.

Alemania consiguió hacer su ajuste fiscal al mismo tiempo que el ajuste estructural y sus reformas, sin sanciones por parte de sus socios europeos, con total soberanía, con la economía mundial en el máximo crecimiento desde los años sesenta y con los países del sur de Europa endeudándose para comprar todas las exportaciones alemanas. Ahora los países del sur tenemos que hacer el ajuste con el mundo creciendo a su menor tasa desde los años ochenta, con Europa en recesión, con el consumo alemán deprimido, con todos los países de la Eurozona aplicando simultáneamente un ajuste fiscal y en medio de la peor crisis financiera en ochenta años.

Herbert Hoover aplicó esta misma política en Estados Unidos y llevó al país a la Gran Depresión. Sin duda, hay que suavizar la senda de ajuste de los países sometidos a la presión de los mercados. Es preciso contar con programas de ajuste fiscal a un horizonte de tres años creíbles, con medidas que los inversores puedan cuantificar, tal como exige la Comisión Europea. Pero también es necesario no concentrar el ajuste en medio de la depresión que continuará en 2013. El FMI ha estimado una senda en la que España no alcanzaría el 3% de déficit hasta 2016. Incluso para cumplir esta senda hay que tomar más medidas de ajuste, pero se trata de dar más tiempo para conseguirlo.

## PROPUESTAS PARA QUE ESPAÑA REGRESE A LA SENDA DE LA SOSTENIBILIDAD

La realidad es tozuda y ha demostrado que el exceso de medicación fiscal genera muchas contraindicaciones en la tasa de paro, pone en riesgo la estabilidad social y política y no resuelve el problema del déficit y la deuda pública. En 2012 nuestros vecinos portugueses han sufrido la dureza de los ajustes y de la medicación de la Troika y han visto cómo su déficit público, lejos de disminuir, ha aumentado. Tan grande es la frustración de la sociedad portuguesa, que cantan a su gobierno democrático y a las instituciones europeas «Grândola, Vila Morena», la canción usada como detonante de la Revolución de los Claveles que acabó con la dictadura de Salazar. Portugal lleva a España un año de ventaja, por lo que en cuestión de meses podemos vernos en su misma situación.

Además es imprescindible implementar medidas de estímulo fiscal en el resto de los países. Si un tercio de la Eurozona acomete ajustes fiscales, los otros dos tercios deben optar por el estímulo para compensar y conseguir que la política fiscal sea neutral. Si la política fiscal del conjunto de la Eurozona es restrictiva, los manuales de economía son contundentes al respecto, y Europa seguirá en recesión en 2013. Esta cadena de actuación permitiría sacar a Europa de la recesión y que España se enganchara al carro de las exportaciones para salir de su depresión. No es un planteamiento de solidaridad europea, como suele contarse, sino un requisito ineludible para evitar la recesión en Francia y Alemania y la única vía para que los países en depresión puedan pagar sus deudas. Es conveniente no olvidar que las deudas son de los españoles o de los italianos, pero el problema lo tienen los alemanes y los franceses, que son los que han comprado los bonos.

Volviendo al ámbito español, hay que concretar la hoja de ruta del ajuste. Cuando un país tiene un déficit público tan elevado y unas proyecciones de deuda pública del 100 % del PIB, el plan debe incluir tanto medidas para reducir el gasto como para aumentar los ingresos. Sólo recortando el gasto o subiendo los impuestos no es posible alcanzar una meta tan ambiciosa. Otra variable necesaria es el crecimiento. Los ingresos públicos tienen una elasticidad con el PIB superior a la unidad. Esto significa que cuando el PIB crece, la recaudación del Estado lo hace con más intensidad. Pero cuando la economía entra en recesión y el PIB cae, los ingresos fiscales lo hacen también en mayor medida. Ésta es una de las razones por las que siempre aumenta el déficit y la deuda pública en las recesiones.

El caso de Estados Unidos es representativo. Sin obsesionarse con la austeridad, han reducido su déficit público 4 puntos de PIB desde 2009, el doble que Europa. No hay ningún truco ni ningún enigma. Simplemente, Estados Unidos crece y ha conseguido salir de la dinámica deflacionista. Por el contrario, Europa decrece y ha vuelto a caer en la dinámica de la deflación. Por desgracia, las medidas para reactivar el crecimiento en España no pueden tomarse en España.

Así pues, más que preocuparse por la situación, que de poco sirve, lo que conviene hacer es ocuparse de ella. Haciendo un análisis comparado, España sigue siendo uno de los países con menor gasto público sobre PIB o por habitante de Europa. También es el país con menos número de funcionarios por habitante. Por lo tanto, la obsesión dentro y fuera de España con nuestro despilfarro y el exceso de burocracia no está justificada económicamente. Las razones para justificarla hay que buscarlas en la filosofía moral, en la política y en la mitología.

## EL «ESTADO DE BIENESTAR» ES SOSTENIBLE

No debemos negar que cometimos excesos durante el boom, ni que en medio de una crisis de financiación del déficit es necesario reducir el gasto público y aumentar la eficiencia de la Administración. El Estado debe proveer bienes públicos que el sector privado no tiene capacidad de resolver y encargarse de bienes preferentes que el sector privado no resuelve bien, como la educación. Si dejamos que el mercado fije los precios libremente, buena parte de la sociedad quedará excluida de los estudios, especialmente los universitarios. Mi caso es buen ejemplo de ello. Mi familia era de clase media baja; por lo tanto, sin precios públicos subvencionados en la universidad o sin becas como la que disfruté, hoy no sería economista y no estaría escribiendo este libro. Es muy sencillo ser liberal cuando has nacido en el barrio de Salamanca, Pedralbes o Getxo. Pero la vida se ve diferente desde Leganés, Cornellá o Baracaldo.

La sanidad, las pensiones y la dependencia son otros ejemplos de bienes preferentes. Estados Unidos es el país del mundo que más gasta en sanidad sobre PIB. Pero su sistema es privado y deja sin atención sanitaria al 20 % de la población, nada menos que 60 millones de seres humanos. El modelo norteamericano permite la incoherencia de tener los mejores hospitales del mundo y una tasa de mortalidad infantil superior a la de Cuba. Los sistemas privados de pensiones no resuelven totalmente contingencias como la jubilación, la viudedad, la orfandad o la invalidez, que son las cuatro principales causas de pobreza extrema. Por eso se desarrolló lo que hoy conocemos como «Estado de bienestar».

Hay que volver a los principios, y la protección de la pobreza extrema tiene que ser la prioridad. Entre 2007 y 2013, cerca de 3,5 millones de personas habrán perdido su puesto de trabajo en España. Estamos hablando aproximadamente del 20 % de las personas que tenían un empleo antes de la crisis. No se trata sólo de que las depresiones sean trituradoras de empleos, sino que son además muy profundas y prolongadas en el tiempo.

Las redes de protección social se diseñaron para tiempos de normalidad, y ahora están viéndose superadas por los efectos devastadores de la depresión. A los ingenieros también les sucede. Las Torres Gemelas tenían una estructura de acero cableada en toda la fachada. Los ingenieros hicieron cálculos para que la estructura pudiera soportar el impacto de un avión, y de hecho lo soportó, ya que las Torres no se derrumbaron por el impacto sino porque los tanques de los aviones estaban llenos de queroseno. El fuego fundió la estructura y provocó el colapso de los edificios. Los sistemas de prestación por desempleo, seguros de depósitos, pensiones, etcétera, se ven superados en las depresiones; por eso es necesario reconocerlo cuanto antes y cambiarlos.

El año pasado, la Cruz Roja me invitó a un acto para presentar su informe semestral a sus patrocinadores y empresas colaboradoras. El informe contenía una encuesta con la misma metodología que la de condiciones de vida que estima Eurostat y que calcula el porcentaje de población inmersa en la pobreza y que está en riesgo de vulnerabilidad social. Hasta 2007, la pobreza en España era principalmente un concepto estadístico y suponía una renta muy inferior a la media pero que cubría el nivel de subsistencia.

La Cruz Roja pregunta a las personas que atiende y el 80 % viven en la pobreza. Por lo tanto, es una microencuesta que mide la intensidad del problema dentro del volcán. La mitad de las personas a las que atiende no ponen la calefacción en invierno y un tercio no comen proteínas tres veces a la semana como recomienda la Organización Mundial de la Salud. La Cruz Roja les facilita calefactores, pero el problema es que no tienen dinero para pagar el recibo de la luz. En esta situación extrema, la realidad es que los recursos públicos destinados a Cruz Roja y el resto de las ONG humanitarias están disminuyendo.

¿Tiene algún sentido que el Estado me pague a mí y a la gente de renta media alta los medicamentos y reduzca los recursos destinados a proteger de la pobreza a las personas más perjudicadas por la crisis? ¿O que muchos ayuntamientos subvencionen clases de tenis mientras recortan sus dotaciones a ONG que luchan contra la pobreza extrema? Así pues, es necesario cambiar el chip radicalmente y priorizar los problemas sociales. Esto incluye reducir la burocracia, así como las duplicidades y triplicidades que se han ido produciendo durante el proceso de desarrollo del Estado autonómico. Hay que cerrar las diputaciones provinciales heredadas del modelo territorial franquista y el resto de las incoherencias de nuestro sistema. A su vez, es preciso reforzar programas contra la exclusión social y prestar especial atención a las pensiones mínimas y a los desempleados de larga duración, sobre todo a los mayores de cincuenta años que han agotado su prestación.

## Los políticos deben dar ejemplo

Es muy preocupante la desafección de la sociedad y la pérdida de apoyos de los dos grandes partidos. Desde 1982, España siempre ha tenido estabilidad política y ha habido alternancia en el poder. Sus políticas han sido muy diferentes ideológicamente, pero ambos partidos siempre han tenido como objetivo la estabilidad macroeconómica, condición necesaria para el desarrollo económico.

La clase política debe ponerse al frente y liderar con el ejemplo. La percepción de la sociedad es que se han convertido en una casta privilegiada. No es justo culpar exclusivamente a los políticos de esta crisis, pero en una depresión como la actual, la sociedad necesita más que nunca buenos líderes y estadistas. En la mayoría de las ocasiones no es un problema de sueldos, sino de chóferes oficiales, dietas y viajes innecesarios, pensiones máximas por estar tan sólo ocho años en el Parlamento, sueldos dobles y triples... Suele decirse que es el chocolate del loro, pero antes que la ética está la estética. Y la ética es para cuando no hay hambre.

GRÁFICO

*Índices de presión fiscal*

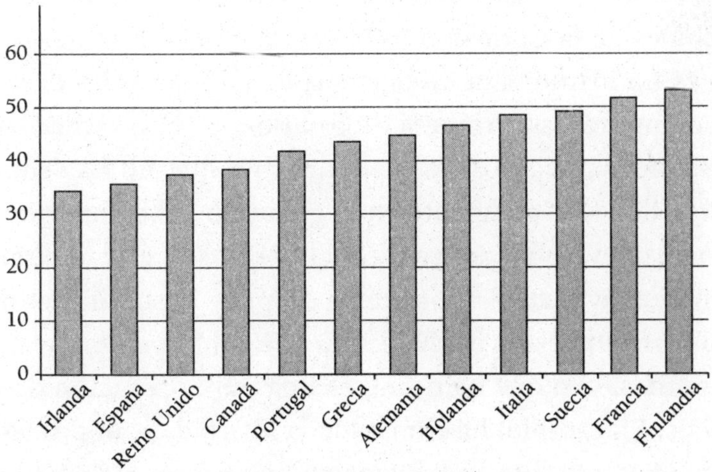


FUENTE: Fondo Monetario Internacional.

Una vez asumida la necesidad de cambiar los criterios de asignación del gasto público y de racionalizar el tamaño del Estado, conviene no olvidar que el principal problema de nuestra crisis fiscal no es el exceso de gasto, sino la fuerte caída de nuestros ingresos. En el gráfico se puede comprobar cómo España tiene la menor presión fiscal de la Eurozona, después de Irlanda, que es un reconocido paraíso fiscal para las multinacionales. La política tributaria del gobierno español en 2012 ha sido muy errática y esto contribuye a aumentar la incertidumbre, la prima de riesgo, nuestros problemas de financiación y la depresión.

En 2009, cuando era jefe de la oposición, Rajoy criticó las subidas de impuestos del ejecutivo socialista y dijo que en cuanto llegara al gobierno bajaría los impuestos. Durante la campaña electoral de 2011 afirmó que no los subiría. Pero lo primero que hizo nada más tomar posesión del cargo fue ordenar la mayor subida de los tipos del IRPF desde su creación en los años setenta. También dijo que era una subida transitoria y que los volvería a bajar en 2014. Viendo las proyecciones de la Comisión Europea, que espera un déficit del 7 %, es un insulto a la inteligencia de los españoles decirnos que cumplirán su promesa de bajarlos. Y si de verdad están pensando en bajarlos, esto confirmaría que no hay ningún indicio de vida inteligente en el gobierno. Al mismo tiempo negó de nuevo que fuera a tocar el IVA por su elevado impacto en la actividad, y unos meses después lo subió 3 puntos. En los presupuestos de 2012 dijo que subiría el impuesto de sociedades, y lo que ha hecho es una pura operación de maquillaje. En cambio, ha eliminado la libertad de amortización de inversiones, que es la principal medida que da estímulo para la inversión y la creación de empleo, especialmente en las pymes.

## Abordar la reforma fiscal

Lo que necesita nuestra querida España es una reforma fiscal en profundidad que aumente nuestros ingresos fiscales 3 o 4 puntos del PIB, y tienen que ser medidas con efecto permanente. Los manuales de economía recomiendan no subir los impuestos en medio de una recesión. El problema es que, en una crisis financiera, el Estado tiene problemas para financiar el déficit y debe guiarse por el dinero que posee en la caja. Cuando la caja se quede sin dinero, tendremos que solicitar un nuevo rescate financiero, como en mayo de 2012, pero esta vez para financiar el gasto total y no sólo la recapitalización de los bancos. Por lo tanto, el recorte del déficit debe continuar. La clave es no pasarse con la medicación y elegir bien las partidas de ajuste.

El ajuste provoca destrucción de empleo. Por lo tanto, se trata de minimizarla y ganar tiempo para que las exportaciones se recuperen y compensen los efectos contractivos del recorte del déficit, como sucedió en 2009. Subir los impuestos tiene efectos contractivos. Pero la evidencia empírica nos enseña que en una recesión con una elevada restricción del crédito a las empresas y las familias, los recortes de gasto son aún más dañinos y tienen un mayor impacto sobre el empleo, la pobreza y el riesgo de crisis social y política. Por todo ello, como sucede tantas veces en economía, la decisión es elegir entre lo malo y lo peor.

La reforma fiscal debe centrarse en las tres principales figuras impositivas: IRPF, IVA y sociedades. Siendo conscientes del impacto negativo que tiene subir los impuestos en plena depresión, el incremento del IRPF fue una decisión acertada del gobierno. Este incremento fue progresivo y afectó en mayor medida a las rentas más altas. Las rentas bajas viven en el límite de la subsistencia, y si subes los impuestos, disminuye su renta y el consumo cae en la misma proporción. Sin embargo, las rentas altas tenemos nuestro gasto elemental resuelto y contamos con capacidad de ahorro, que encima se ve subvencionado si invertimos en planes de pensiones. Por esta razón, la subida del impuesto ha provocado principalmente una bajada de nuestra tasa de ahorro.

Las rentas del trabajo ya parecen bastante gravadas y con la subida se aproximan a las de nuestros socios europeos. Donde todavía hay mucho margen para subir la presión fiscal es en las rentas del capital, como ha hecho David Cameron, un discípulo de Margaret Thatcher, en Reino Unido. La decisión del gobierno de eliminar la desgravación por la compra de una vivienda también ha sido un acierto. Esta desgravación se introdujo cuando los tipos de interés estaban por encima del 10 %, pero no tiene ningún sentido mantenerla en medio de una crisis fiscal con el Euribor por debajo del 1 %. Ahora falta eliminar o reducir significativamente la desgravación por aportaciones a planes de pensiones privados. De esta desgravación sólo se benefician las rentas medias y altas, y es sin duda la figura más regresiva junto a los bajos tipos que gravan las rentas del capital en el impuesto sobre la renta.

La subida del IVA es todo lo contrario. Es un impuesto en el que Emilio Botín paga el mismo tipo que el sin techo que vive en la calle. No obstante, la subida hasta el 21 % lo que ha hecho es aproximarnos a los tipos medios europeos. Además, hay que ser conscientes de que el IVA es un impuesto con una elevada capacidad recaudatoria, porque, además de pagarlo los 46 millones de españoles, lo pagan los casi 60 millones de habitantes que nos visitan cada año y los inmigrantes en situación irregular. La clave es combinar la subida del IVA con una mayor redistribución de la renta a través del IRPF para trasvasar dinero a las personas que cuentan con una renta menor. Y sobre todo con rentas básicas y asistencia a las personas que están en la pobreza extrema o en riesgo de estarlo. Hemos subido los impuestos, pero ahora falta la parte más importante: redefinir el gasto público para mejorar la protección de los más perjudicados por la crisis.

El impuesto de sociedades es el que más ha caído en cuanto a recaudación y el que menos cambios ha registrado desde 2008. El tipo del 25 % que se paga en España es similar al del resto de socios europeos, por lo que no es necesario tocarlo. Pero el tipo efectivo (los euros pagados entre los euros declarados como beneficios) está próximo al 10 % y es de los más bajos de los países desarrollados. La causa es que el impuesto cuenta con toda una serie de deducciones que disminuyen la recaudación. La más relevante es la que exime a nuestras multinacionales de pagar el impuesto por los beneficios obtenidos con sus negocios en el exterior. Sin embargo, el impuesto les permite desgravarse los pagos de intereses por los créditos que hayan solicitado para su expansión fuera de España. En la práctica, esto supone un crédito fiscal que reduce significativamente el tipo efectivo que pagan estas empresas. Se nos llena la boca criticando a Irlanda por su condición de paraíso fiscal para las multinacionales, pero nosotros tenemos uno similar en España para estas mismas.

En la época de la burbuja pudimos permitirnos esta subvención a las empresas que se aventuraban por el mundo y fue una variable determinante para su éxito en los procesos de internacionalización que llevaron a cabo. Ahora que el país lo necesita, es el momento de que reviertan a la sociedad parte de esos beneficios. Eliminar directamente la desgravación podría perjudicar a las pequeñas y medianas empresas que inician su proceso de internacionalización, y lo que ahora necesitamos son más jugadores ganadores en el tablero mundial. Por esta razón, debería optarse por imponer un tipo mínimo del 15 al 20 % del impuesto. En este caso, se aplicarían las desgravaciones pero el Estado se aseguraría de que ninguna empresa pague menos de ese 15 % por sus beneficios. Este tipo mínimo lo tienen países tan poco sospechosos como Alemania o Estados Unidos y permitiría al Estado recaudar más de 10.000 millones (1 % del PIB) adicionales al año.

## La lucha contra el fraude

Pero la clave reside en mejorar la lucha contra el fraude. España tiene tipos impositivos similares a Italia y recauda 13 puntos del PIB menos en impuestos. Los países más formales y donde menos fraude existe son los que lideran los rankings de renta por habitante. En consecuencia, la lucha contra el fraude fiscal debe ser una prioridad de cualquier gobierno. En este sentido, la amnistía fiscal que ha permitido el gobierno español en 2012 ha sido muy perjudicial. La cantidad recaudada es inferior a la que la Agencia Tributaria consigue aflorar por fraude en un solo año. Sin embargo, el incentivo es muy perverso ya que el mensaje que queda es: «Defrauda, que algún día tendrás una ventana para regularizar tu dinero negro». La lucha contra el fraude requiere más recursos humanos y físicos pero se autofinancia la inversión.

Por lo tanto, los problemas de financiación del Tesoro no son un impedimento para ponerla en marcha, como sí sucede con otro tipo de medidas. Las sanciones deben ser ejemplares y habría que imponer un carnet por puntos. A los que sean reincidentes en el fraude, que se les aumente progresivamente la sanción. En Italia crearon una policía fiscal hace años y ha funcionado. Cualquier italiano está obligado a solicitar el recibo de sus gastos, desde la comida en un bar hasta la compra de un coche. Si al salir del bar, la policía fiscal solicita el recibo al cliente y no lo tiene, se procede a multar al bar y también al cliente.

Otro foco de fraude y de evasión de impuestos son los módulos fiscales. Con Franco los impuestos eran rudimentarios y las empresas pequeñas y negocios familiares, sobre todo en la hostelería, no estaban habituados a llevar la contabilidad. Esto obligó a crear la figura del módulo. La Agencia Tributaria, basándose en unos criterios objetivos, como el número de metros del local, el tipo de negocio, etcétera, estima el beneficio medio y un pago fijo de IVA. Este sistema genera un incentivo perverso. Los negocios que van mejor que la media se apuntan al módulo y limitan el pago de impuestos, con lo que disminuye su presión fiscal sobre las ventas y los beneficios reales de la compañía. Este sistema es decimonónico, y como ya estamos en el siglo XXI, debe desaparecer.

Es habitual escuchar quejas de los más afectados por la subida de impuestos, que en muchos casos son los mismos que te preguntan cómo llevarse el dinero de España para protegerse de la ruptura del euro. Mi respuesta siempre es la misma. Entiendo sus problemas, pero mi preocupación son los jóvenes que no encuentran empleo y, sobre todo, las personas que ya lo han perdido que son cabeza de familia y que están en la pobreza o en riesgo de entrar en ella.

Para un economista, comprobar que la élite que gestiona el país tiene esa visión tan egoísta y estrecha de la realidad es una señal preocupante. Yo pago una elevada cantidad de impuestos, por lo que no soy sospechoso de defender intereses particulares o de clase. Pero siempre he considerado que el pago de esos impuestos es una prima de seguro para que mis hijos vivan en un país donde todos los niños tengan las mismas oportunidades y donde su vida no corra peligro cuando jueguen en el parque o salgan por la ciudad a dar un paseo. Tengo familiares en México que viven en una de las mejores urbanizaciones del Distrito Federal. Cuentan con un guardia de seguridad armado en la puerta y otro en cada calle para protegerles de los secuestros exprés. ¿Cuánto estarían dispuestos a pagar en impuestos para disfrutar de la tranquilidad que tenemos en Madrid, Barcelona, Bilbao, Sevilla o Zaragoza?

La estabilidad social es un bien público, pero como los españoles siempre lo hemos tenido, no sabemos valorarlo. Como dice Arturo Pérez-Reverte: «Al ser humano más ético y mejor formado, déjale dos semanas sin comer y tendrás un animal». Y como escribe Fidel Castro en sus memorias: «La gente no imagina lo fácil que es montar una revolución». Cuando la democracia no es capaz de resolver los problemas económicos, la sociedad opta por otros sistemas. Estos sistemas destruyen la mayor parte de la riqueza acumulada durante décadas por las generaciones vivas y son consecuencia del fracaso de las élites del país que no supieron evitarlo.

Cuando acabe la depresión, comience a bajar el desempleo, resolvamos la crisis fiscal y la crisis financiera, eliminemos el riesgo de exclusión y la pobreza vuelva a ser un concepto estadístico, yo me pondré a la cabeza de la manifestación para pedir la bajada de impuestos. Ahora, pagarlos sale baratísimo.

# 16

# ¿Somos competitivos?

> Los auténticos economistas no hablan de competitividad.
>
> PAUL SAMUELSON

En 1981, una de las primeras decisiones de Ronald Reagan nada más tomar posesión como presidente de Estados Unidos fue crear una comisión de expertos para analizar los problemas de competitividad de la economía estadounidense, además de proponer un plan para mejorarla y reactivar la creación de empleo. Arthur Okun, un gran economista, elaboró el índice de miseria, que era la suma de la tasa de paro y la tasa de inflación. La tasa de paro mide la gente que está fuera del mercado de trabajo y no recibe rentas salariales, y la tasa de inflación estima la pérdida de la capacidad adquisitiva de los salarios. En 1981 y 1982, la tasa de paro estaba cerca del 10% y la de la inflación, por encima. La última crisis nos parece la peor, pero aquélla fue una crisis económica muy dura.

Los productos japoneses inundaban Estados Unidos y había temor al «peligro amarillo». El miedo a la competitividad japonesa era equivalente al que hoy se tiene por China. Michael Porter presidió la comisión de expertos, y como cuenta en su célebre libro *La ventaja competitiva de las naciones*, no fueron capaces de ponerse de acuerdo ni tan siquiera en la definición de «competitividad». Espero que ahora se entienda la cita del maestro Samuelson que encabeza este capítulo.

Llegados a este punto, conviene hacer aquí otro ejercicio de humildad. Los economistas no sabemos crear empleo y no tenemos soluciones mágicas para lograrlo. Lo único que sabemos, después de siglos de observación y tras haber desarrollado un cuerpo teórico, es analizar patologías y condiciones necesarias para que las empresas inviertan y creen empleo. Sabemos que es necesaria la estabilidad macroeconómica, que incluye la estabilidad financiera. Por esta razón, he dedicado la mayor parte del libro a explicar las causas de la grave crisis financiera que estamos padeciendo para comprenderla mejor. Es evidente que hasta que no se resuelva esta crisis, la economía española no podrá crecer ni podrá bajar su tasa de paro, sin duda el principal problema y el objetivo prioritario del gobierno y del conjunto de la sociedad.

## El desarrollo económico en España: de la autarquía al mercado común

La mejor definición de desarrollo económico que yo conozco pertenece a Antonio Torrero, uno de mis maestros en la universidad: «La capacidad de un país para generar proyectos empresariales rentables en un entorno competitivo». La palabra «rentable» es importante, ya que la esencia del sistema capitalista es que las empresas ganen dinero. Muchos bienes y servicios no son rentables; por eso yo defiendo economías mixtas donde el Estado se encarga de producir esos bienes.

El comunismo intentó generar proyectos no rentables en entornos no competitivos, y fracasó estrepitosamente.

La siguiente clave se encuentra en «entorno competitivo». Los países con mayor renta por habitante son aquellos que han eliminado barreras al comercio internacional. Desde mediados del siglo XIX, España optó por aumentar paulatinamente la protección de su industria frente a la competencia extranjera, y la máxima expresión de ello fue la autarquía franquista. Franco, influido por la doctrina fascista de Mussolini, optó por llevar la protección al extremo con el objetivo de desarrollar la industria local. El problema, igual que le pasó al comunismo, es que la protección elimina los incentivos a la innovación y la mejora de la eficiencia, y acaba provocando caídas de la renta por habitante, escasez y pobreza.

En 1959, Franco optó por seguir las recomendaciones del FMI y comenzó a desmantelar las barreras al comercio. En aquellos momentos nuestra renta por habitante era un 60 % inferior a la alemana; la misma diferencia que tienen hoy Rumanía o Bulgaria con Alemania. Desde entonces no hemos parado de reducir la distancia hasta tener control visual, como se dice en la Fórmula 1.

Cuando murió el dictador habíamos recortado mucho terreno, pero el 20 % del empleo era agrícola y, tras la crisis del petróleo, hubo que reestructurar buena parte de la industria pesada por no ser rentable y por su incapacidad para competir. La entrada en la Comunidad Económica Europea (CEE) fue otro gran hito en la supresión de barreras con el exterior. Y el último choque fue la entrada en el euro y la eliminación de la devaluación como herramienta de política económica para mejorar nuestra competitividad.

Analizar la reconversión industrial de los ochenta es muy relevante en estos momentos. En primer lugar, el tamaño del sector bancario español es mayor de lo que necesita la economía posterior a la burbuja, y muchos sectores industriales y de servicios ya se han ajustado, lo cual ha tenido su reflejo en nuestra inmoral tasa de desempleo. Es evidente que para reducir ésta nos tenemos que reinventar. No es posible salir de una crisis haciendo las mismas cosas que la provocaron.

GRÁFICO

*Exportaciones de bienes*

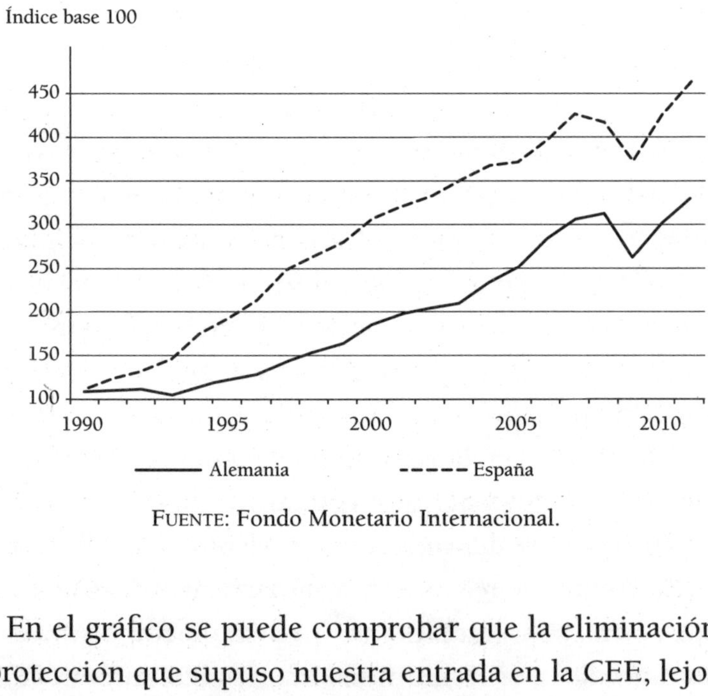


FUENTE: Fondo Monetario Internacional.

En el gráfico se puede comprobar que la eliminación de la protección que supuso nuestra entrada en la CEE, lejos de perjudicar a nuestra industria, le sentó muy bien. Desde 1990, nuestras exportaciones se han multiplicado por 4,5 veces y han crecido un 50 % más que las alemanas. Por lo tanto, es evidente que España es una economía que tiene empresas capaces de crear proyectos empresariales rentables en entornos altamente competitivos.

En el caso de Grecia y, en menor medida, Portugal hay dudas razonables para saber si, retornando su deuda externa a una senda sostenible, ambas economías podrían sobrevivir en el euro con un país tan competitivo como Alemania. Sin embargo, en el caso de España y de Irlanda no las hay. Si se consigue estabilizar la deuda externa, ambos países volverían a crecer dentro del euro. Y es la principal esperanza de este economista observador para defender en este libro que hay vida después de la crisis.

## NUESTRO FUTURO DEPENDE DE LOS ÁRBOLES QUE PLANTEMOS

Ricardo Hausmann, catedrático de la Universidad de Harvard, tiene una interesante teoría que explicaría el éxito de las exportaciones españolas. Hausmann ha llegado a la conclusión de que los países ricos lo son porque son capaces de producir bienes más sofisticados que los países pobres. Por este motivo, cualquier estrategia de un país debería intentar producir bienes con un mayor grado de sofisticación. Un país que exporta materias primas sin elaborar no puede pretender que sus empresas comiencen a competir en el mercado de las tabletas electrónicas y los teléfonos móviles de última generación. Según la teoría de Hausmann, para que los monos —es decir, las empresas— puedan dar esos saltos, necesitan árboles —o sea, productos—, y los nuevos árboles tardan mucho tiempo en crecer.

Hasta los años cincuenta, España era un país pobre porque no tenía capacidad para producir bienes con un elevado grado de sofisticación y exportábamos principalmente productos agrícolas. En 2012 nuestro principal bien de exportación siguen siendo los productos alimentarios (el 15% del total), pero hemos aumentado significativamente el grado de sofisticación. Almería es un buen ejemplo. Por entonces nuestra ventaja comparativa era el sol y los bajos salarios. Ahora nuestros salarios han subido y vivimos la competencia de países como Marruecos, con unas condiciones climáticas similares y unos sueldos mucho más bajos.

Desde los años ochenta, los precios de la fruta y la hortaliza, principales exportaciones almerienses, han crecido un 50% menos que el IPC y en mayor medida que los salarios. Sin innovación y más árboles, los monos habrían disminuido significativamente su población. En 2011 visité la estación experimental de Las Palmerillas (El Ejido), donde puede comprobarse el desarrollo tecnológico que ha experimentado el sector. Empezaron por invernaderos muy rudimentarios con el objeto de aumentar la temperatura y conservar la humedad para que la productividad por planta fuera mayor. Después subieron la altura de los invernaderos y mejoraron su estructura para poder recolectar el agua de lluvia, lo que es determinante en zonas semiáridas.

Los líderes tecnológicos en el sector eran los holandeses, que cuentan con invernaderos de vidrio. En la Fundación Cajamar han conseguido patentar un invernadero de plástico cuyo coste es la mitad que el de vidrio y también consigue una mayor producción. El plástico permite levantar las paredes laterales del invernadero y ventilar en la época calurosa, un sistema muy útil en zonas semiáridas. El invernadero, además de recoger el agua de lluvia, recupera la humedad que se condensa en él. Un tercio del agua que se usa para regar es reciclada por el propio invernadero. También se ha avanzado significativamente en el riego por goteo. El grado de innovación tecnológica actual es tan elevado, que empresas multinacionales productoras de semillas, principalmente estadounidenses, tienen sus centros de investigación para zonas semiáridas en Almería.

Para lograr el éxito de esta estación experimental fue necesaria la participación de Cajamar. La caja es una cooperativa de crédito cuyos accionistas son los propios agricultores, y se encargó de canalizar el ahorro de los almerienses hacia el sector agroalimentario. El fenómeno de las cajas rurales se ha extendido por todo el territorio. Hoy en día suponen casi el 10% del mercado bancario, y son líderes en la financiación del sector. Así pues, los árboles de las cajas rurales han permitido a los monos-empresas del sector agrario financiar su inversión en capital y mejorar su productividad.

Otro requisito imprescindible para tener una estación experimental es la universidad y la educación de los trabajadores. Las escuelas universitarias almerienses dependían de la Universidad de Granada hasta 1993, año en que se creó la Universidad de Almería. Esta institución ha sido la responsable de formar a los ingenieros agrónomos encargados de mejorar la productividad agrícola en la estación experimental. De la facultad de Empresariales salieron los jóvenes que desarrollaron la gestión de las empresas, especialmente sus redes de comercialización, un aspecto clave para poder aumentar los márgenes empresariales y financiar la inversión.

Se crearon estudios de biología vegetal y ecología que han permitido a las empresas del sector desarrollar la guerra biológica para acabar con los pesticidas. Los consumidores europeos y las grandes cadenas de distribución demandan productos ecológicos y exigen unas condiciones de venta que las pequeñas empresas no podrían cumplir. Los biólogos han desarrollado plantas que producen ácaros cuyo cometido es combatir las plagas que ponían en riesgo la cosecha. Asimismo, estudian qué abejorros son óptimos para polinizar un determinado tipo de planta y mejorar la producción.

La universidad también ha sido la factoría de ingenieros informáticos que se han encargado de mejorar la gestión financiera de las empresas y de sus flotas logísticas. Todos estos nuevos árboles han permitido que miles de empresas y nuevos monos del sector agroalimentario español dieran el salto a productos más sofisticados y compitieran con productores franceses y holandeses, que nos llevaban siglos de ventaja en innovación tecnológica.

## MULTINACIONALES ESPAÑOLAS PIONERAS

En los años sesenta, la industria del textil y el calzado era otro de los principales bienes de exportación. Dos décadas después, la irrupción de China en estos mercados provocó una caída de nuestra producción y del empleo en dichos sectores superior al 50%, pero al mismo tiempo también hemos visto nacer fenómenos como Zara, Mango o Camper.

Zara es el más espectacular de ellos. En 1975, Amancio Ortega y Rosalía Mera abrieron su primera tienda en La Coruña. Hacían ropa de todo tipo, pero eran reconocidos por sus excelentes batas guateadas para amas de casa. Cuarenta años después, Zara se ha convertido en el líder mundial de venta de ropa y la mayor empresa por capitalización bursátil de la bolsa española, superando en valor a Telefónica o Banco Santander.

En una zona como Galicia, sin grandes infraestructuras ni una buena red de comunicaciones, su capacidad innovadora y gerencial ha conseguido el milagro de convertir a una empresa local en líder mundial. ¿Cómo se explica el milagro de Zara? Seguro que depende de muchas variables, pero Carlos Espinosa de los Monteros, vicepresidente de Inditex, me contó una de las claves del éxito. Amancio Ortega considera la variable tiempo la más escasa en economía y la llave para obtener el éxito empresarial. Cuando Ortega llegó a este negocio, el referente de innovación y de éxito era Benetton. La empresa italiana tardaba entonces 64 días desde que veía una tendencia de ropa que podría gustar a sus clientes hasta que colocaba la colección en las tiendas. Actualmente Inditex tarda 16 días y pretende hacerlo en 14. Los cazadores de tendencias, los responsables de producción, los de logística, los estrategas de precios, las propias tiendas, los de selección de personal... La cadena es el engranaje perfecto que consigue el milagro.

Ferrovial, una empresa que nació para poner traviesas de madera en las vías ferroviarias de Renfe, hoy es el líder mundial en la gestión de concesiones. Rafael del Pino padre supo ver las posibilidades de un país como España en pleno proceso de desarrollo y muy infradotado de infraestructuras para invertir. Rafael del Pino hijo tuvo la visión de diversificar y no poner todos los huevos de la compañía en la misma cesta, y todo ello en plena burbuja inmobiliaria. Este último contaba en una entrevista que la concesión de una autopista en Canadá fue determinante para llegar a convertirse en líderes mundiales. Hasta entonces el proceso de internacionalización de la empresa se había enfocado a los países emergentes. Es un proceso habitual de nuestras empresas empezar por Portugal y luego extenderse a países con menor renta por habitante que España. Seguramente tiene que ver con nuestros complejos de inferioridad, que Berlanga reflejó magistralmente en *Bienvenido, Mr. Marshall*. Del Pino reconocía que el éxito obtenido en la gestión en Canadá les dio la confianza necesaria para abordar el liderazgo mundial y hacerse con la gestión aeroportuaria en Reino Unido.

También somos ejemplo de empresas punteras entre las

ingenierías: Técnicas Reunidas en ingeniería de refinerías; Sener en ingeniería aeroportuaria; Duro Felguera o Cobra en centrales de producción de electricidad, y especialmente en energías renovables. Otro ejemplo de empresa que se reinventa es Acciona, de la mano de Juan Entrecanales hijo. Inmersos en la burbuja inmobiliaria, tuvo la visión de diversificar e invertir en energías renovables.

En 2011, General Electric me invitó a dar una conferencia en un seminario que tenía con sus principales clientes de equipamiento eléctrico. Ésta es la empresa que fundó Edison y la única que se ha mantenido en el índice Dow Jones de las treinta principales empresas de Estados Unidos desde su creación a principios del siglo XX. Es el mono que seguramente tiene a su disposición el mayor número de árboles y productos del mundo. General Electric produce en España porque sus principales clientes son empresas españolas encargadas de diseñar y construir buena parte de las centrales de energía en medio mundo. En la comida posterior, los responsables de las distintas empresas me contaron sus experiencias en Estados Unidos, Brasil, Qatar, Gabón... Nuestra querida España es líder mundial en tecnología de energías renovables, un sector puntero en la cuarta revolución industrial en el siglo XXI. Desde el siglo XVI nunca habíamos liderado tecnológicamente un sector de vanguardia. El mérito es de nuestras empresas y de sus trabajadores, pero todos los españoles hemos colaborado con nuestro esfuerzo en inversión en educación y en universidades públicas, y por ello debemos sentirnos orgullosos.

En el sector turístico comenzamos a desarrollar nuestro mercado interno en la década de 1960. De los burros de Mijas y los toros hemos pasado a convertirnos en líderes mundiales en pernoctaciones en hoteles. Francia nos supera en número de visitantes extranjeros, pero la mayoría van a París en estancias muy cortas, mientras que en España suelen venir cada semana. España es la playa del centro y el norte de Europa. El 20 % de la población de los Países Bajos o de los países nórdicos nos visitan al menos una vez al año. El embajador de un país nórdico me contaba en una ocasión que había ciento cincuenta vuelos semanales desde su país hasta Canarias, y que en muchas ocasiones él viajaba haciendo escala en las islas, ya que no siempre encontraba vuelo directo desde Madrid.

España es un país con 46 millones de habitantes que recibe 60 millones de turistas al año. Hemos combinado el turismo barato de sol y playa con una oferta hotelera más sofisticada, consiguiendo un crecimiento espectacular en hoteles de cinco estrellas y en el turismo de golf de alta calidad. Por lo tanto, nuestra cartera de hoteles sigue siendo muy diversificada. En 2009 se volvió a anticipar el final de la gallina de los huevos de oro de nuestro sector turístico; sin embargo, en 2012 sigue siendo el más dinámico de todos y el que más empleo genera de nuestra economía.

Asimismo, se ha desarrollado el turismo de ciudad para alojar convenciones o para visitar nuestros centros históricos; también el turismo de museos, especialmente en Madrid o en Barcelona, sin olvidar el Guggenheim de Bilbao, el Picasso de Málaga o el Musac de León. Nuestras empresas hoteleras se han convertido en multinacionales. Lideran los principales hoteles en el Caribe desde Cuba hasta la Rivera Maya, y en Asia compiten en igualdad de condiciones con las grandes cadenas estadounidenses o francesas.

No obstante, el sector más espectacular ha sido el bancario. Hace unos años China envió una misión a España y se organizó un seminario conjunto en el Banco de España para explicarles nuestra experiencia. Los chinos tienen un sistema bancario muy regulado e ineficiente, similar al que tenía España durante el franquismo, donde el gobierno dice a los bancos a qué sectores tienen que prestar el dinero y a qué tipo de interés. En los años setenta liberalizamos el sector y padecimos una grave crisis en la que tuvimos que nacionalizar la mitad de nuestro sistema bancario. Y ahora Banco Santander y BBVA son líderes mundiales en banca minorista. China quería tener bancos que fueran líderes mundiales y vinieron a estudiar nuestro caso. La crisis bancaria en España de nuevo vuelve a ser muy dura, pero estas dos entidades se están salvando gracias a su proceso de internacionalización.

Hace tiempo, durante una comida, Francisco Luzón me contó su vida, que es la historia viva de la internacionalización de nuestro sistema bancario. En los años setenta, Pedro de Toledo lo mandó a Madrid para que controlara un pequeño banco internacional que habían abierto y evitara que diera muchas pérdidas. Hoy supone la mayor parte de los ingresos del actual BBVA. Para ello, Luzón pasó por el Banco Exterior de España y le encargaron la fusión de toda la banca pública en Argentaria, que hoy forma parte del BBVA. Tras la fusión, Luzón pasó al Santander y fue el encargado de pilotar la aventura internacional de la entidad. Tras varios intentos de la banca estadounidense y europea por tener éxito en Latinoamérica, el sistema bancario español es el único que lo ha conseguido y ahora intenta repetir el modelo en Asia.

También tenemos monos que hacen tabletas electrónicas. Yo colaboro con Crambo, una empresa con sede en Torrejón de Ardoz que tiene un potente departamento de I+D+i y patenta cada año muchas innovaciones en el mundo de internet, redes sociales, electrónica de consumo y la navegación por GPS. Crambo es el resultado de un soñador, Nilo García, que en los felices noventa rechazó varias ofertas para comprarle una plataforma electrónica que habían desarrollado con tecnología propia por 300 millones de pesetas. Si se hubiera dejado llevar por la cultura del pelotazo y la exuberancia irracional de la burbuja tecnológica, seguramente el proyecto habría fracasado. Hoy tiene una empresa de 160 trabajadores y ha patentado Spotlinker, una red social que puede acabar convirtiéndose en el Facebook o el Linkedin español.

Tenemos varias escuelas de negocios que forman a nuestros jóvenes en habilidades gerenciales para pilotar el desarrollo de árboles y el nacimiento de nuevos monos. En mis clases en Icade imparto un curso de macroeconomía en el grado de Negocios Internacionales, y cada año recibo alumnos estadounidenses, franceses, alemanes o británicos. En la Icade Business School, además de alumnos de estos países, también acuden cada curso estudiantes chinos, árabes, rusos o africanos, por citar algunos. Estos alumnos se empapan de la cultura española y luego se integran en nuestras multinacionales para dirigir negocios en sus respectivos países. Estos árboles educativos se plantaron en los años sesenta y ahora son aprovechados por nuestros monos.

## Productividad y costes salariales

Los salarios y la renta por habitante de un país están directamente relacionados con el nivel de sofisticación que los monos de ese país consiguen incorporar a los árboles que producen. El salario de Leo Messi es mucho mayor que el del resto de los futbolistas. Pero Messi tiene la máxima productividad ya que juega al fútbol como los ángeles y llena los estadios de espectadores y los televisores de anuncios. Por lo tanto, su salario es muy alto pero su productividad es mayor, y por eso Messi es un jugador muy competitivo. Si el entrenador del Barça obligara a Messi a ponerse de portero, dejaría de ser bota de oro y de ser competitivo.

En 2011, Paul Krugman estuvo en Madrid y la Fundación Rafael del Pino me invitó a debatir con él. El premio Nobel siempre usa un gráfico en el que los costes laborales unitarios en España han crecido significativamente por encima de los de Alemania. Los costes laborales se calculan dividiendo el salario entre la productividad. Y la productividad son las ventas de la empresa divididas entre el número de trabajadores. Por esta razón, Krugman afirma que España dentro del euro no podrá crecer y recomienda salirse de él para devaluar el tipo de cambio y volver a ser competitivos para poder exportar.

Yo le dije que usaba su manual de economía internacional en mis clases y que viendo ese aumento de los costes laborales en España, lo que diría su manual es que nuestras exportaciones se habrían comportado peor que las alemanas. Le dije que las exportaciones españolas habían crecido un 50% más que las germanas en ese período y que, por lo tanto, o su manual o sus conclusiones estaban equivocados. Krugman repuso que era una respuesta muy complicada y que necesitaría más de una hora para contestarme, pues había efectos macroeconómicos que influían, como el exceso de gasto interno y el déficit por cuenta corriente. Le respondí al Nobel que yo no tenía prisa y que la balanza comercial española con nuestros socios europeos, con los que compartimos una moneda que no hemos podido devaluar, había pasado de un déficit del 5% del PIB en 2007 a un superávit en 2011. Krugman no respondió.

El Nobel tenía parte de razón. Desde nuestra entrada en

el euro, mientras Alemania vivía una especie de funeral económico y sus salarios estaban estancados, en España vivíamos un festival y nuestros salarios crecían por la fuerte demanda de empleo. Pero en los años anteriores ocurría lo contrario: Alemania aumentaba significativamente el gasto para regenerar las antiguas regiones del Este arrasadas por décadas de comunismo, mientras que España soportaba una fuerte moderación salarial para recuperarnos de la crisis de 1992. Además, desde 1992 hasta 1995 devaluamos cuatro veces la peseta contra el marco alemán un 30%.

El resultado fue que Alemania entró en el euro con un marco muy caro y España con una peseta muy barata y muy competitiva. A esto tenemos que añadir la historia de los monos y los árboles, que en los últimos quince años ha sido especialmente intensa en nuestra querida España. Por eso hoy en día la productividad de un trabajador español es similar a la de un alemán, y casi un 50% superior a la de un trabajador portugués o griego.

Este dato es clave cuando uno intenta responder cómo salir de una depresión. El problema de España es que sufrió un problema de sobreendeudamiento y concentró muchos trabajadores y capital invertido en sectores nacionales, especialmente ligados a la burbuja inmobiliaria. Tras el pinchazo, hay un exceso de mano de obra que refleja la elevada tasa de paro y de capital que necesita ser reubicada en otros sectores.

## Apostar por la internacionalización de las empresas españolas

¿Cómo se resuelve el problema del desempleo en España? Hay que trasvasar empresas y empleos del sector interno al internacional. Para ello es necesario contener los salarios y mejorar en eficiencia. Muchas veces las ventajas que permiten a una empresa ser competitiva aquí son globales, pero no lo descubren hasta que salen al mundo a competir. Este economista observador vivió esta experiencia en primera persona. En el año 2000, Estudio Lamela Arquitectos, donde trabajaba como responsable del área económica, estaba diseñando la T4 de Barajas, la Ciudad de las Comunicaciones de Telefónica y el aeropuerto de Varsovia junto con Ferrovial. El éxito les llevó a plantearse la internacionalización, aunque no sabían bien cómo hacerlo. Me puse en contacto con la Cámara de Comercio y el ICEX, y conseguimos un Plan PIPE. En el estudio al principio eran muy reacios y la forma de venderlo fue que incluía un paquete de subvenciones de 36.000 euros para viajes y gastos de promoción en el exterior.

El verdadero valor del plan fue la parte estratégica. El programa nos asignó como tutores a Gustavo Mata y Jorge Navarro para permitirnos desarrollar el plan de negocio y de estrategia de internacionalización. Mata había sido director general de Leche Pascual y de Puleva, y Navarro, director internacional de Técnicas Reunidas. La experiencia de ambos nos ayudó a ordenar nuestras ventajas competitivas y a desarrollar estrategias comerciales concretas para poner en marcha el plan. En la universidad, a los economistas apenas nos enseñan cómo funciona una empresa, y aquello supuso para este economista observador un auténtico máster de gestión empresarial.

En la actualidad, Estudio Lamela Arquitectos factura el 90 % de su negocio fuera de nuestra querida España, y sin aquel plan estaría sufriendo las vicisitudes nacionales posteriores a la burbuja inmobiliaria. Además, su director general, Luis Vidal, corresponsable del éxito junto a Carlos Lamela, tiene hoy su propio estudio y también concentra su actividad en el extranjero.

No obstante, a las empresas que se aventuren en el interesante mundo de la internacionalización debo advertirles que no es un camino de rosas. Primero hay que vencer los problemas culturales dentro de la propia empresa y gestionar el cambio necesario de la dirección y de los trabajadores para tener éxito. Ahora, cuando me reúno con ellos, sólo me hablan del acierto y la oportunidad que supuso aquel plan, pero yo no puedo evitar recordarles que aquel año me bajaron el bonus por haber dedicado demasiado tiempo al diseño del plan de internacionalización y haber desatendido las labores internas y de control financiero de los proyectos en curso.

Luego están los problemas que te encuentras en el país al que llegas. Tú sabes hacer bien las cosas, pero en otro país el entorno es radicalmente diferente y necesitas adaptarte. Las empresas establecidas en el país es posible que no hagan tan bien las cosas, pero ya están adaptadas al entorno y te sacan ventaja. Lo más complicado es adaptarte a la cultura local, requisito indispensable para entender a tus clientes y a tus trabajadores. Por eso es necesario incorporar gestores locales, si bien la dirección debe ser española para que cualquier acción en el otro país se adapte a la cultura y el funcionamiento de la empresa. Espero que el lector entienda ahora a uno de los grandes economistas de la historia, Joseph Schumpeter (1883-1950), cuando dijo: «La innovación es un mar que no se encuentra en los mapas».

Mi consejo a estas empresas es que, para desarrollar el proyecto, se apoyen en la red de las Cámaras de Comercio y el ICEX. Lamentablemente, los ajustes están llevando a reducir el dinero que estas instituciones dedican a apoyar a estas nuevas empresas justo cuando el país más las necesita.

Las familias, las empresas, los bancos y el Estado español tienen que reducir su deuda y, además, el gasto interno será débil durante un tiempo. La salida de este tipo de crisis tiene que producirse por la vía de las exportaciones, por eso es tan importante que España aprovechara la Edad de Oro del crédito mundial y fueran muchos los monos nacidos y numerosos los árboles plantados. España es la quinta economía desarrollada y la primera de la Eurozona donde más han crecido las exportaciones de bienes desde 2008.

No obstante, no todo el empleo va a venir de la internacionalización. Cuando nuestras exportaciones nos saquen de la recesión, como sucedió en 2009, las empresas tendrán que invertir y crear empleo. Esas inversiones y empleos necesitarán nuevos servicios domésticos. Las familias recuperarán el optimismo, dejarán de tener pánico a perder el trabajo y volverán a consumir, a comprar coches y casas. Eso sí: nada volverá a suceder con la euforia de la época de la burbuja. El proceso será lento y el camino estará plagado de baches y dificultades. Por lo tanto, podemos afirmar que la recuperación se va a producir, pero no podemos decir cuándo.

## Hay vida después de la crisis

Este capítulo tiene por objeto acabar con uno de los mitos que se han ido contando sobre España y su falta de competitividad. Y si este economista observador lo ha dejado para el final es porque quiere terminar el libro con una visión optimista y que genere autoestima y confianza a los lectores en el futuro. Nuestro problema es de deuda, y si conseguimos la ansiada estabilidad financiera, la economía española es muy agradecida y enseguida comenzará a crecer.

Dicho esto, conviene no caer en la complacencia. Es cierto que hemos alcanzado a Alemania en productividad por trabajador, pero la comparación tiene truco. En primer lugar, los españoles trabajamos un 15% más de horas que los alemanes al año. Por lo tanto, nuestra productividad por hora trabajada aún sigue lejos de la alemana. Además, Alemania sufrió una caída de la productividad tras la unificación, ya que los trabajadores de las antiguas regiones comunistas bajaron mucho la media. Así pues, los trabajadores del Oeste siguen teniendo una productividad más elevada que la nuestra. Y la de Estados Unidos es todavía mayor.

Además, aunque es cierto que hemos aumentado nuestra base de empresas exportadoras un 25% desde nuestra incorporación al euro, un país con una tasa de paro superior al 25% necesita muchos más monos y más árboles para volver a colocar a ese ejército de desempleados. La prioridad es minimizar la depresión y conseguir una estabilidad financiera para que nuestra economía pueda volver a crecer y crear empleo.

Para que sea posible, nuestros socios europeos, principales clientes de las exportaciones españolas, deben salir de la recesión; asimismo, es preciso resolver la crisis del euro y estabilizar los mercados europeos. En España tenemos que seguir con nuestro ajuste fiscal para estabilizar la deuda pública. La clave es fijar una senda de ajuste creíble a cinco años vista y suavizar los recortes de gasto hasta que acabe la depresión. La otra variable clave es concluir el saneamiento del sistema bancario y poner fin a la restricción del crédito.

Necesitamos eliminar barreras para que nuestros monos planten nuevos árboles y nazcan nuevos monos. Ya hemos acometido varias reformas laborales que han reducido nuestros costes de despido, extraordinariamente elevados con respecto a los de nuestros competidores. Sin embargo, en la reforma de 2012 hemos sobrerreaccionado en nuestro sistema de negociación colectiva. Hemos pasado de un sistema donde los trabajadores, a través de los sindicatos, tenían poder para fijar los salarios y pocos incentivos para la negociación, a un sistema donde un empresario, simplemente con demostrar que sus ventas han caído durante unos meses, puede bajar indiscriminadamente el salario a un trabajador. Por lo tanto, ahora el poder lo tiene la empresa y de nuevo sin muchos incentivos para negociar.

Hay que seguir apoyando la educación como pilar básico de la mayor capacitación de nuestros trabajadores. Uno de cada tres trabajadores en España tiene estudios universitarios, pero nuestras empresas tienen uno de los gastos en formación más bajos de los países desarrollados. De todas las medidas que está tomando el nuevo gobierno, seguramente los recortes en educación son los que más temor generan a este economista observador. Ya hemos explicado en estas páginas que la inversión en educación ha sido una de las claves del éxito de nuestra querida España para alcanzar en renta por habitante a nuestros socios europeos. Nadie niega que la educación necesitaba un ajuste, pero lo que se está haciendo no es podar los árboles, sino talarlos.

Todas las ciudades de España querían tener su universidad con el mayor número de estudios posible. La falta de recursos debe llevar a una necesaria racionalización y a la especialización. Pero en lugar de cerrar estudios donde no hay ni demanda de estudiantes ni de empleo, la opción ha sido despedir a trabajadores contratados no funcionarios con el único objetivo de reducir costes. Hasta el año pasado, yo era profesor asociado en la Universidad de Alcalá, trabajo por el que me pagaban 300 euros al mes. En una sola conferencia cobro varias veces este sueldo, de modo que mi presencia en Alcalá era puramente vocacional y daba sus frutos para el conjunto de la universidad. Muchos de mis antiguos alumnos ocupan hoy puestos de responsabilidad en empresas e instituciones públicas. Con el recorte de plazas de asociado como la mía, el Estado se ha ahorrado 300 euros mensuales, pero ¿cuál será el coste de esa decisión en el futuro? Pensemos que el gasto en educación genera PIB y renta para el país durante toda la vida laboral de los alumnos.

Si fuera sólo el caso de este economista observador, no sería grave. Pero por desgracia es el caso de cientos de profesores que cumplían una labor estratégica en la universidad española. La opción era profesionalizar la educación, optar por la meritocracia en la contratación y promoción de profesores, así como cambiar instituciones y costumbres decimonónicas que impedían el proceso de regeneración. Pero nuestro principal problema no estaba en la universidad, sino en la educación secundaria y en el fracaso escolar, como lo demuestra el informe PISA. España está por debajo del gasto en educación de los países desarrollados, y para alcanzarlos necesita gastar más y educar más y mejor a nuestros jóvenes. Por lo tanto, el *austericidio* en educación complica de forma significativa la salida de la crisis. Esperemos que haya vida inteligente en el gobierno español y se cambie radicalmente la reforma educativa en marcha.

En la última década hicimos un fuerte esfuerzo en inversión e innovación y se crearon instituciones que hay que potenciar. Lamentablemente, el *austericidio* también está talando muchas de estas instituciones y dificultando la salida de la crisis. Además, es necesario desarrollar el mercado de financiación para empresas de nueva creación, que es muy estrecho. En este punto, la actuación del gobierno es importante, pero la clave del éxito será la participación privada. Los españoles, especialmente las grandes fortunas, tendrán que invertir sus ahorros en actividades innovadoras en vez de hacerlo masivamente en el ladrillo. Si no conseguimos canalizar el ahorro a las actividades más innovadoras, habrá vida después de la crisis pero de peor calidad a la que estábamos acostumbrados.

Es evidente que los protagonistas para plantar nuevos árboles tienen que ser las empresas. Pero el Estado debe tener un papel activo y dinamizador de estos procesos. Especialmente en una crisis bancaria y de crédito que limita la inversión en innovación y nuevas tecnologías necesaria para posicionar a España en el liderazgo de la cuarta revolución industrial en la que nos encontramos. En muchos sectores como el energético nuestros monos ya tienen árboles en la vanguardia de la revolución. En tecnologías de la información y software hemos avanzado mucho, pero aún nos faltan árboles por plantar. También son necesarios bancos de desarrollo con apoyo público que canalicen íntegramente a estos sectores los recursos que el Banco Europeo de Inversiones (BEI) o la Corporación Financiera Andina (CAF) destinan a nuestra querida España.

En definitiva, contamos con potencial suficiente para conseguir salir de esta crisis reforzados, pero queda mucho trabajo por hacer. Como diría el clásico: «Si quieres, puedes, y si puedes, debes».

# 17

## ¿Cómo salimos de ésta?

Tu estado de ánimo es tu destino.

HERÓDOTO

A este libro le ocurre lo mismo que a todas las crisis, que también tiene un final. Ha sido un largo recorrido por las causas que originaron la Gran Recesión, las políticas que permitieron vencerla y las que se equivocaron y han degenerado en la crisis del euro. El libro lo ha escrito un economista español cuya intención ha sido dar soluciones a la depresión en la que se encuentra la economía de nuestro país. Pero la globalización es un hecho; por eso, hoy más que nunca, es necesario entender el todo, o será imposible comprender las partes.

Empezamos los primeros capítulos del libro describiendo los años de la Edad de Oro del crédito, desde los felices años noventa hasta la tormentosa primera década del siglo XXI, que acabó en la peor crisis económica desde la Gran Depresión. Este economista observador ha analizado la crisis valiéndose del conocimiento de Irving Fisher y su teoría de las grandes depresiones. La causa siempre es un período de euforia y de excesivo endeudamiento anterior a la depresión. En algún momento se desencadena una deflación de activos; en este caso fue en el mercado de titulizaciones *subprime*, pero podría haber sido en cualquier otro mercado financiero, pues la burbuja del precio de los activos era generalizada y global.

La caída del precio de los activos contamina el sistema bancario y pone en funcionamiento la restricción del crédito. En esta ocasión, la globalización financiera, la democratización de las inversiones a través de fondos de inversión e internet ayudaron a que la dinámica fuese vertiginosa y más compleja de gestionar que las crisis de deuda de las últimas décadas. La crisis fue privada, y tanto los estados como los bancos centrales pecaron de inacción y falta de supervisión. Y cuando llegó el caos, el sector privado, supeditado al interés propio y controlado por la célebre mano invisible que, según Adam Smith, guía sus decisiones, fue incapaz de coordinarse; entonces la sociedad exigió a los estados que interviniesen. Posteriormente, la sociedad ha sido despiadada y han caído gobiernos en todos los continentes (en algunos países, la crisis se ha llevado por delante incluso a dos gobiernos diferentes).

No obstante, la política económica al final consiguió revertir la dinámica depresiva global. La combinación de políticas fiscales, monetarias y financieras muy expansivas en tantos países a la vez consiguió revivir al moribundo. Desde 2009, el mundo ha crecido, el comercio global ya ha superado con creces los niveles de 2008 y las bolsas de la mayor parte del planeta también. Aun así, el índice de endeudamiento en los países desarrollados sigue siendo elevado y las economías son vulnerables a las recaídas; especialmente las economías más endeudadas, como es el caso de Estados Unidos y Reino Unido, así como muchos países europeos, entre los que se encuentra nuestra querida España.

Las economías emergentes con menores niveles de deuda y mayores tasas de ahorro y de inversión son las elegidas para sustituir a los países desarrollados en el liderazgo del crecimiento mundial, al menos en el próximo lustro. Pero se trata de economías donde la renta por habitante aún es baja y, aunque empieza a emerger una clase media, el consumo privado en dólares supone la cuarta parte del consumo de los países desarrollados. Por lo tanto, en el mejor de los escenarios, tenemos que acostumbrarnos a un crecimiento mundial inferior al de las dos últimas décadas. Además, los períodos de expansión serán más inestables y el riesgo de recaída en la recesión será mayor, lo cual hará que los ciclos también sean más cortos.

La Gran Recesión ha puesto de manifiesto la necesidad de un mayor gobierno en la globalización, especialmente en el sistema financiero internacional. Es prioritario acabar con los agujeros negros de la banca en la sombra. El sistema bancario gestiona los depósitos y el ahorro de las familias y tiene un aval del Estado para funcionar. En consecuencia, todas sus operaciones deben hacerse con luz y taquígrafos. Hay que volver a poner los bueyes delante del carro y priorizar la canalización del ahorro a los proyectos de inversión de empresas de la economía real. Para ello, tendremos que reformar el sistema financiero internacional y hacerlo más pequeño y menos complejo, limitando el poder de los bancos para que no se involucren en operaciones especulativas que los conduzcan a situaciones de riesgo por encima de lo que su capital puede soportar. Tras una declaración de intenciones muy ambiciosa en las reuniones del G-20 de 2008 y 2009, los avances en esta materia son insuficientes y debe ser un asunto prioritario en las agendas de los líderes mundiales para evitar crisis financieras en el futuro.

Otro ciclo que debe revertirse es la pérdida de peso de los salarios en la distribución de la renta mundial, así como la diferencia entre las rentas altas y las bajas, que actualmente se ha situado en máximos históricos. La irrupción de China, India y otros países emergentes con salarios más bajos es la causa principal de este proceso. Sin embargo, la globalización tiene sus efectos positivos. Por ejemplo, España mantiene los mismos empleos en el sector industrial que hace dos décadas, y ahora son mucho más cualificados y están retribuidos con mejores salarios. Al importar bienes más baratos, nuestra capacidad de compra ha aumentado, y tanto el ocio como el sector servicios han experimentado una gran evolución.

Por desgracia, las tasas de paro actuales en los países desarrollados están en sus máximos y el crecimiento económico en el futuro será menor. Como escribió Engels en el prefacio de la edición alemana del *Manifiesto Comunista*: «Los brotes verdes comienzan a florecer sobre la tumba de Marx». La deriva natural de este proceso de deterioro de las rentas del trabajo en favor del capital es el proteccionismo y la revolución social, que tendría a largo plazo unos efectos desastrosos para todos los países, como quedó demostrado en los años treinta durante la Gran Depresión. Una vez más, la solución es poner orden y más gobierno en la globalización.

Durante estas últimas décadas de desgobierno, la riqueza se ha concentrado en menos manos. Por esta razón, como sucedió tras la Gran Depresión, es el momento de gravar la riqueza para transferir ese dinero de las rentas altas a las rentas bajas con mayor riesgo de exclusión y pobreza extrema. Con esta medida no se trata de subsidiar, sino de garantizar la igualdad de oportunidades. Para conseguirlo, la educación … sistemas de salud infantil son determinantes.

… los países emergentes hay que evitar estrategias de

manipulación de los tipos de cambio que mantengan sus productos artificialmente baratos para ganar cuotas de exportación. Esto supondrá un menor crecimiento a corto plazo, pero una mayor capacidad adquisitiva y un mayor peso del consumo privado y del sector servicios nacional a medio plazo. Todos debemos asumir que en su momento vivimos una burbuja de crédito global que ya no va a volver. Los países de éxito serán los que antes se adapten al nuevo entorno, aunque las condicionales iniciales de endeudamiento sean un hándicap importante.

Por otra parte, existe el riesgo de que los excesos de crédito que acontecieron en los países desarrollados ahora estén repitiéndose en los países emergentes; por lo tanto, la clave está en frenar la entrada de inversiones especulativas que puedan acabar provocando un sobreendeudamiento y burbujas que salten por los aires cuando los inversores decidan huir del país. Es lo que está sucediendo en España y justifica la introducción de controles de capitales para prevenir que suceda. Asimismo, los gobiernos deben vigilar de cerca el crecimiento del crédito, especialmente el dirigido a sectores con un riesgo potencial de burbujas, y limitar cuantitativamente su crecimiento si las medidas convencionales no consiguen neutralizar la exuberancia irracional del sector privado y de los mercados financieros.

En los países desarrollados no hay mucho margen para subir los salarios, salvo en países próximos al pleno empleo, como es el caso de Alemania, o en Estados Unidos, que es una economía muy cerrada cuyas importaciones tienen muy poco peso en el PIB. Éste es uno de los motivos por los que la progresividad de la política fiscal debe aumentar.

El principal riesgo para la economía mundial es Europa. El resto de los países han demostrado capacidad para autogestionar sus problemas; en Europa, sin embargo, la Gran Recesión ha puesto al descubierto las debilidades institucionales de la unión económica. Mientras los ciclos económicos fueron normales, Europa avanzó con un diseño institucional deficiente; pero la Gran Recesión ha superado todos los niveles y ha activado una crisis propia que ha puesto en cuestión el propio proyecto de la moneda única.

La economía europea, a diferencia de la estadounidense, se caracteriza por una tasa de ahorro elevada que no tiene déficit con el exterior. Europa no es una economía dependiente, y por eso mismo tendría que haber salido antes de la Gran Recesión que Estados Unidos, y más fortalecida. Por el contrario, la crisis ha provocado una balcanización del ahorro en nuestro continente y un proceso de desintegración financiera que hace que las deudas de muchos países sean insostenibles. El error de diagnóstico, unido a la «euroesclerosis» a la hora de tomar decisiones, determinó unas políticas económicas en Europa que han sido muy perjudiciales y han agravado aún más al enfermo. Esta segunda crisis no estaba en los mapas y ha activado de nuevo la deflación de activos y la dinámica depresiva en Europa.

Por este motivo, decidí incluir en el libro el capítulo de la crisis de la década de 1980 en los países emergentes y el capítulo de los costes de la no acción y de la ruptura del euro. El análisis de la crisis en los años ochenta en Latinoamérica es un soplo de esperanza. Si se toman las políticas adecuadas, la historia demuestra que hay vida después de la crisis. El capítulo de la ruptura del euro es un aviso a navegantes. Creemos que esta maldita crisis ha puesto a la sociedad europea al límite del sufrimiento y la infelicidad, pero si no se toman las medidas necesarias, y a tiempo, todo es susceptible de empeorar.

Las lecciones que hemos aprendido de anteriores crisis de deuda y depresiones son claras: hay que actuar rápido y con contundencia para frenar las dinámicas depresivas. Cada día que pasa aumenta el coste para los contribuyentes, tanto de los países deudores como de los acreedores. Para los deudores, esta dilación se traduce en un aumento del desempleo y de la deuda pública; para los acreedores, en mayores quitas y en una pérdida de parte de sus ahorros y también en deuda pública para recapitalizar sus bancos.

La historia tarda en escribirse, pero a buen seguro será despiadada con Angela Merkel. Ella abanderó el *austericidio* al que sometió a Europa en mayo de 2010, con resultados tan nefastos. Y Nicolas Sarkozy no es menos responsable del desastre. Francia siempre ha liderado el proyecto político europeo, aunque con altibajos, mientras que Alemania, a pesar de ser una potencia económica, ha sido un enano político. Así como la crisis de la silla vacía provocada por De Gaulle en 1966 bloqueó institucionalmente el proyecto europeo, el dueto «Merkozy» ha contribuido, con dos años perdidos, a que la resolución de esta crisis vaya a tener unos costes elevados para los ciudadanos europeos, franceses y alemanes incluidos.

Angela Merkel comparte una obsesión con Herbert Hoover: ambos apuestan por la austeridad y el equilibrio presupuestario como única solución frente a cualquier mal económico. Aunque hay que reconocer que no estaba sola; David Cameron, Mariano Rajoy, Mitt Romney y otros líderes mundiales compartían la misma ideología y el mismo error de diagnóstico. La fijación de Merkel por la austeridad encuentra gran arraigo entre los alemanes, pues la hiperinflación vivida en Alemania en la década de 1920 dejó en sus ciudadanos la secuela de una fobia exagerada a la inflación. Alemania sólo tiene dos votos de los veintitrés miembros del Consejo del BCE, pero como en los juegos infantiles, los alemanes son los dueños del balón y sin ellos la moneda única no sería posible, por eso sus fobias han limitado en exceso la actuación del Banco Central. Aunque es una institución independiente y con mandato ejecutivo, el BCE se ha contagiado de la euroesclerosis y siempre ha llegado demasiado tarde y ha hecho demasiado poco para resolver los problemas.

Muchos economistas comparten el plan desarrollado en este libro; profesionales que hemos estado advirtiendo de los errores de la política económica europea, sobre todo desde la grave crisis financiera producida en agosto de 2011. Todos los países están aplicando el ajuste fiscal al mismo tiempo, y esto debe cambiar. España es uno de los países que ha perdido la confianza de los inversores internacionales, y por eso debemos seguir con el ajuste fiscal, pero también es importante que la senda del ajuste se acomode a la situación de depresión en que nos encontramos, retrasando el objetivo del 3% de déficit hasta 2016 para todos los países afectados. A estas alturas, ya sabemos que un ajuste fiscal excesivo profundiza la depresión, empeora la capacidad de pago del país y aumenta el temor de los inversores y la prima de riesgo; todo ello conduce inevitablemente a la restricción del crédito, agudiza la depresión, disminuye la recaudación y empeora el déficit y la deuda pública, amplificada por las mayores necesidades de capital para el sistema bancario.

Asimismo, los países con tipos de deuda pública próximos al 0% y margen fiscal deben aprobar medidas de estímulo; especialmente Alemania, que supone un 30% del PIB de la Eurozona y compensaría el ajuste fiscal en los países con problemas. Este retraso en el ajuste fiscal hasta 2016 reduciría el temor de que España e Italia pidieran el rescate y también permitiría al BCE comprar bonos de esos países y estabilizar las primas de riesgo, lo cual pondría punto final a la restricción de crédito. Faltaría reestructurar las deudas que no se pueden pagar y recapitalizar después los bancos europeos, empezando por los alemanes y luego con los franceses y los holandeses, cuya exposición en los países más afectados por la crisis del euro es elevada. En el caso de Grecia, por ejemplo, que ha perdido toda la credibilidad de los inversores internacionales, los nuevos bonos deberían contar con el respaldo solidario de un eurobono. Esto mismo fue lo que hizo Estados Unidos con los países latinoamericanos en los años ochenta con el Plan Brady, y funcionó.

Este plan de política económica es similar al que aplicaron Ben Bernanke y la Administración Obama en 2009, y ha demostrado su efectividad. Los europeos tenemos que avanzar en el desarrollo institucional para acabar con los temores de ruptura del euro. La unión bancaria y la creación de un supervisor único ya están en marcha. Faltaría la creación de un fondo de garantía de depósitos único y una entidad liquidadora europea de bancos en crisis. Una vez que se produzcan ambos acontecimientos, y con el apoyo de la deuda pública, la unión fiscal estaría muy cerca. Con el eurobono ya creado, el paso sería mucho menos complicado de lo que parece. Sin duda, este plan tendría un coste para los contribuyentes de los países acreedores, pero, en mi opinión, este libro deja bastante claro que el coste de la no acción y de la ruptura del euro sería infinitamente mayor.

Por desgracia, Alemania se encuentra en campaña electoral y los estímulos no están en la agenda de Merkel. En el momento de escribir este libro, el resultado de los comicios alemanes es incierto. Los socialistas del SPD contarían con el apoyo de los Verdes, y ambos partidos están de acuerdo en acabar con el *austericidio* en Europa, crear el eurobono y aplicar un ajuste compatible con el crecimiento. Además, entre otras medidas, proponen introducir de nuevo el salario mínimo en Alemania, recuperar el impuesto sobre la riqueza y subir el IRPF a las rentas altas. Si esta coalición sale triunfadora, por fin veríamos la luz al final de este largo túnel llamado crisis. Por el contrario, si Merkel es reelegida, lo que encontraremos al final del túnel será otro tren dispuesto a arrollarnos. Hasta que Europa no cambie la política económica, no habrá salida de la crisis. Y para cambiar las políticas es necesario cambiar las ideas. La historia nos enseña que es más fácil cambiar a los gobernantes que pretender que ellos sean los que cambien de ideas. La sintonía que existe entre el SPD y el presidente francés François Hollande supondría un impulso político determinante para avanzar en el proyecto europeo, en políticas para devolver a Europa a una senda de crecimiento equilibrado y para mutualizar las deudas y estabilizarlas.

He dedicado más de la mitad del libro a nuestra querida España. Como economista, procuras hacer un análisis profesional sobre los problemas económicos y sus soluciones, pero no resulta fácil analizar una depresión en tu propio país. Aquí es donde trabajo y educo a mis hijos, y me gustaría dejarles un país mejor del que me dejaron mis padres. Siento una profunda admiración por los logros conseguidos por la economía española en las últimas décadas, y a pesar de que hemos cometido errores, creo sinceramente que ningún país se merece una depresión tan dura como la que estamos padeciendo.

Para contextualizar la crisis española es imprescindible empezar por conocer la crisis global y la crisis del euro. Sin estos factores no sería posible explicar nuestra depresión,

aunque tampoco fueron los únicos responsables. Es
uno de los países que más se aprovechó de la Eda
del crédito internacional, y por esto mismo nos encontramos entre los más afectados por la Gran Recesión y la crisis del euro. El virus de la gripe afecta a todo el mundo, pero sabemos que sus efectos son devastadores en personas con problemas respiratorios.

La tormenta perfecta nos pilló con todo el velamen del endeudamiento desplegado. La deuda externa era (y sigue siendo) mayoritariamente privada, pero igual que en el resto de los países, la sociedad exigió al Estado que resolviese los problemas de coordinación privados. En 2008, tanto el consumo como la inversión privada literalmente frenaron en seco. El Estado no tuvo más remedio que intervenir, porque, de lo contrario, la tasa de paro habría alcanzado el 30%. Fue una buena decisión; sin embargo, se tardó mucho en reconocer los problemas que afectaban a nuestro sistema bancario, así como su saneamiento, lo que ha prolongado la restricción del crédito.

La crisis del euro ha dejado la puerta abierta para que el virus de la restricción del crédito vuelva a infectar nuestra economía. Desafortunadamente, Rajoy cometió el mismo error que Zapatero y no priorizó el saneamiento de nuestro sistema bancario nada más llegar al poder. Este error, unido a una mala negociación con Bruselas respecto al retraso del objetivo de déficit, neutralizó la legitimidad y el margen de maniobra que suponía una mayoría absoluta, y el gobierno se vio obligado a solicitar el rescate bancario a nuestros socios europeos.

El estigma y el temor de los inversores internacionales han empeorado desde entonces, y aún nos encontramos en el epicentro de la crisis del euro. A pesar de que la situación de

Grecia, Irlanda, Portugal o Chipre es peor que la de España, nosotros somos mucho más grandes que los cuatro juntos y debemos a los inversores internacionales 1,8 billones de euros. Nuestra deuda pública supera ya los 850.000 millones de euros, y en Italia, que va de la mano de España en la crisis, sólo la deuda pública pasa de los 2 billones de euros. La luz se apagó en nuestro mercado de deuda pública en julio de 2011, y Mario Draghi nos volvió a conectar los plomos al comprometerse a comprar bonos españoles, pero bajo la condición de que solicitemos el rescate completo a nuestros socios. Este hecho implica que las decisiones determinantes en política económica ya no las toma nuestro gobierno y nos convierte en una economía dependiente. El rescate deja en manos de Bruselas las decisiones del ajuste fiscal, mientras que la política monetaria necesaria para estabilizar nuestros mercados de deuda y acabar con la restricción de crédito se diseña desde el BCE en Frankfurt.

En nuestra situación es muy importante que nuestros clientes europeos crezcan para poder compensar con exportaciones la debilidad de nuestra demanda interna. Por lo tanto, hasta que Europa no salga de la recesión, la crisis en España no tiene solución. Sin embargo, esto no debe llevarnos a la inacción y la parálisis. Tenemos que reducir el déficit público, y para lograrlo, debemos acometer una reforma fiscal en profundidad, como la que hicieron Adolfo Suárez y Enrique Fuentes Quintana en 1977. Y, por supuesto, hay que reforzar la lucha contra el fraude fiscal. Asimismo, tendremos que abordar una reforma de la administración que mejore la eficiencia y elimine las duplicidades —e incluso triplicidades— que se han forjado durante el desarrollo de nuestro Estado de las autonomías. Además de reducir el déficit, es imprescindible liberar recursos para paliar los nuevos focos de pobreza extrema que está generando la depresión y para los que nuestra red del Estado de bienestar no estaba diseñada. Evitar una crisis social que ponga en riesgo las instituciones democráticas que tanto nos ha costado lograr debe ser el objetivo prioritario de la política económica española y europea. Y por eso es clave que desde Bruselas permitan que el ajuste fiscal sea inclusivo y no provoque más pobreza extrema.

El dinero es para la economía lo que la sangre para el cuerpo humano, y el sistema bancario es como la médula espinal. Su saneamiento debe ser otro de los objetivos prioritarios de la política económica. Hay que parar la depresión o, de lo contrario, la morosidad aumentará más, el precio de la vivienda seguirá cayendo en picado y los bancos necesitarán más capital del previsto. Después del rescate se ha avanzado mucho en la recapitalización de las entidades con problemas, pero el banco malo aún no constituye una hoja de ruta clara que nos permita afirmar que estamos en el camino de la solución. En primer lugar, porque el banco malo se concentra en el crédito promotor y deja sin tratar el problema de la deuda de las familias. La depresión va a destruir aproximadamente el 20 % del empleo y la tasa de paro tardará en bajar; así pues, la morosidad hipotecaria y los desahucios irán en aumento hasta 2015. Es urgente parar la morosidad en el origen renegociando la deuda de las familias y aplicando una quita para conseguir que puedan quedarse en las casas. Ya hemos explicado que, desde un punto de vista económico, es mucho más eficiente reestructurar la deuda que ejecutar el embargo y desahuciar.

No obstante, en una sociedad donde la tasa de paro supera récords históricos cada trimestre y la pobreza se extiende como el chapapote del *Prestige*, no hay palabras que puedan explicar al conjunto de la sociedad por qué se ayuda a los bancos a evitar su quiebra y se permite la ejecución de desahucios a los contribuyentes que los están salvando. Por esta razón, este economista observador ha propuesto, además de un plan para estabilizar la deuda de las familias y parar la morosidad, la creación de un parque de vivienda social para casos extremos. Franco lo hizo después de la Guerra Civil y para ello tuvo que construir las viviendas. Por lo tanto, no tiene ningún sentido que la democracia no lo haga con las viviendas ya construidas y vacías.

Este libro ha sido escrito en medio de la depresión, y no es sencillo abstraerse de ella para dar un mensaje de esperanza. Mi experiencia durante esta crisis es que si quieres crear opinión y tener credibilidad, tu relato debe ser realista. Y desde el realismo más crudo y el análisis de los problemas sin anestesia, el mensaje es que hay vida después de la crisis. La clave es minimizar el daño y las cicatrices que quedan.

He dejado a propósito para el final el análisis de nuestra competitividad, porque cuando lees los medios nacionales e internacionales, se transmite la sensación de que la economía española ha sido una bañera llena de burbujas en los últimos quince años, lo cual es falso. El capítulo dedicado a la competitividad ofrece argumentos de sobra para desmontar ese mito. La prueba del algodón es la mejor evolución de nuestras exportaciones con respecto a las alemanas. Ha habido dos economías: la de la burbuja y la innovadora, que es una historia de éxito. Hoy en día tenemos multinacionales que en los años ochenta no teníamos. Y a pesar de que el proceso de internacionalización lo han liderado estas últimas, hemos aumentado un 25 % nuestro parque de empresas exportadoras, la mayoría de las cuales son de mediano tamaño. Somos líderes en sectores de vanguardia tecnológica como, por ejemplo, las energías renovables, pero nuestras empresas también han sabido reinventarse en sectores tradicionales como el agroalimentario o el textil.

Sin embargo, con una tasa de paro camino del 30 %, no hay sitio para la complacencia. Debemos sentirnos orgullosos de nuestras empresas de éxito y de sus trabajadores, pero necesitamos muchas más para bajar la tasa de paro a niveles moral y socialmente aceptables. Será un proceso duro y nos llevará tiempo, pero es el único camino para salir de la depresión. Para ello hay que proteger a las nuevas empresas innovadoras como si fueran linces ibéricos en peligro de extinción. Hay que eliminar barreras legales en muchos sectores que favorecen a las empresas que ya están establecidas y penalizan a las nuevas firmas más emprendedoras e innovadoras. Es preciso acabar con el desmantelamiento de la educación y la investigación de calidad, un bosque que nos ha costado décadas plantar. En un mundo tan globalizado, la única estrategia de éxito debe basarse en el conocimiento y el capital humano.

Una depresión equivale a una guerra, y a las guerras se va llorado de casa y con un solo objetivo: ganar. Los españoles nos hemos convertido en una fábrica de excusas y de lamentos. Los de los millones de personas que han perdido su empleo, especialmente los mayores de cincuenta años y los jóvenes que no pueden encontrarlo, están justificados. Ellos deben tener toda nuestra comprensión y nuestro compromiso. Sin embargo, el resto tenemos la obligación moral de trabajar hasta la extenuación para sacar el país adelante. Es lo que hicieron nuestros padres y nuestros abuelos, y es lo que ahora nos toca hacer a nosotros por nuestros hijos. Y cuando te sientas desfallecer y te falte la moral, recuerda la sentencia de Heródoto: «Tu estado de ánimo es tu destino».

La sociedad española ya se ha enfrentado a muchas encrucijadas en las últimas décadas y siempre las ha resuelto con éxito. Si nos mantenemos unidos, protegemos a los más desfavorecidos y se toman las medidas adecuadas, este economista observador está convencido de que saldremos de la depresión e incluso con más virtudes de las que teníamos cuando entramos en ella.

Todos los grandes caminos comienzan con un primer paso.

Ánimo, podemos.

# Agradecimientos

Gracias a todas las personas de las que he aprendido, especialmente a mis maestros, cuyas ideas he intentado transmitir en este libro.

También agradezco a Mónica, mi mujer, el apoyo y las horas que le he robado para escribirlo. Y a mi madre, Isabel. Sin sus sacrificios y esfuerzos yo no sería un economista observador y este libro nunca se habría publicado.

Y por último, aunque no por ello menos importante, agradezco a mi agente Thinking Heads el haberme puesto en contacto con la editorial Random House Mondadori, cuya labor de edición ha elevado la calidad y la comprensión de este libro. Gracias de corazón.